LOCUS

LOCUS

LOCUS

LOCUS

mark

這個系列標記的是一些人、一些事件與活動。

mark 29 小王子的玫瑰

(Mémoires de la rose)

作者：康綏蘿・德・聖修伯里 (Consuelo de Saint-Exupéry)

譯者：余光照

責任編輯：潘乃慧

美術編輯：謝富智

法律顧問：全理法律事務所董安丹律師

出版者：大塊文化出版股份有限公司

台北市105南京東路四段25號11樓

www.locuspublishing.com

讀者服務專線：0800-006689

TEL：(02) 87123898　FAX：(02) 87123897

郵撥帳號：18955675　　戶名：大塊文化出版股份有限公司

總經銷：北城圖書有限公司　　地址：台北縣三重市大智路139號

TEL：(02) 29818089 (代表號)　　FAX：(02) 29883028　29813049

排版：天翼電腦排版印刷有限公司　　製版：源耕印刷事業有限公司

初版一刷：2002年 1 月

定價：新台幣 280 元

Printed in Taiwan

小王子的玫瑰

★她的愛情，讓聖修伯里寫出了《小王子》

Consuelo de Saint-Exupéry 著
余光照 譯

目錄

第三部　一九三二年到一九三七年，巴黎—蔚藍海岸

第四部　一九三八年到一九四〇年，巴黎—瓜地馬拉—薩爾瓦多—巴黎

我遲疑多年，拿不定主意是否該披露這份手稿的存在。

適逢康綏蘿逝去的第二十年，以及她的丈夫安東・德・聖修伯里的百年冥誕，我認爲該是向康綏蘿致上敬意，還給她應有的地位的時候了：她一向站在丈夫身邊，長久守候著他。聖修伯里曾寫道，他的一生建構在他們的愛情之上。

荷西・馬汀涅茲－富克吐歐梭

康綏蘿・德・聖修伯里的概括遺贈產承受人

法文版編輯說明

雖然康綏蘿・德・聖修伯里的母語是西班牙文，不過本文直接以法文寫成。普隆出版社（Editions Plon）和權利義務繼承人，感謝亞蘭・維爾康德列（Alain Vircondelet）在必要時重建原稿並修正句法結構。亞蘭・維爾康德列本身是位作家，寫過一篇關於聖修伯里的論文。

篇章名爲編輯所植。

前言

哥倫比亞作家格爾曼・亞里尼耶加斯❶寫道：

在第一次和第二次世界大戰之間，所有人一聊到康綏蘿，她就好像是座薩爾瓦多小火山，岩漿直朝巴黎家家户户的屋頂上噴。任何有關康綏蘿第一任丈夫安利奎・高梅茲・卡利修❷和第二任丈夫安東・德・聖修伯里的故事，沒有一個不會扯上她。嫁給安利奎・高梅茲・卡利修之後，她成爲莫利斯・梅鐵朗克、摩黑亞斯、加布艾列・達努西歐❸的密友一九二七年喪夫之後，一九三一年嫁給聖修伯里，自此往來的朋友包括安德列・紀德、安德列・莫華、丹尼斯・德・胡惹蒙、安德列・布列東、畢卡索、薩爾瓦多・達利、米羅等人❹。聖修伯里夫婦的住處聚集了航空界和藝文界的朋友。當聖修伯里在寫作後來風靡全球的《小王子》(*Le Petit Prince*) 期間，安德列・莫華曾是他們夫妻倆的東道主。常常在晚餐後衆人開始玩牌下棋沒多久，聖修伯里就叫大家回寢室睡覺，因爲他還要寫作。幾小時後，莫華聽見樓梯傳來幾聲叫喊：「康綏蘿！康綏蘿！」，害他驚慌地跑出來，以爲房子著火了，其實只是聖修伯里肚子餓了，要他的太太給他煎蛋罷了……

如果康綏蘿能夠以她一貫生動滑稽的方式把他們兩人的生活寫下來，我們可以肯定，她就是這位作家的繆斯。她是個才華與運氣兼備的畫家、雕刻家和作家，可惜對於寫回憶錄……她只是說說而已。

□

現在我們知道那不是說說而已。一九三〇年她與聖修伯里相識，十五年後在美國自我流放的孤獨中，康綏蘿以她大而斜的字體，在一大張一大張塗塗改改、字跡時常難以辨識的紙上，寫出她和這位飛行員作家的生活。然後，鉅細靡遺地用打字機把全文打在薄薄的洋蔥紙上，再笨手笨腳地把這些紙張裝訂起來，放進一個堅固的黑紙箱裡。

《小王子的玫瑰》是「海島小鳥」❺對人世開的最後一個玩笑。

時值一九四六年。康綏蘿懷念起法國來，但是不敢回去，尤其害怕遺產繼承的煩人瑣事，期盼能夠住在一個說西班牙語的國家，於是便想搬到西班牙東邊的馬洛卡島首府帕瑪，她說是爲了「回憶喬治桑和亞福德・繆塞」另外這兩個「搗蛋鬼」❻。

自從聖修伯里在一九四四年七月失蹤以來，康綏蘿在紐約過著相當隱蔽的生活。她替百貨公司設計櫥窗，活在「東尼歐」（編按：Tonio，即聖修伯里的法文名字 Antoine 的暱稱，以下同）的回憶裡。沒有遺體可下葬却得照樣服喪，讓失去丈夫的殘酷現實加倍的難以承受。她修訂了一篇篇未完成的小段文字，對著錄音機傾吐回憶，在打字機上打出一些寫得不錯、却因她中美洲式的熱情而顯得揮灑過度的篇章；她以另一種方式在石頭上和黏土裡「書寫」東尼歐的容貌；還把他畫出來——用蠟筆、用炭筆、用水彩。她渴望回到拉佛葉黑莊園❼，那是聖修伯里在一九四〇年德軍入侵前租下的。現在雖已經棄置，她還是念念不忘想回去那裡「找回我父親、我母親和你的肖像」。

這是一段介於逝者和她之間的對話。在大西洋對岸的歐洲，聖修伯里的失蹤成就了一段傳奇。我們為他立像，我們為他編織神話，他成了天使、大天使、成了那個飛得離太陽太近，蠟作的翅膀融化而墜地身亡的希臘人物伊卡魯斯、成了回到母星的小王子；這個天空的英雄，最後毀滅消逝於天地之間。至於康綏蘿，我們什麼也沒說，略而不談，甚至否認她的存在：畢竟完美無缺的神話並不需要她，即便她手上握有多把關鍵鑰匙。沒人希望她替故事增色，因為在屬於聖修伯里英雄貴族式的神話裡，她涉入得太深會令之失色。自以為是的傳記作家錯待她；人們不是忽略她，就是把她看作一個愚蠢的怪女人，聖修伯里的父母與親戚，除了他母親瑪莉・德・聖修伯里以外，全部對她惡言相向，叫她「愛作戲的女伯爵」、「胡思亂想且陰晴不定的小人」或是說她「法文爛又愛嚼舌根」，她的形象被詆毀，成了被物化的女體、用情不專的女人、狐狸精。簡而言之，我們可以說她在這則神話裡專門製造混亂。

根據她自己的說法，康綏蘿「沒有什麼高貴的情操」。很早以前她便精通等待的藝術，自從嫁給聖修伯里之後，她所做的便只有等待。她所嘗過最難熬的等待，或許是一九四三年三月聖修伯里出發上戰場後的那段時光。在一段從未發表、兩人延續的虛構對話中，她說：「你的渴望比世上所有力量的總和還要來得強，而我很了解我的丈夫：一直以來我便知道，是的，我早知道，你將離去。」她接著說：「你尋求洗禮，渴望讓自己接受槍林彈雨的洗禮。」

一九四四年至一九四五年：

是清算一切的時候了，是該重返那種外表看來一場糊塗、既波西米亞又「藝術」的生活的時候了，就好像我們想像中的三〇年代藝文界。爲了「不負」和東尼歐夫妻一場，是勇敢活下去的時候。她必須另覓一間公寓；她必須確保自己多多少少有些進帳；她必須第三次扮演起寡婦的角色。無論如何，現在不能再以淚洗面。「吾愛，我的淚已流盡。」她寫道。喪夫的悲傷又要如何克服呢？「你是永恆的，我的寶貝，我的丈夫，我把你帶在身上，就好像小王子那樣，我們無懈可擊，不受任何打擊。無懈可擊，好比置身光明中，受到庇護。」面對家族和書商兩面覬覦的艱難處境，康綏蘿自我抵禦的能力並不完備。她從小便有一份稍嫌天眞自信的灑脫，不太懂歐陸作風下的種種社交手段，對詭計也沒興趣。再者，她一向和聖修伯里過著不受社會規範限制的生活，更強化了她天性中的放肆、敏感和糊塗。於是她照著她一貫自負的想法和做法行事：憑著直覺前進，重建自己的生活。

這股強大充沛、充滿生命力的能量，從一九〇一年她在薩爾瓦多出生以來，便一直保存在她身上。這一段逝去的童年就像聖修伯里自己的童年一樣，是親近大自然的。這是一段交叉著夢幻和奇想的童年，受到中美洲的想像大地觸發而茁壯：她天生是個說書人，她「咕咕噥噥」，她「吱吱喳喳」，却以顚覆現實的方式引人著迷，讓人沈浸在故事之中。她可以在一樁眞實事件上像繡花一般，編織來龍去脈，導演自己的生命。而薩爾瓦多灼熱的土地，那裡的火山和地震，在在都讓薩爾瓦多化身爲一個充滿傳奇的國家。來自這個國家的康綏蘿，是精靈也是女神。在他們平靜幸福的日子裡，聖修伯里總是要她講有關薩爾瓦多的故事：當她還是小女孩的時候，她是如何在父親的咖啡農場上、高大的香蕉林中和印第安人玩耍。「說蜜蜂的故事給我聽吧。」他要求她，就好像小王子要求著說：「畫給我看……」於是康綏蘿開始講故事。聖修伯里跟她說：「當我身處群星之間時，看到遠方有一道光，我分不清那是一顆星，還是地面的燈光在向我打信號，我會跟自己說，這是我的小康綏蘿在呼喚我，她要說故事給我聽，我向妳保證，我一定會飛向那道光。」

這段童年的回憶，康綏蘿一直帶在身上，幫她順利渡過最嚴酷的時刻：聖修伯里的不忠、不定期的離別、飛機失事以及最後的失蹤。她可以這麼說：「童年造就了我。」

她的天性激烈豪奢，和中、南美大地所孕育出的說故事大師——波赫士、寇爾塔查、馬奎斯❽——血脈相通；遇到她，是聖修伯里的運氣。是她讓聖修伯里過著詩意的生活，與她魔幻流浪的天性聲息相通：他們倆人都擁有一股貴族般的精神自主性，一種把現實生活轉爲傳說、傳奇的超現實能力。

就是運用了這份想像天賦和這股生命力，康綏蘿才能在聖修伯里死後擺脫痛苦和絕望。於是她寫下她的回憶：在布宜諾斯艾利斯的相遇、一波三折的婚約、與他家人見面的過程、兩人的婚禮、在巴黎定居、婚後爲人妻的生活、聖修伯里艱困的日子、他的不忠、病態的採花行徑、後來重新找回對她的溫柔、搬家、其他的女人、四處遷徙的日子、幾次事故、聖修伯里出書、成名、因爲德軍入侵法國而被迫遷離，以及後來在法國南部沃克魯斯省歐佩德的集體生活、啓程前往紐約、那幢白色大宅和住在陌生城市的孤獨、上場打仗的東尼歐與她的道別，以及赫德遜河平靜而灰白的流水，而在這片流水之下，一艘潛水艇將會偷偷把他帶走，永遠帶走……

她一筆寫下這些回憶，帶著她處事慣有的熱情洋溢與優雅。文中她顯得衝動而多情、天眞乖順、叛逆好動、忠貞却也不忠、堅毅不撓同時又意志消沈。她下筆如口說，好比臨死前要再說一次話，想在忠實記錄了她聲音的磁帶上，再一次回顧過往。女說書人的聲音，口音和語氣與她在紐約的朋友達利相近[9]。她說：「要我說出和我丈夫聖修伯里親密的家居生活，是一件讓我感到痛苦萬分的事。我以爲一個女人應該絕口不提這種事，但是在死前我必須這麼做，因爲人們對此發表了許多不實的言論，而我不願意讓這種情況繼續下去，儘管回憶這些每個婚姻都會發生的艱難時刻帶給我莫大的痛苦。的確，當神父對你們說兩人結婚當禍福與共的時候，他說的都是眞的！」

一九四六年至一九七九年：

她和聖修伯里的一生，包括信件和文件、聖修伯里的潦草塗鴉、水彩畫、藍色蠟筆的肖像畫、《小王子》的插畫、陳舊的表演節目單、胡亂塗了些幼稚人物的菜單、電報、地圖、明信片和原稿書、未出版的詩文稿、數學研究的證書和筆記。這一生所有的寶藏都加入行李箱載滿的孤獨，在船艙裡一起穿越了大西洋，被放置在康綏蘿巴黎公寓的地下室，有些從未被人開啓，靜靜埋在檔案的神祕裡。

老年的時候，她幾次提起勇氣打開了這些埋藏在黑暗中的箱子。她寫道：「每一次打開，我都會顫抖，這些卷宗和盒子堆積著我丈夫的信件、圖畫、電報……這些佈滿高傲花朵和小王子圖案的泛黃扉頁，忠實見證了這段已經逝去的幸福，但讓我一年一年愈發感到自己的幸運，而愈是心生感激。」

回到法國的那些年，她住在巴黎和格拉斯⑩。她的雕刻家和畫家生涯漸漸穩當，也花了相當多的時間把聖修伯里化爲不朽。身爲聖修伯里伯爵夫人、爲國捐軀的偉大作家之遺孀，她參與了聖修伯里的紀念活動、揭幕儀式、慶祝典禮；這些活動對她而言是責任，而非興趣。她從來就不怎麼喜歡這些官式排場、社交活動等不得不做的事。她寧願回憶她在聖修伯里逝世前夕、一九四四年六月底寫給他的東西：「就好像植物覆蓋著土地一樣，你在我的心上生長。我愛你，你是我的寶藏，你是我的世界。」還有回憶聖修伯里寫給她的回覆：「像森林中的兩棵樹，我們兩人打成一片，令人感到無比舒暢。我們被一樣的陣陣大風吹得搖搖擺擺。我們一起迎接太陽、月亮和夜禽——一生一世。」

一九七九年康綏蘿逝世的時候，她的權利義務繼承人繼承了著名的盒子和卷宗。此後這些行李箱從未開啓，安放在格拉斯的農莊裡，再度沈睡了好幾年。慢慢地，這些繼承人把箱子一個一個挖掘出來，讓它們重見天日。直到一九九九年，爲了紀念二〇〇〇年聖修伯里的百年冥誕，這些文件轉交到了我們手上，以供研究。《小王子的玫瑰》、康綏蘿在美國仔細用微膠卷保存下來的兩人往來信件，以及《小王子》的草稿再次起死回生……

康綏蘿重回人間。我們長久以來避而不談的一段生命重新浮現，可以說是她終於得到平反的機會。透過這段從沒有第三者知曉的私密對話，整個故事在一瞬間重現，重建了其中的眞實、激情的狂暴和複雜的糾葛。

康綏蘿和聖修伯里的關係，是了解這個作家的根本。沒有康綏蘿，聖修伯里還會是聖修伯里嗎？這批文件的成立，還原了聖修伯里身為人所擁有的基本人性。他的神話因此不再潔白無瑕，但這又有什麼關係？我們習於為聖人造像：以香料防腐處理後，用細緻的蜜蠟覆蓋臉部，作出樣板，永傳後世。就算在這本書裡，聖修伯里的形象不再完全符合那個我們已經塑造好，決定流傳給後代的樣板，那又怎樣呢？

少有傳記作家了解這對戀人的故事及其對聖修伯里的影響：他們都少了幾把關鍵的鑰匙。至今沒有人對這段關係中幽微晦暗的祕密產生該有的懷疑。請從這份欠缺和無知出發，來閱讀《小王子的玫瑰》。請閱讀這本充滿蛛絲馬跡的書。首先，請閱讀其中的等待。

因為，等待宣告了這本回憶書寫的開始，也宣告了它的結束。從頭到尾，這是一個男人離開逃跑的故事，他閃躲又趕上，自救然後重返，尋找自我卻什麼也沒找到。問題的核心在於：愛人——尤其是被愛。始終影響他的是守護女神般的母親，家庭的保衛者，這是一個讓童年充滿神奇的「母親」，她的形象代表了忠貞和永恆。這些基調受到了想像和美化，轉移到其他的女人身上。並不是所有的女人都是理想的，於是便有了那些「等待室」或備胎、「小寶貝」、那些嘉碧和貝蒂、那些康綏蘿戲稱為「小鸚鵡」的長舌婦們⓫。

聖修伯里的心中深刻著理想女人的形象，這個女人無微不至地照顧家人，代表了大地之母，也是天主教信仰下女性的原型——「服侍主的虔誠信女」。和我們口耳相傳的不同，康綏蘿並不是一個輕率放蕩的女人。她的父母對她的教育相當嚴謹，她的母親坦承對她的管教很嚴厲，引她踏入天主教和大眾信仰。嫁給聖修伯里的她，能夠成爲這個操持家務有條不紊的模範妻子嗎？她在回憶錄裡回答了：她努力地扮演這個角色，整理聖修伯里的衣服，準備他的行李箱，確保他吃得好；還裝修維護他的寫作工作室；最重要的則是等待。康綏蘿花了很長一段時間學習這個角色。康綏蘿的熱情天性迥異於法國人的性格，不時壓過所謂模範妻子該有的行爲舉止，她講起話來，常忘了自己應該安靜，而聖修伯里偏偏需要安靜，以便寫作和沈思；而當她講起話來的時候，她的法文文法却又不正確。

對聖修伯里來說，離開是件最容易不過的事了。他很容易聽信偏頗的意見，招來別人的惡意；遇到愛慕者便心生憐憫、甘受誘惑；他喜歡的，他直言不諱；想怎麼生活就怎麼生活，做想做的事，決不虧欠，却無拘無束。然而他這份獨立的想望却和他性格中根深蒂固的依賴性格格不入。於是一遍又一遍，他對康綏蘿這個崇高的形象發出充滿哀思的祈求：「康綏蘿，爲著我的回來綻放吧……康綏蘿，我小小的一盞明燈……我的小寶貝，守護著純潔的家園……替我的愛遮風避雨……康綏蘿，我的甜蜜負擔……」

聖修伯里奇特的存在處境，讓他不得不走上感情的漂泊路，除了在夜裡獨自飛行，或是一心爲祖國獻身外，這條路上找不到救贖或解放。唯有在對抗死亡的英勇行動中，在允許壯烈犧牲的反抗情勢中，他才可以舒緩他在情感上的挫敗感。飛行的意義不僅包括了偉大的行動、同袍的情誼、正大的情操、接近英雄主義的愛國主義，高尙地象徵一種失而復得的純潔。這些都是讓他感到解放的途徑和方法，讓他逃離整天身陷其中的情感桎梏。康綏蘿的回憶錄讓我們淸楚看到這段令人感動又痛苦的追尋。

他們倆人的一生不過就是一連串的決裂和重聚，發生的背景是一次次生死未卜的航空歷險、地址的變更、戲劇性的改變、生命中的危機、嘶吼和無聲、突如其來的啓程，以及在拉佛葉黑消磨而過的甜美幸福，康綏蘿想模仿莫內的畫風把那裡充滿魅力景物永遠保存下來。儘管如此多折，他們之間的愛意從來不曾消滅。雖然感到疲憊、憂傷，康綏蘿的異國優雅風情却從未枯竭，她最後還是接受了其他男人對她的崇拜及追求：她在建築師貝納爾・才爾福斯⓬心中激起強烈的愛意；丹尼斯・德・胡惹蒙就住在聖修伯里夫婦紐約住處的附近，常向康綏蘿獻慇懃（安東的唯一報復是在下棋的時候擊敗這位對手！），而康綏蘿則在丈夫失蹤之後，轉向他尋求慰藉。聖修伯里和康綏蘿拉辛式的悲劇激情只能存活在這種充滿張力和聚少離多的狀態下，讓他們一天比一天更確認彼此的關係是理所當然的：一對無法拆散的伴侶。就好比聖修伯里跟康綏蘿坦承說，只有她才是一切的依據。聖修伯里還跟她說，她是他的慰藉、他的星辰和家裡的那盞明燈。對聖修伯里來說，飽受糾纏、背棄、總是被要求回心轉意的康綏蘿才是不可或缺的。聖修伯里有不計其數的情人、著名的女繆斯，後者會送他禮物、在作家的生涯上給他信心、奉承他，有時還會眞心愛上他，但這一切都是枉然，康綏蘿在他心中的地位是不可動搖的。對於康綏蘿的批評和惡言從不短缺。在家族裡，她是個外人；在《新法蘭西雜誌》⓭的文學晚宴聚會上，她語出驚人、格格不入。紀德討厭她，不過她說，紀德除了小男生和老太太以外，誰都討厭。從各種繪畫、素描和照片中，我們可以看到她身上有一種青春的風情、像布列東筆下的娜嘉⓮，有著如處子般的狂放、活潑，但這種清新鮮活恰好讓她動輒得咎，因爲在聖修伯里常去的沙龍聚會裡，思想解放、知性大膽的女性或是女強人才是大家歡迎的對象。一如東尼歐對她的責難一樣：康綏蘿「反而炫耀她的宗教熱忱」，呼喚上帝和所有聖人的名字；拜訪各地教堂；經常告解；在丈夫出任務的時候爲他祈福……然而新近對聖修伯里的了解，使我們看到他複雜的一面：他明顯鄙夷迷信，卻同時在皮夾裡保存了一張聖女小德蘭⓯的肖像；一九四〇年返鄉之後，他還要求他的妻子一同前往盧爾德⓰朝聖，在聖水池裡受洗！

康綏蘿的書不停地提供我們這些內在衝突的實例，讓我們看到這些衝突如何暗潮洶湧地削弱聖修伯里的志氣並折磨他。

這也是爲什麼聖修伯里要屢次追回康綏蘿、向康綏蘿求救，因爲他只相信康綏蘿，只有康綏蘿能保護他。只有康綏蘿不是爲了榮耀和成名的美夢和他在一起：康綏蘿只希望他們能夠在非洲的某個角落找個小房子生活，在那裡他可以安安靜靜專心寫作。因爲只有康綏蘿會整天要求他寫作，要求他控制夜晚出遊的衝動，甚至把他關在親手整理好的工作室，命令他沒寫完不可踏出半步！

聖修伯里感激她、信賴她，夢想著在她的翅膀保護下盡情寫作，讓她小鳥般的溫柔輕輕呵護著……「你的鳥語惹人憐愛地顫動著……」就在美國他們那幢貌似凡爾賽宮的白色大宅貝文樓⑰（這點可讓聖修伯里咕噥了一陣）裡，他完成了他的代表作《小王子》。在這段幸福時光中，他整日畫插畫、請朋友當模特兒、重寫根據他自己的故事所創作的作品、重新組合羅織其中的主題及元素。《小王子》誕生於康綏蘿的熱情之中，聖修伯里最後終於坦承……而那朵玫瑰，事實上，就是故事的核心。提供這段情節靈感的人，仍是康綏蘿——是她讓聖修伯里發出這樣的悔恨，覺得自己對玫瑰如此不公平、忘恩負義；小王子說了：「我的確太年輕了，不懂得愛花。」先是在紐約長島貝文樓，後來在科西嘉島，他了解一切都過去了，康綏蘿已經原諒他，而小康綏蘿曾經有過的大悲大痛都已結束。「告訴我，小康綏蘿，我的悲痛結束了嗎？」他考慮把《小王子》獻給康綏蘿，但是康綏蘿希望他把書獻給他的猶太朋友里昂・維爾特⑱。聖修伯里爲此遺憾至今。他答應康綏蘿，一旦從大戰退下，他便會寫《小王子》的續篇，這次，康綏蘿會是所有夢想的公主，不再是帶刺的玫瑰，而他也會將此書獻給她。這本回憶錄就像他們尚未出版的往來書信一樣，見證了這段奇特的愛情。更重要的是，它提供了一個被過於完美的傳奇和捏造的故事所掩蓋的聖修伯里：事實上，五十多年來，他一直需要這部被人遺忘的手稿重生一回，還原他的人性。這本回憶錄讓我們與他更親近，讓他在一瞬間變成更動人心弦而不老氣橫秋，更貼近眞實的人物。「寫信給我，寫信給我。」他在四十四歲生日那天、死前幾個星期前如此要求康綏蘿，因爲「〔郵差〕不時會來，這讓我的心化作一片春天」。

「小康綏蘿」收到了這封信和信上的命令。她寫了又寫，好訴說他們的故事，並讓大家看見其中的眞相。

亞蘭・維爾康德列

二〇〇〇年二月，巴黎

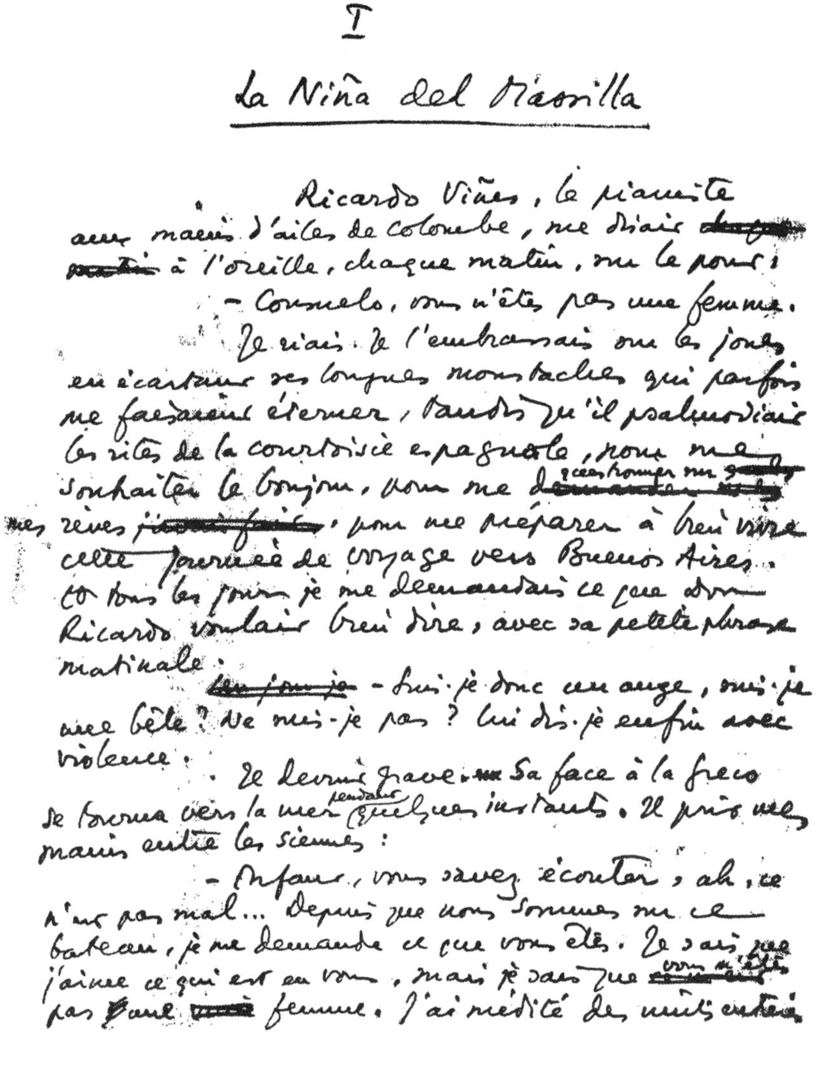

I

La Niña del Maravilla

Ricardo Viñes, le pianiste aux mains d'ailes de colombe, me disait à l'oreille, chaque matin, sur le pont :

— Consuelo, vous n'êtes pas une femme.

Je riais. Je l'embrassais sur les joues en écartant ses longues moustaches qui parfois me faisaient éternuer, tandis qu'il psalmodiait les rites de la courtoisie espagnole, pour me souhaiter le bonjour, pour me questionner sur mes rêves, pour me préparer à bien vivre cette journée de voyage vers Buenos Aires. Et tous les jours je me demandais ce que don Ricardo voulait bien dire, avec sa petite phrase matinale.

— Suis-je donc un ange, suis-je une bête ? Ne suis-je pas ? lui dis-je enfin avec violence.

Il devint grave. Sa face à la Greco se tourna vers la mer pendant quelques instants. Il prit mes mains entre les siennes :

— Enfant, vous savez écouter, ah, ce n'est pas mal... Depuis que nous sommes sur ce bateau, je me demande ce que vous êtes. Je sais que j'aime ce qui est en vous, mais je sais que vous n'êtes pas une femme. J'ai médité des nuits entières

※ 康綏蘿的回憶錄手稿的第一頁。

第一部

1930

布宜諾斯艾利斯

1 馬西利亞號上的小女孩

里卡多・維涅斯❶，那個有一雙鴿翅般雙手的鋼琴家，每天早晨，就在船橋上，在我耳邊說：

「康綏蘿，妳不是個女人。」

我笑了。我撥開他那不時惹我打噴嚏的長鬍子，在他的腮幫子上親了一下。他接著念經似地搬出全套西班牙式的禮數，跟我道日安，問我昨晚作了什麼夢，讓我有心理準備好好地渡過這一天前往布宜諾斯艾利斯的旅程。每天我都會納悶，里卡多先生這每晨一句到底想說什麼。

「那麼我是位天使，還是頭野獸呢？世上沒有我這種人的存在嗎？」我最後粗魯地問他。

他臉色變得沈重。他那張像格列柯❷畫中人物比例拉長的臉轉向大海。約莫片刻，他執起我的手說：

「小女孩，妳知道怎麼傾聽，啊，這樣不錯……自從我們登上這艘船以來，我問我自己妳到底是什麼？我知道我喜歡妳身上擁有的東西，但我也知道妳不是個女人。我花了好幾個晚上思考這個問題，最後才著手寫曲。我可能更像個作曲家，而非鋼琴家，而只有在音樂裡我才能表達我感覺到的妳。」

他打開沙龍裡的鋼琴，舉手投足充滿了讓他名滿全歐的西班牙中部卡斯蒂利亞式的優雅。我聽著，很美。大海搖晃著我們，應和延伸了音符，而我們開始一應一和地講起話來，一如往常，說到我們的失眠夜晚、我們在這片大海上的發現，不時看到的一座燈塔、一處小島，或是另一艘船。

我想維涅斯這句用音樂說的話不會再讓我感到不安了。沒多久，我便加入了馬西利亞號上的乘客行列。

□

船上有些歐洲人，深信旅行社的宣傳，以爲在一支探戈舞中，便能發現一個年輕的美洲。還有一些本地的南美洲觀光客，從巴黎運回一箱箱的衣服、香水、珠寶和俏皮話。有些年紀大的婦女毫不顧忌地講起她們在美體治療中減了多少體重；另外一些人肆無忌憚的程度過之而無不及，像是把她們的照片拿給我看，上面精確地顯示她們漂亮的鼻子改變了幾公釐。一位先生向我坦言他某項精密手術是如何的成功：他的口中滿是從窮人身上便宜買來的移植牙齒……

較年輕的女士玩耍似的每天在我們面前換穿四、五套不同的衣服。她們多多少少都得把衣服穿出來，因爲南美洲的海關，對於上流社會女性從事的精品走私處置非常嚴厲。每次換裝之間，她們會洗個醉人的香精澡。在梳妝打扮的時間長度上，阿根廷和巴西女人把歐洲女人遠遠地拋在後頭。不用再三請求，她們便會彈起吉他或是高唱國歌。船行越遠，這些熱帶來的女人的舉止益發自然，個性越加鮮明。老老少少，妳一句我一句地說著葡萄牙話、西班牙話，不留給法國女人半點張嘴說話的機會。

年輕的巴西女人莉塔有著用吉他模仿鐘聲的技巧，一會兒是彌撒的鈴聲，一會兒是鐘樓的聲音。她說靈感來自有一次她的家鄉舉行了一場嘉年華晚會，在一場印第安黑巫術之夜裡，所有的女人屈服於自己的慾望，認清了自己眞實的一面，開始探索如同尙未開發的處女林的生命。莉塔的鐘聲有時候會使某些乘客上當，把他們引到船橋上。她以爲她的吉他具有魔力，認爲吉他斷裂的那天就是她的死期。她常常向蘭德神父告解，在她的面前，神父無計可施，便放棄對她的世俗慾望和魔法迷信說教的念頭。

我很喜歡蘭德神父。我們常一起散步，一走就走好遠，我們常聊有關上帝、心靈、生命的問題，以及改進自己的方法。他問我爲什麼不在食堂和大家一起用餐，我說我正在替亡夫安利奎・高梅茲・卡利修服喪，這趟旅程是受阿根廷政府之邀，因爲我可憐的卡利修曾經是個外交官，代表阿根廷出使過歐洲好幾次。蘭德神父不但熟悉好幾本亡夫的著作，還盡其所能地安慰我：聽我用著年輕女人的全副眞誠，講一個五十歲的男人，如何在我們短暫的婚姻裡，喚起我心中的愛意。我繼承了他所有的書、他的姓氏、他的錢財和他一直保有的日記。他的一生交託在我身上，我想要理解並重新活過這段生命，持續紀念他的回憶。我只願爲他而成長，並把這份禮物化作我的人生志業。

里卡多・維涅斯是我丈夫的舊識。他在巴黎認出我來，因爲我的全名中還帶了母親的姓，而正好他有個朋友也姓了同樣的姓：松多瓦勒侯爵。對維涅斯來說，松多瓦勒象徵著大海、風暴、自由的生活，以及偉大西班牙征服者的過往戰績。全巴黎城的女人都愛慕他，但他是個禁慾者，他最了不起的調情與逢場作戲從來都只是音樂性的……

一天我們聽到彈吉他的莉塔嘶啞著嗓子在他耳邊說：

「你眞的屬於一個非常嚴苛的祕密教派，它比耶穌會組織更強大，而在裡面，你只准當個藝術家？」

「當然，毫無疑問地，妳也聽人說過我們會在滿月之夜把鬍子剪去一半，而那鬍子又會立刻長回來囉？」

在郵輪上還有另一個長者照顧我，這人叫做班哲瑪・克雷米俄[3]，他是去布宜諾斯艾利斯舉辦講座的。他留了滿頭像猶太教士般的捲曲頭髮，兩眼炯炯有神，聲音熱情如火。他說的話充滿了一種神祕的力量，讓人心安。

「妳不笑的時候，妳的頭髮變得好憂傷，好像那是妳全身上下最疲憊的地方。妳一圈圈的鬈髮垂落，好像孩子睡著了一般……眞是奇怪，當妳活潑了起來，當妳講起魔法、馬戲團，還有妳家鄉火山的故事，這時，妳的頭髮便再次生氣勃勃。如果妳想要美麗動人，請天天歡笑。請答應我，今晚，不要讓妳的頭髮睡著了。」

他對我說話的方式好像要求一隻蝴蝶把翅膀張開，只爲了看清楚蝴蝶翅膀上頭的色彩。儘管他長長的西裝上衣有點磨損，落腮鬍讓他看起來很嚴肅，他是我最年輕的朋友。他的猶太血統純正，爲人正直，似乎做自己做得很快樂，過著他該過的日子。他說他喜歡我的原因，是因爲我知道如何變通。這樣的說法並不讓我滿意，因爲我寧願像他一樣平平穩穩，對上帝和大自然賦予的一切感到心滿意足。

在旅程的尾聲，維涅斯、克雷米俄和我三人變得形影不離。

在我們抵達布宜諾斯艾利斯前夕的深夜，里卡多先生奏起一段奇怪又精彩的序曲，然後宣布這首曲子叫做〈馬西利亞號上的小女孩〉。

他說：「是妳從我心中引出這幾頁手稿。妳是這艘郵輪上的小女孩。」莉塔立刻提議彈吉他加入伴奏，她說，這是因為只有她的吉他，才知道如何揭露這段音樂的意義，揭露維涅斯對我的想法。

靠岸了。下船的紛擾慌亂佔據了我們的心思，我們彼此除了禮貌地應對之外並未交談，好像機器人一樣。這時我聽見船橋上有人大喊：

「我們要找高梅茲・卡利修的遺孀。Dónde está la viuda de Gómez Carrillo?（高梅茲・卡利修的遺孀在哪裡？）」

我很清楚他是來接我的。

「先生，我就是。」我羞怯地低聲說。

「啊！我們以為妳是個老太太呢！」

「我就只能是我現在這個樣子了。」我回說，同時此起彼落、相機按快門的聲音在身邊響起：「能夠告訴我哪裡有飯店嗎？」

他們以為我在開玩笑。一位部長來到碼頭歡迎我。他向我宣布說，我是政府的貴賓，將住在國家級貴賓的住所「西班牙飯店」。總統對於未能親自在官邸接見我，向我表達歉意，因為目前即將發生的革命讓他無法分身。

「革命？」

「沒錯，夫人，眞革命。不過我們的長髮先生❹睿智過人，這是他的第三任總統任期。他知道如何處理這些事情。」

「你們的革命快開始了嗎？你們的國家常常鬧革命是不是？」

「我們已經很久沒革命了。據說這次革命將發生在星期三。」

「沒有辦法阻止嗎？」

「我想沒有。總統先生不想插手。他想靜觀其變，不肯對那些在街頭示威高喊『長髮先生下台』的學生採取行動。情況很嚴重，不過我很放心。妳還有好幾天的時間可以拜見總統。不過，我建議妳明天一早便去見他。總統很喜歡妳的亡夫，能跟他的遺孀聊聊他，總統應該會很高興的。」

□

隔天，我搭了輛車前往政府辦公所在地「玫瑰宮」。我經過了這個首都唯一的一棟紐約式摩天大樓，來到市中心的大片空地，以及一些看來從未改建過的小房子。

我發現人稱長髮先生的總統本人相當睿智平和。他微笑著告訴我他老了，現在只吃新鮮雞蛋，多虧他在自宅裡養的一群會生蛋的母雞。他一直不願住在總統官邸裡，每天都是從家裡步行來辦公。因爲我害怕話題聊到我親愛的高梅茲・卡利修的死，我便問總統這些說著星期三要革命的人，腦子裡在想什麼。他臉色變得沈重，但不悲傷：

「他們決定要搞革命……那些學生……說要搞革命已經有好幾年了。也許有一天，會付諸行動。我希望他們最好等我死了再搞。對於他們的要求，我向來答應。我簽字又簽字，整天簽，我核准了他們所有的提議。」

「或許你簽太多了，結果反而不好？」我冒然問道。

「高梅茲・卡利修的死，讓我很難過。」他說，沒有回答我的問題：「妳知道他答應過我，要來布宜諾斯艾利斯，來主持教育部嗎？我認爲這是最重要的部會。我遵循了他的建議之一：把學校裡的老太太換成年輕漂亮的小姐。我記得小時候每天早上都得看到我那戴副可笑假牙的年邁女老師，眞是一場惡夢，而且她根本不愛孩子。現在如果一位年輕的好女孩願意教書，沒有文憑也可以……我想小孩子跟著一個美人兒才學得快。」

我淡淡地笑著，讓他繼續講下去。但我可以想像父母的抱怨，以及把孩子交托給這些美麗、沒學問、沒經驗的老師的代價……

G部長當天晚上邀請我吃晚餐，出席的有許多政府官員。大家還是預期革命會在星期三發生。席上的女人非常美麗，菜色相當豐盛。布宜諾斯艾利斯的大餐比在歐洲要豐盛個三倍。我很高興來這兒一趟。

2 這位是安東·德·聖修伯里，他是個飛行員

班哲瑪·克雷米俄在「藝術之友」沙龍舉辦的講座剛剛結束。我在那兒碰到了布宜諾斯艾利斯全城的藝文人士。大家都在談論革命。

「他們人都很好。」克雷米俄對我說：「我希望能在這裡待上幾個星期，但是他們的革命開始讓我害怕。他們似乎很喜歡談論革命，也許以爲這不過是場革命罷了，好像不會死人似的。上次世界大戰的時候，我當過兵，不喜歡槍砲聲。」他搓著鬍子補充說：「我的天性平和。對了，下午可不可以來我的飯店一趟？我想介紹妳認識一位非常有趣的法國朋友。千萬不要放我鴿子，我會等妳的。」

在飯店的沙龍裡，大家爲了向克雷米俄表達敬意，舉辦了一場雞尾酒會，話題東扯西聊總是回到革命上頭。這開始讓我感到厭煩。我覺得這場革命來得好漫長。

「你的革命什麼時候發生？」有個人開玩笑說。

「我的是在星期四，如果你願意的話，我跟你打賭。」另一個回答說。

我看了看時間，決定自己先行離去，不跟克雷米俄告辭了，怕他會留我。當我正套上大衣的時候，一個褐髮、身材高大的男人在飯店大廳引起一陣騷動。他直接走向我，拉著我的大衣袖子不讓我套進去：

「妳現在就要走了，我才剛到呢。請再逗留個幾分鐘吧。」

「可是我得走了，有人在等我。」

克雷米俄跑了過來，一把黑鬍子中間露出滿口的牙，大剌剌地說：

「沒錯，沒錯，留下來，這就是我答應過妳的會面。我在船上說過會介紹妳認識一位飛行員，妳肯定會喜歡他的，因爲他是個相當喜歡拉丁美洲的男人，會說西班牙文，說得很差，但是聽力很好。」

克雷米俄轉向那位褐髮男人，邊扯著鬍子邊拉著我的手說：

「你要知道，她可是非常西班牙的，而當西班牙女人生氣的時候，事情就嚴重了！」

那位褐髮男人相當高大，我必須像抬頭望天一樣才能把他看清楚。

「班哲瑪，你可沒跟我通報說這裡還有這麼漂亮的女人喔。謝謝你了。」

然後他轉身朝我說：

「請不要走，我們在這張沙發上坐坐吧。」

接著他推了我一把，弄得我失去平衡，一屁股坐了下來。他道了聲歉，我想抗議也說不出話來。

「你到底是誰？」我最後吐了句話，一邊伸腳試著碰到腳底的地毯，因為我可以說是被一張太深又太高的沙發給困住了。

「抱歉，抱歉。」克雷米俄回說：「我忘了給你們介紹介紹。安東・德・聖修伯里，是個飛機駕駛、飛行員，他將帶你從高處看盡布宜諾斯艾利斯以及天上的星星。因為他非常喜歡星星？」

「我不喜歡飛行。」我說。「我不喜歡速度太快的東西。我也不喜歡一次看到太多人的腦袋。我想走了。」

「可是腦袋和星星完全是兩回事！」那個褐髮男人大聲說。

「你以為腦袋和星星的差別很遠嗎？」

「啊！」他驚訝地叫了一聲：「也許妳的腦袋裡有星星？」

「我還沒有遇到一個男人看得見我眞正的星星。」我有點悲傷地坦白道：「不過我們在亂說些什麼呢？我再重複一次，我不喜歡飛行。我連走得太快，都會覺得自己迷路了呢。」

那個褐髮男人還是沒放開我的手，並且蹲在我的沙發旁，好像檢視一個不明物體一樣地檢視我。我覺得尷尬、荒謬，覺得自己好像一種講話會發出怪聲音的洋娃娃。我覺得我說的話好像失去了意義。他的手還在我的手臂上，我不由自主地覺得自己是他的獵物，被監禁在這張絨毛沙發上，無法逃脫。他繼續質問我。他強迫我回答他的問題。我不想再理他，覺得自己好愚蠢，但是心裡有某種東西讓我無法起身離開。我開始氣自己的女人天性。我又試了一次，就好像一隻黃螢發出最後一道光線、一股精神、一陣力氣。

我試著把自己從沙發上拉起來，輕輕地說：

「我走了。」

他用巨大的手臂擋住去路。

「可是妳很清楚妳將搭我的飛機從高空的雲朵上看看拉巴拉他河❶！實在太美了，妳還可以看到別地方都看不到的落日！」

克雷米俄在我臉上看到驚弓之鳥般的恐懼。然後爲了幫我解圍，他用堅定的語氣說：

「她該走了，聖修❷，有一群朋友在等她，我也得先走了，我邀了些人。」

但是那個褐髮的男人始終擋在沙發前。他用一種低沈的聲調說：

「我叫我的司機把這群人載來，一起來看夕陽。」

「這不可能。他們一共有十二個人呢。」

「那又怎樣？要多少飛機，我就有多少架飛機。大家都說我是這裡的飛行之王。我可是『航空郵件』❸的總監。」

任何抵抗都是徒勞。他開始主導一切。他打電話給朋友。我們都聽他的。

克雷米俄臉上泛起的喜悅讓我接受了這一切。我請求那個褐髮男人也坐下，讓我喘口氣。我提醒他說所有人都在看我們，他讓我不能呼吸，連講話都難過。

他接著開懷地笑了起來，一隻手劃過臉頰，咒罵了一聲說：

「我的鬍子沒刮。我才剛飛了兩天兩夜！」

然後他便消失在飯店的理髮廳裡，十分鐘後重新出現，鬍子剛剛刮乾淨，笑得像個小孩子似的。他叫著說：

「克雷米俄，下次你邀請美女之前，記得要預先通知！」

「這麼說，你不知道？」克雷米俄不懷好意地回說。

「大家先喝一杯吧，我渴了。如果我話說的太多，對不起，那是因爲我幾乎一個星期沒見到半個人。我等會兒講巴塔戈尼亞高原的故事給你們聽，各式各樣的鳥，還有比我的拳頭還小的猴子。」

他握起我的手叫著說：

「噢！這手好小啊，妳知道嗎？我會看手相的。」

他握著我的手良久。我試著把手抽回來，他却不想放：

「別動，我正在看。妳掌上有幾條平行線，這代表妳將過著雙重人生。我不知道這是怎麼一回事，但是所有的線都是平行的。不，我不認爲妳的性格隱晦到無法解釋。但是有些特質讓妳顯得與眾不同。也許是妳的國家。應該是妳從中美洲移居到歐洲的關係。」

對於他的關注我突然感到一陣狂喜，但我試著抗拒：

「我不怎麼喜歡坐飛機，我不喜歡速度。我喜歡坐在一個角落裡動也不動。這顯然和我的國家有關，在薩爾瓦多有很多地震，頃刻之間你可能會發現巴黎的凡東廣場就在你家門口。」

「很好。」他邊笑邊回我的話：「飛機我會慢慢開。我已經叫了輛巴士把妳的朋友全載到『西方飯店』，然後會有人把他們帶到這裡來。那些同意和妳一起前往的人已經在那裡了。」

一切安排妥當，二十分鐘後，我們擠了一輛汽車到停機坪去，前往他承諾過的落日。從布宜諾斯艾利斯到郊區的帕切可，開車要一小時，我蜷曲在車內聽著這個男生講他的人生經歷、他的夜航。於是我對他說：

「你知道的，你應該把這寫下來，你講的故事好美啊。」

「很好，我將爲妳而寫。妳知道嗎？五年前，我已經拿年輕時留下的第一批書信作材料，整理成一本回憶錄。」

「才五年，有什麼好寫的。」

「可多著呢。我那時還很年輕，在撒哈拉沙漠裡。這本回憶錄叫做《南方信札》❹。回程的時候我們到我家轉一下，我給妳一本。這本書一點也不成功。我賣了三本，一本給我的孀嬸，一本給我的姊姊，還有一本給了我姊姊的朋友。到頭來一共只有三本……大家不時拿這事開我的玩笑，但如果妳覺得我講的眞的不錯，那我就把它寫下來。我將只爲妳而寫。這會是一封非常長的信。」

我是唯一的一位女人。原本要加入我們的E夫人沒有出現，因爲她覺得到停機坪的路上風沙太大。在車上，聖修伯里侃侃而談，充滿著熱情。他講的那些影像眞是迷人，把現實和夢幻融合在一起的口氣是多麼狂暴！克雷米俄問他話，他不厭其煩地回答。他宣稱已經有一個星期沒說過話，灌了我們滿腦子上千個有關飛行的故事。

我們終於抵達機坪。一架銀光閃閃的飛機等著我們。我想坐客艙，但是他堅持我必須跟他一起坐在駕駛艙裡。座艙有大塊麻布做成的簾子分隔。我不懂人們怎麼開這架飛機。他拉上簾子。我暗暗端詳他的手，這是雙旣聰明又緊張、旣細緻又有力的手。就像拉斐爾❺畫中的手。他的性格在手上顯露。我害怕，但我還是把這條命交給了他。我們起飛了。他臉上的肌肉繃緊起來。我們飛越平原水澤。我開始感覺我的胃不怎麼對勁，臉色發白，深深地嘆了幾口氣。引擎的噪音馬上掩蓋過我的嘆息聲。飛行的高度讓我的耳朵塞住了，我想打個哈欠通通耳朵。突然間，他減了馬力：

「妳常坐飛機嗎？」

「不常，這是第一次。」我膽怯地回答。

「喜歡嗎？」他頗感興味地望著我。

「不喜歡，就是感覺奇怪。」

他固定了操縱桿，在我耳邊說話。接著他再次推高操縱桿，然後又爲了跟我說話而停了桿子。看到我們因爲飛機上上下下翻觔斗而驚慌的樣子，他覺得有趣。我則笑了。

他把手放在我的膝蓋上，輕輕撥動著嘴唇跟我說：

「妳願意親親我嗎？」

「但是，聖修伯里先生，你知道在我的國家裡，只有心愛的人和熟識的人我們才親吻。我剛剛成了寡婦，你怎能期望我親你呢？」

他抿了抿嘴唇，壓抑住微笑。

「親我一下，不然我就淹死妳。」他邊說邊作勢要把飛機摔進大海。

生氣的我緊緊咬著手帕。爲什麼我要親吻一個才剛認識的男人？我覺得他開玩笑的品味很低級。

「你就是這樣和女人要到吻的？」我質問他：「碰上我，這套不管用。我也飛夠了。要討我歡心的話，現在就降落。我才剛剛失去了丈夫，還很悲傷。」

「啊！我們要墜機了！」

「與我何干。」

得太醜了。」

於是他細細地看著我，熄了啓動開關，對我說：「我知道，妳不願意親我，是因爲我長

我看到連串淚珠從他的眼裡落到領帶上，我的心再也倔不起來。我盡量傾身靠向他，給了他一個吻。他回過身來強勢地吻住我，我們就這樣吻了兩三分鐘，飛機一下往上，一下往下，一下熄了引擎，一下又開。所有的乘客都暈機。我們聽到後面傳來一聲聲抱怨和呻吟。

「你並不醜，一點也不，但是對我來說，你太強勢了。你把我弄痛了。你把我咬痛，像是要把我吞了一樣。你並不是親吻我。我希望現在就降落。」

「原諒我，我並不太了解女人。我喜歡妳，那是因爲妳是個小孩，妳像個小孩一樣驚慌害怕。」

「到頭來你都是會傷害我的。你眞是有點瘋狂。」

「這只是表面上看起來而已。我愛怎麼樣就怎麼樣，即使這樣會令我受傷。」

「聽好了，現在我連喊叫都不行，讓我們落地吧。我不太舒服，我可不想就這樣昏了過去。」

「沒問題。看好了，那邊，拉巴拉他河。」

「好，好。那是拉巴拉他河，但是我想看的是城市。」

「我希望妳不會暈機。」

「有一點。」

「吶，這裡有一顆藥丸，舌頭伸出來。」

他把藥丸放進我的嘴裡，緊張地握緊我的手：

「好小巧的手啊！小孩子的手！這雙手就永永遠遠地交給我吧！」

「我可不想失去雙臂咧！」

「妳眞笨！我是在向妳求婚。我喜歡妳的手。我想要佔爲己有。」

「可是，聽著，你我認識不過幾個小時而已！」

「妳等著看吧，妳會嫁給我的。」

我們終於降落了。我的朋友全都暈了機。克雷米俄吐得整個襯衫都是，維涅斯覺得自己沒法兒舉辦音樂會了。

聖修伯里一路抱著我上車。車子把大家載到他家去。這趟車程我一生都記得。我們經過珠寶店的櫥窗，閃耀著寶石、翡翠、大鑽石和項鍊的光芒，還有賣羽毛的、賣鳥類標本的小店，這裡眞是個「小巴黎」。就像是巴黎繁華的西佛利街。我們到了以後，搭乘電梯來到聖修伯里的單身公寓。喝了一杯咖啡之後，大家都睡著了。維涅斯和克雷米俄一起睡在一張沙發上，而我則睡在聖修伯里的床上。我覺得暈頭轉向，很想吐。我一點也不知道自己身在何處。我蜷曲成一團，而他念了一段《南方信札》給我聽。我什麼也聽不進去，最後我跟他吼了一聲：

「聽好，你好不好讓我清靜一下？我感覺好悶熱，想沖個澡。恕我失陪了。」

於是他起身到另一個房間裡去。我沖了個澡，他遞給我一件浴衣穿上。我自個兒睡下，但接著他在我旁邊躺下，跟我說：

「不用害怕，我不會強暴妳的。」

接著他又補了一句：

「我啊，我喜歡人家喜歡我。我不喜歡用偷的。我喜歡人家給我。」

我笑了：

「聽著，我很快就會回到巴黎，這趟飛行還算是一次愉快的回憶，只是我的朋友都暈了機，而我呢，只暈了一點點。」

「吶，再給你一粒藥丸。」

我吃了藥丸便睡去了。夜裡我醒來，他給了我碗熱湯喝。然後他放了一部他自己拍攝的影片。

「每次飛行之後我都看這部。」他說。

電影裡有種奇怪的音樂，有印第安人的吟唱聲伴隨著影像。我再也抵擋不住，這個男人太令人印象深刻了，他的內在太過豐富。模模糊糊地，我跟他說維涅斯當晚有場音樂會，他必須送他去劇院。他安慰我說現在是凌晨三點，維涅斯睡得正熟，我也該理智點，回頭睡覺去。

當我再度醒來的時候，我躺在他的臂彎裡。

3 他有大才華。他將寫出《夜航》

在此期間，我的朋友消失得無影無蹤。幾天後再碰到，他們誓言絕不再搭飛機！克雷米俄只要一聽到飛機這兩個字，就想嘔吐：

「有幾種『暈』是讓人一生都忘不了的！」

革命一日一日逼近，我向他提議我們隔天搭下一班船離開。

「不用害怕，明天先來我飯店吃個飯吧。有空嗎？」

「當然有，我親愛的克雷米俄。那麼明天見了！」

回到飯店，氣氛騷動不安，女侍來來去去，在門後竊竊私語講個不停。至於我，我的心情倒是很愉快：明天和克雷米俄吃頓飯，然後我們便起身回巴黎了。

當晚我和G部長在飯店內用晚餐。他是個聰明的男人，精神特別暢旺，待人很是溫柔。念在高梅茲・卡利修的份上，他堅持要招待我。爲了讓去世的他感到驕傲，我想把自己打扮漂亮一點。飯店的氣氛和我的心情恰成對比。我唱著歌走過穿堂，身上穿著一件白色洋裝，頭髮上罩了塊黑紗。

我了解當時的政治困境，部長在這樣的情況下仍然花一個晚上來特別招待我，讓我感到非常親切。他向我道歉，爲了以防萬一，他選了張位置較隱蔽的餐桌。

「我以妳的名義邀請了幾位高梅茲．卡利修的好友，他們的太太們興奮極了。她們想好好認識妳，看看是誰取代了大師心中的小紫蘿蘭，拉蔻兒．梅勒❶！」

高梅茲．卡利修的離婚和後來與我的再婚刺激著她們的想像力。這個話題我不願意談下去，便轉而談論起總統來。

「跟我講些長髮先生的事吧。我覺得他人很好。我和他相處了一個小時。他提到他養的會下蛋的母雞：『我老了，我喜歡蛋新鮮點兒。』我想他的重責大任讓他感到疲憊了。他看都不看便在文件上簽字……」

G部長是他的眞心好友，知道這場革命的用意就是準備把長髮先生趕出玫瑰宮。

當我們正享用著精緻的菜餚和阿根廷美酒，侍者匆匆忙忙端了封信到我們的餐桌。這封信是那個飛行員寫來的。他剛剛飛行了一天一夜。他描寫在航行中遭遇的幾場暴風雨，幾次緊急迫降，語氣充滿了剛下飛機的激動心情。他提到花朵、雷雨、夢想以及堅實的土地。他說他之所以重返人間，只爲了看我、碰觸我、執起我的手。他求我像個好女孩靜靜等著他。

我笑著大聲地把信唸了出來。信一開頭寫著：「夫人，親愛的，如果妳准許我這麼叫的話。」結尾的署名則是：「妳的未婚夫，如果妳願意的話！」大家都覺得這封信寫得精彩無比。他的書《夜航》（*Vol de nuit*）便是因這封情書而誕生。

是夜，我夢到他的手正朝我打信號。天空像地獄。這是一趟毫無希望的夜航。只有我一人有能力點燃太陽，讓他重新找到航向。在情緒激動的狀態下，我打電話把克雷米俄給叫了起來。他的結論是我應該接受他的求婚。他說我不能讓聖修伯里單單存在於我的夢中……「他有寫作的大才華，他將寫出《夜航》，這會是本偉大的作品。」

隔天，在「慕尼黑餐廳」的餐桌邊，克雷米俄、維涅斯、聖修伯里和我，我們四人再度聚首，愉悅地交談。克雷米俄對他說：

「你會寫出大作的，等著瞧吧。」

「只要她能牽我的手，只要她能作我的妻子。」聖修伯里回答說。

在所有應該拒絕他的理由都用盡了之後，我終於答應了。樂昏頭的他，想買布宜諾斯艾利斯城裡最大的鑽石給我。這時候有人打了通電話給他。

「我馬上要離開。」他說：「我們一起開車去停機坪，在那裡訂婚，因爲那是妳願意親吻我的地方。」

克雷米俄這次可不想再歷險一次。只有維涅斯陪著我們過來，他對聖修伯里說：

「你們要趕快，不然我就會以爲自己是『馬西利亞號上的小女孩』的未婚夫了！你的停機坪上沒有鋼琴，應該搬一架來的。」

「爲了你，我會從巴黎運一架來的。」我笑著回他的話。

東尼歐回頭找到我們，臉色凝重：

「我必須走了。」

「可是你不能離開啊。今晚我們應該慶祝訂婚的。」

我還在笑著，一點也搞不清楚狀況，但心中很快樂。

「你看到剛剛離開的駕駛員嗎？他心裡很害怕。他已經折返過一次，只因爲恐懼。他以爲自己過不了了。」

「過不了什麼？」我問。

「夜晚。」東尼歐悶聲地說：「天氣預報氣候不好。不過對我來說天氣向來都是夠好的了。朵哈❷常說：『人們必須把自己從恐懼中救出來……』如果他堅持不飛，我就要取而代之。信件今晚必須送出。」

同時間，我們吃著生蠔，喝著白酒。我自己也開始害怕起來……害怕夜晚。好幾支電話同時響起，距離我們兩公尺的無線電通訊器吱吱沙沙地發出摩斯電碼：其他駕駛員正在要求領航員帶路。

通訊器頂端的燈光散出的光暈讓地面上的無線電導航員看起來陰沈沈的。接著我們聽見引擎聲隆隆作響。一道白色的閃光，好像一個乳白色的光環，劃過我眼前的機坪。東尼歐按下警鈴，出來了一個阿根廷人，他是打理服裝的，就好像是在劇場一樣，我話都還來不及說出口，他已經替東尼歐穿上靴子，遞給他一件皮大衣和手套。外頭，一位駕駛員則爬下了飛機；他又折返了。

「把那個人叫來我的辦公室。」東尼歐吼著說，一時還大口吞下所有的生蠔，咬下整塊麵包，整瓶酒對嘴喝。「請妳原諒。」他對我說：「我得趕時間。」

被恐懼擊敗的駕駛員走了進來，旁邊陪著一位秘書。他自覺羞辱地站著，沒有驕傲的神氣，呼吸很不順暢。接著他脫掉了頭盔。

東尼歐叫秘書打字：「巴黎，歐斯曼大道。解雇駕駛員亞爾貝，請通知其他所有航空公司。」

亞爾貝叫了起來：

「如果你把訊息發報出去，我就把你殺了。」

他逼近正往飛機衝去的東尼歐。

「害怕夜晚的你，想殺我嗎？就在這裡等我回來！」聖修伯里丟給他這句話。

那個駕駛員手上握有一把左輪，這時卻哭了起來。

「你過不了的，你自己會沒命的……」他仍舊哭著。

維涅斯和我全身麻木，動也不能動。一口白酒讓我們的喉頭得以鬆動。

「Niña, niña, nos vamos a casa?（小女孩，小女孩，我們回家吧？）」他問。

「不行，里卡多，今晚是我的訂婚之夜。」

里卡多順了順自己的鬍子。停機棚傳來一聲喊叫：「里卡多・維涅斯！」

「我做了什麼壞事？」維涅斯嚇了一跳：「我可不想開飛機……」

「有封給你的無線電。」

「給我的？」

里卡多愈來愈困惑，摸著口袋裡的眼鏡，卻一直拿不出來。這時候，飛行員亞爾貝在暗處邊詛咒邊退了下去，頭始終低低的。

里卡多終於讀了那份無線電文：「我爲我的不克出席致上最深的歉意。請繼續進行在停機坪的訂婚派對，直到我回來。更清亮的天空和更如意的風向是爲了帶我回來。大概在午夜吧，我希望如此。你的好友，聖修伯里。」

「電報有這麼快，好樣的！」在一連串起伏不一的情緒之後，維涅斯笑了出來：「也好，經過了這樣的訂婚派對，正式婚禮應該有希望成爲一個出乎意料的美妙夜晚！」

這就是夜航的開端，從今以後我將不得安眠。

□

隔天，配著一杯牛奶咖啡，我們在停機坪上慶祝我們的訂婚。東尼歐已經把信件送到下一站，他在那裡找到一個可靠的替代駕駛就飛回來了。

大家說革命將在當天爆發。我平靜地收下這個訊息。再沒有什麼事情能夠讓我煩心，因爲我的駕駛員已經回來了。

維涅斯和我回到布宜諾斯艾利斯補眠。東尼歐必須留在停機坪，等著他信件的下落。之後電話把我叫醒了，是克雷米俄打來的。

「趕快起床，革命已經爆發了……就在妳那裡的街上有人開火了，聽到了嗎？」

「是嗎？你知道的，昨晚我很晚才睡。等一下，我去窗邊看看。開火了，沒錯，革命已然開始。不過，我待會和你吃午飯，等我一下。」

連衣服都還沒穿好，我便注意到僕人都不見了。只有一位老僕站在角落，一副別無所求的樣子，只是手捧著一封給我的緊急信件。我把信從他的手上扯過來。這時東尼歐突然像個魔鬼般冒出來，跑進了我的房間。

「啊，妳在這兒？我好替妳擔心哪。機場又離布宜諾斯艾利斯這麼遠。我這次飛行感到特別煩躁，擔心回來得太遲，擔心失去妳。跟我來。」

「做什麼？沒什麼的，這只不過是場革命罷了……在墨西哥，我十五歲的時候，我和我的同學就經歷過好幾場革命了。有時候有人會挨子彈，但是很少人會被打死。平民的槍法都不好，一般人得花上經年累月的時間練習，才學得會怎樣殺人。」

他笑了。

「行，如果妳不害怕，我也不怕……此外，妳看，我帶了攝影機，我打算拍下這場革命，開火的現場記錄，我那些待在法國的朋友會喜歡的。還記得我放給妳看的短片吧？」

「記得，先陪我到克雷米俄那裡去。他等著我們吃午飯。」

「他在等妳，沒有在等我……」

「不過我們兩人已經訂婚了啊！」

「別人才不這麼認爲。」他跟我說，直直地盯著我看：「我很少有空，而當我來看妳的時候，妳總是和人有約。」

「沒錯，如果你連革命都看作是場約的話，我也沒話說。」

我們一起慢慢地走上街道，開始爭論了起來。他不讓我有時間思考。我想要抗議。我跟他說我的一生不打算花在停機坪上或是椅子上等待他回來。不過子彈連串呼嘯而過，比我的思緒還要快。他緊緊地抓牢我的手臂。

「動作快點，他們就要把我們給殺了。看！那邊有兩三個人倒地身亡了。」

「或許他們只是受傷了吧？」

「快走，再快點，小姐，不然我就要背著妳跑了。」

他極其嚴肅地給我下指示，瞄著我的高跟鞋和小步伐看。

「穿越有人開火的街道時，不應該跑步。」我跟他說：「要是跑步的話，更會引起人行道對街那群革命份子的注意。再說，你看起來不像阿根廷人。那些佔據卡車高處的士兵根本不在意我們，他們只向武裝人員開火。」

「既然如此，小姐，我們何不當街跳舞？」

有些革命份子正強行進入私人住宅，有些從屋頂高處開火。一個武裝男人突然威脅我們，東尼歐却開口跟他交談，聲音強勢而平靜，蓋過周遭槍火的噪音：

「我是法國人。請看。」他說，並展現身上的榮譽動章。

這個簡單的舉動便解決了一切，但我還是害怕：

「趕快，我們趕快跑到那扇門後躲起來。」

我們待了整整一個小時，觀看革命份子的行動。有人一聲不吭地倒地，其他人很快地聚集，把他們抬走，還有人從隧道中出現，替補他們。後來那個地方很明顯不能再待下去了。我們愈來愈緊張，於是往街角走去。那邊沒有革命的跡象，但所有的窗戶都是緊閉的，依稀看得出窗後窺伺的人影。空氣中瀰漫一股瘋狂的騷動情緒，好像一座動亂發狂的蟻丘。

我們終於抵達克雷米俄住的飯店。他很高興有我們在，可以討論早上的情勢。

「妳是長髮先生的朋友。住在這間飯店裡的人是反長髮先生的，因此講話的時候要小心。」他笑了起來，這是他經歷的第一場革命。有幾架飛機持續飛臨布宜諾斯艾利斯上空，威脅著政府不准反抗。其實，長髮先生已在玫瑰宮無條件投降了。

下午將盡，革命已經成功。革命份子開始把原本屬於總統黨人的傢具一件件丟到街上。他們把總統塑像拖到馬路上，用一條繩子綁著，並放火把所有內閣辦公室給燒了。

我和東尼歐跑回我的飯店搶救行李，然後回到克雷米俄住的地方。突然之間，警鈴大作。那是政府傳聲筒《批判》報社的警鈴聲。

「這該不會是反革命吧？」我問。

「我們該去哪裡？」克雷米俄回說。

「我哪裡也不去。這場騷動讓我嚇壞了。我原先來布宜諾斯艾利斯是打算休息的！」

東尼歐和克雷米俄都笑了起來。

我們最後決定爬上屋頂，好讓東尼歐使用他的攝影機。「要是不能拍下這次事件，那就可惜了。」他說。我們從一處屋頂跨到另一處屋頂。東尼歐想要下來，到街上去拍。克雷米俄建議我放手讓他拍他的片子吧：「我們就待在屋頂的小角落裡，觀察情勢。」

事實上，《批判》報社就在飯店隔壁，著了火正燒了起來。薰煙嗆得我們無法呼吸，必須撤退。

晚上，我們在吧台喝著雞尾酒，我身上穿著被撕破的洋裝。克雷米俄決定下星期一動身離開。我既不知道身在何處，也不清楚該做什麼，夾在報社的濃煙和鋼琴酒吧的鮮花中，我有點迷失了……

4 你確定你想要一個陪伴你一生一世的妻子嗎？

我在城裡走著，每一步都好像是個嶄新的冒險，我自問為什麼得以見證這些所有的怪事：這場革命、在總統府的拜會、長髮先生塑像被拖著穿越街道，周遭迴響著緊張的笑聲，是來自於一個生平第一次以為自己自由了的年輕國家。名譽掃地的塑像曾經象徵那份自由。塑像的大理石經歷過的天氣有好有壞，但這群年輕學生心中的暴風雨所造成的損害，顯然比潘帕斯草原❶上的狂風暴雨還要慘烈……

長髮先生本人幾天後便會下獄，坐船在黑暗中航行穿越群島，心情將永遠無法恢復平靜。他已經老了，大家希望他能夠在那裡「自我了斷」，就在海上流動不息的風中。大家徹夜談論，談不定該把這位阿根廷人民催生出來的獨裁者往哪裡送。大家覺得再也找不到比這兒還更悲涼的地方了。他儘管無辜（連一些正直的人也這麼說），卻疏忽了作為人民之父應盡的責任。

我害怕這個籠罩在布宜諾斯艾利斯的詭異氣氛。沒有一扇門讓我感覺保險，每一扇窗都像是捕捉飛鳥的陷阱。事情的複雜程度，遠遠超過我這樣一個從巴黎來的平民所能理解，在巴黎一切都很簡單，死亡亦若是，悲慘和不公亦若是。在這裡，一切都得重新發覺，重新創造。我緩慢地前進。爲什麼我偏偏在這個天下大亂的時刻抵達？我的運氣不好。我是來這裡尋找朋友的，尋找一份能紓解年輕寡婦心情的平靜，結果四處找到的却是這個熱帶民族頭一次爆發的不滿情緒。

口袋裡，我可以感覺到我的飛天騎士寫給我的情書。我把它在指間磨來磨去，而每走一步、肌肉每動一下、袖子每擺一次，我都可以感知到它的存在。我跟自己說這是一封情書……愛情眞偉大……愛情……我繼續走著。

□

太多事情侵擾我心。這時我該沈思，轉變成一個大女孩。我想要理解一切；我知道在這整件事情當中尚有待解的意義。不論這是爲了我自己，還是爲了生命整體，我非常專心地諦聽與我相遇的這個新時代的聲息。我緩下步來，看著緊挨著布宜諾斯艾利斯的複折屋頂旁邊的灰色天空：這片風景中找不到一絲陰影，沒有樹葉，只有幾個行人。我夢想起巴黎街道上美麗的玫瑰色栗子樹；把巴黎一分爲二的塞納河；那些河岸兩旁的舊書攤，在這種時刻，總是能分散我的注意力、讓我平靜。我的一個阿根廷朋友有天跟我說她擁有五千棵樹。布宜諾斯艾利斯的居民很重視樹木，從這裡看得到的樹，都是我們從遠方像囚犯一樣帶進這個城市的。我們承諾會給它們許多照顧和愛心，只要它們好好長大。在這個國家，人們外出碰到了樹，便求樹移駕到人們的住所裡長大，給人們遮風避雨，給人們提供一處涼蔭。我知道有幾處家園，那裡的樹木多虧了園丁的辛勤照料而欣欣向榮。但是潘帕斯草原卻是嚴厲的，這片草原什麼也不願意給，她想要獨自一人，她只想作潘帕斯草原。而園丁爲了讓綠意萌發所下的苦功，簡直可說是奇蹟。一次收穫就是一次奇蹟。一個人遭遇的困難愈多，愈是配得上他由此而創造出來的奇蹟……

東尼歐的信一直摩擦著我的洋裝、我的衣袖，即便我不想聽，它都在對我說話。我試著理解在這個艱困又溫柔的國家裡，所發生在我身上的一切。我覺得孤獨，好像個孤兒，遠離了巴黎昂利・馬賀堂大道的栗子樹，遠離了盧森堡花園，流放在外❷。處境的孤單和爲了看清眼前事物的掙扎，在我身上激起一股傲氣，却也至少讓我有實實在在過日子的存在感。在這齣戲裡，大家要我扮演妻子的角色。但我眞的適合他嗎？我眞的想要扮演這個角色嗎？我想到頭疼。彷彿要讓自己鬆口氣，最後我終於向這封情書發出的呼喚低頭。我把手伸入口袋，慢慢地把信拿出來。他，我的飛天騎士，把一切獻給了我，他的心、他的名、他的命。他說他的一生是一趟飛行，他想要把我帶走，覺得我好輕，但是相信我的年輕耐得住他承諾要給我的驚喜：不眠的夜；最後一分鐘的變卦；從來不帶的行李；除了我的生命牽附於他的生命以外，他一無所有。他還說他確信可以回到地面找到我，然後用天旋地轉的速度把我抓起；他說我將是他的花園，他會給我帶來光明，我則會給他堅實的大地、人間、有爐火的家園、一杯特地爲他沖泡的熱咖啡以及一旁天天都在桌上等候他的鮮花。閱讀這些文字讓我害怕，讓我想回頭望，一路望向我的家鄉：在那裡，房子是安全的，人們也是安全的。

幽暗的街道上沒有一絲跡象可以緩和我的恐懼。疲憊突然淹沒了我。我甚至沒哭泣。我的手扯著自己的頭髮，好像一隻誤入陷阱的野獸。爲什麼要接受這個不可能的結合，和一隻粗暴狂野的飛鳥一起飛越對我來說太高的天空？爲什麼我童稚的心靈經不起他承諾的誘惑，那些虛幻的雲朵、那些掛滿彩虹的明天？我閉上眼不看這封信，把它重新放回口袋，繼續走向一間教堂，去向上帝詢問我的將來。

只有上帝能夠撫慰我心頭剛剛劃開的傷口。我想起了母親總是這麼說：「上帝不希望我們悲傷困惑，祂希望我們快樂堅強。」那麼神啊，爲什麼我的心神如此紊亂？我害怕得打顫，我全身發燙，沒辦法思考，但是我的心卻在耳邊咕噥著說：「如果克雷米俄留下我走了，我將會孤孤單單，沒人提供意見，沒人給我保護。我將只是個洋娃娃，任由這位縱橫天際的偉大飛行家玩弄在股掌之間。」而口袋裡的信則隨著我踏出的每一步，不斷地對我輕聲細語。

我終於走到了教堂，這是蘭德神父的教區。他就在那兒，好像在等著我。二話不說，我告訴他我的空中閃電訂婚，並掏出口袋裡的那封信。他高聲緩慢地把信念了出來，好像在告知我其中的內容。然後他看著我的臉，對我說：

「如果妳愛他，我建議妳嫁給他；他是一股自然的力量，是個誠實的男人，又是單身；如有神的幫助，你們會建立一個幸福的家庭。」

我從他手上拿回那封信，然後告辭。

我再度發現自己孤獨一人，置身在布宜諾斯艾利斯的嘈雜聲息之中。我偶然走過以前住的飯店：「西班牙飯店」。受到好奇心的驅使，我走了進去，要求看看我的房間。沒有人拒絕。電梯和大廳曾經有過騷動，但侍僕看起來都很平靜祥和。我推開房門，在這房裡我聽過好多關於這場革命的談話。我找到了我的行李箱，毫髮無傷，但是太重了，我一個人搬不走。一封給我的信擱在上頭，信封上有幾處殘漬，像是被水滴到一樣。我把信打開，讀了起來。又是一封我的飛行員寫來的信，他再次重申他想跟我結婚，不要我回法國，他知道我受到阿根廷當局政府的邀請，但是他建議我不要和政治有所牽扯，而要認眞考慮他對我的愛意。他說，我們的朋友克雷米俄也同意這樁一生一世的婚姻。他要我成熟點，作個大女孩，好好照顧他的心。我把這封信和另一封一起放進口袋，兩封信彼此摩擦，彷彿發出輕柔的嘆息……

我終於離開了飯店，在街上自言自語，眼前浮現他溫柔的臉龐，他黝黑渾圓、具有穿透力的眼睛。上次我看見他的時候，他剛醒來，才飛了好幾天、好幾夜，他那時神清氣爽、面帶微笑，好比一個剛剛穿越暴風雨的天使。他隨時都可以起身跳舞或再次飛行。他可以一天吃一次或什麼都不吃，他可以喝下一大桶飲料也可以好幾天滴水不進。他沒有固定的作息表，完全遵循天上的雷雨和他心中的暴風雨。有一天，他來到我的飯店，看到我正拿著一杯水：

「啊！」他說：「我知道我少什麼了，從昨天晚上起，我就什麼也沒喝。倒點東西來喝吧。」

我給了他一杯水和一瓶干邑白蘭地。連想都沒想，他把整瓶干邑往喉嚨裡倒，接著倒水。他忘了在場的其他人可能也想喝。他連道歉也省了，因爲他痛恨別人打斷他要說的話。講故事的時候要是被打斷，他會很生氣。有時候，如果我們在他的故事中間插話，他便沈默許久，有時候那晚的聚會都不說話。或許我該說整晚，因爲他沒有時間觀念。他的聚會常常持續到早餐時刻，並且覺得這樣的節奏再自然不過。有時候禁不住睡著了，他在哪裡都能睡覺，而且沒人能夠把他叫醒。

有一天他被人從機坪帶了回來。他把地址給了他的司機，司機就把熟睡的他丟到我的房間，好像寄送包裹一樣。飯店裡的員工會拿我尋開心：

「妳的飛行員睡著了，有人把他給妳送來了。他睡著了！他睡著了！」

該拿這個男孩怎麼辦呢？我讓他在沙發上躺平了，叫我的女僕在他醒來的時候照料他；然後，爲了保護名節，把房間讓給他睡，自己去跟飯店要了另一間。

這個從不疲倦的男人却對一些再簡單不過的小舉動很敏感。舉例來說，他厭惡把煙灰彈到煙灰缸裡，因爲那樣很麻煩，他寧可讓煙灰掉在褲子上，只爲了不打斷他要說的話，好像一點也不在意衣服的下場。要是褲子著了火怎麼辦！

我一個人繼續在街上走著，迷迷糊糊地想著我那睡著的飛行員……我看上去一定像個四處遊蕩的小白癡，和行人碰碰撞撞，不知道要往哪裡去。這時突然有個男人抓住我的手臂，對著我的耳朵大叫：

「上車，上車來。」

「啊！是你啊，東尼歐？」

「沒錯，是我。我到處在找妳。妳看起來像個小可憐，怎麼彎著腰四處亂走。掉了什麼東西了嗎？」

「我想我的腦袋不見了。」

他開懷地笑了起來：

「是我的司機認出妳來，我可是半點也認不出來。妳爲什麼這麼悲傷？好像孤兒一樣。」

「沒錯，我看起來悲傷，那是因爲我沒有勇氣從你身邊逃開。而且我想我不願意接受事實：對你來說，我不過是個夢幻。你喜歡玩弄生命，你什麼都不怕，即使是我你也不怕。可是你要知道，我不是玩物，也不是洋娃娃：我不會每天換一個模樣，我喜歡每天待在同一個地方，坐在自己的椅子上，而我很淸楚你喜歡離開，喜歡天天換地方。如果你眞心誠意地跟我說你的信、你的愛情宣言不過是篇談論愛情的文章、是篇童話故事、愛情的幻想，我是不會生氣的。你是偉大的詩人，飛天騎士，長得英俊，強壯又聰明。請不要嘲笑一個像我這樣除了生命和心靈以外別無珍藏的可憐女孩。」

「這麼說。」他回答我：「妳覺得我的優點太多了，不適合當妳的丈夫？」

「也許，不適合當個好丈夫吧。」我幽幽地回答他。

「啊，女人都是一樣的！她們喜歡詩裡、戲臺上的愛情。她們喜歡別人的愛情，說到親身體驗、用心去愛，那完全是另一回事，只靠恩惠賞賜。爲什麼妳不相信愛情？」他捏緊了我的手對我說：「爲什麼，還這麼年輕，却如此敵視生命？爲什麼生命的甜美對妳來說感受如此苦楚？」

「你有過幾次結婚的念頭，東尼歐？你有過幾個未婚妻？」

「我同妳細說從頭。只有一次，那時我很年輕。我和一位年輕女孩定了親，她半身不遂，裹著石膏。醫生說她可能永遠無法走路，但我和她是青梅竹馬，我愛她。她是我遊戲中和夢想裡的未婚妻。她全身只有頭部沒上石膏，頭輕輕地搖動著把夢想說給我聽。不過她也把謊言說給我聽。她和我所有的朋友都定了婚，讓每個人都相信她是他們心中唯一的未婚妻。我們大家都相信了；只是，後來其他態度不算認眞的未婚夫相繼與行走無礙的女人結了婚，剩下我一人守在她身邊。有我這份忠貞，她當然愛我。接下來大人們却干涉起我們的婚事，替她找了一個更有錢的金龜婿，我於是哭了。沒錯，我哭了……我覺得我一無是處，正巧那時收到了兵單。我選擇了飛行，年齡恰恰卡在不入選的邊緣，我得創造奇蹟……幸好有位在摩洛哥的上校願意提攜我。退役後，我成了民航員，並從此與飛行結下不解之緣，誰教我這個人向來別無貳心。我並沒忘記我的第一個未婚妻，但這是我第一次想和另外一個人結婚。」

「那你的父母呢？」

「啊！我的母親人很好。我會叫她來參加我們的婚禮。她會體諒的。」

「但是我的家人在薩爾瓦多等我回去。我才新寡，我們彼此認識又不深。再說，我幾乎已經和我亡夫的一個朋友路西安定了婚。而你，你整天只想著飛行。」

「不對，不對，我並不是整天都在飛行。我只在事情不對勁的時候才會飛。我手下有好幾位駕駛飛南美內陸。如果妳願意，我可以帶妳參觀南美洲和法國航線之間的各個航站。巴拉圭、巴塔戈尼亞，甚至更遠的地方……我蓋過一些機場，見過一些小村落，但是一切已經開始自行正常運作。我會待在布宜諾斯艾利斯監管這些航線。我還會繼續寫作。《南方信札》之後，我就沒再寫過什麼了……除了寫給妳的這封四十頁的信……跟妳說我仰慕妳，我愛妳……日日夜夜我都會求妳作我一生的伴侶。我需要妳。我知道妳就是我的妻子，我向妳發誓。」

「我太感動了……如果我認爲自己可以給你一些美好的事物，我或許就會下定決心再結一次婚……但是別太快……東尼歐，你確定你想要一個陪伴你一生一世的妻子嗎？」

「康綏蘿，我要妳，直到永遠。我全想過了。這是要給我母親的電報。昨晚我自己一個人打的。我一天也離不開妳。看看那些我每天給妳的信：除了愛妳，我什麼事也沒幹……如果妳愛我，我會努力奮鬥，給妳一個尊貴的姓氏，就像妳的亡夫高梅茲・卡利修一樣的有名。與其作一個名人的寡婦，不如當一個會全力保護妳的活人的妻子。爲了說服妳，我剛剛寫了一封一百頁的信。請妳讀一讀，那是我內心的暴風雨，我生命的暴風雨，從遙遠的地方吹向妳。相信我，在認識妳之前，我舉目無親，了無生趣。這也就是爲什麼我跑去沙漠生活、當個飛機修理工的原因。我過去身邊沒有女人，心中沒有希望，眼前沒有目標……我被指派到這裡，我工作，賺了很多錢，在銀行裡有筆存款，共存了二十六年。我住在戈荷梅茲弄堂內的單身公寓，那裡來往的只有鳥和偶爾出現的幾個人。我先是租了一星期，結果一直住到現在。對於我所愛的人，我會忠誠地盡我該盡的責任……至於我的飛行員生涯，妳也知道，這和所有的職業一樣有其風險。我連一件冬季大衣都沒敢買，怕我活不到那個時候……」

我想，我之所以引起他的興趣，那是因爲我和他一樣，如果我想要的話，我可以照著自己的意思過活。我們兩人將是一種嶄新的結合：我們可以一起自由。

克雷米俄贊同我們的計畫：

「你們未來的日子一定會很精彩，不要因爲一些人的嫉妒而澆熄了自己的熱情，要永遠持續前進。」

他私底下對我說：

「他是個偉大的人物，讓他寫作，以後人們就會說起你們兩個。」

幾天之後，克雷米俄動身離開。

在「慕尼黑餐廳」，我高大的東尼歐一身淺色西裝，認爲他再也睡不著了，因爲很快地，再過幾天，我們就要結婚了。他的母親也快到達。我們在塔戈爾租了一間漂亮的房子作爲我們的新房。他跟我說，只要我乖乖的，我就可以馬上住進去，不用再躲著布宜諾斯艾利斯的上流社會，因爲他會成爲我的人生，我的一生。

於是我去了塔戈爾。一些朋友過來鬧了鬧新居。我們等著我未來的婆婆過來參加婚禮。里卡多還是經常舉辦音樂會。他常來我們家玩，他的琴藝讓我們非常快樂，特別激發了東尼歐的想像力。

塔戈爾的房子不大，但有個很大的露台以及一間小小的獨立工作室。我在工作室裡擱了一小桶的葡萄牙波圖爾酒，龍頭是金質的。牆上掛著一張野生的紅色駱馬皮，還有一些動物標本和我的畫。我們的朋友把這間工作室叫作：「惡童的房間」。

我感到幸福：「當我們向自己的內心深處尋找神奇，我們就找得到。作爲一個天主信徒，我可以說，當我們尋找神聖……這份想望至終是不會落空的。」

5

「離家人這麼遠，我沒辦法結婚。」

「東尼歐，這些要放哪兒？」我問，瞄了一眼他放在新屋門廳上的箱子和櫃子。裡頭裝滿了文稿。

「那不重要。放進車庫吧，只要不在屋子裡礙腳就行了。那十只箱子全上了釘子，是木頭打造……不必擔心那些文稿的安全。反正，我也記不起來裡面到底放了什麼。不過，親愛的，那些是我全部的財產。我把它們從一個航站搬到下一個航站。每一個箱子代表我在飛行員生涯中逗留過的一個航站、一間旅社。不過我不是一直都當飛行員的，我在『黃金河流』❶也當過維修人員……那時候年輕嘛！」

「那是什麼時候呢，東尼歐？」

「三年前了。日子過得好快，妳知道的。到現在我都還記得朵哈先生把我叫進辦公室的那天。朵哈先生這個人話不多。他行動、思考，他喜歡他的工作，因為這份工作讓他接觸到人的活動。他總是能激發出人們最好的一面。飛行員們不怎麼喜歡他，不過他們倒是很想變得像他一樣……我也是！這條航線我飛過好幾次，這裡飛飛，那裡飛飛。有一天在土魯斯，他把我叫進辦公室：『你就要啓程前往非洲毛利塔尼亞的艾蒂安港❷了，飛機三點十五分起飛。你會在那裡待上幾個月，工作很簡單，但是我們常常摔飛機。』我跟朵哈說：『那不就遠離家人了！』『你可以給他們寫航空信。』『可是朵哈先生，我的箱子怎麼辦？』『不必麻煩了，飛機負載的郵件量已經很重。你可以帶著你的刮鬍刀和牙刷。那邊天氣炎熱：陰暗處也有攝氏五十度。』然後他語氣強硬地說：『不要遲到。下一個。』

「進來了另一位飛行員。我呢，被這個突如其來的命令給難倒了。我該去嗎？我很清楚，如果拒絕，就會被解雇。我的飛行員生涯就此告終。我把腦中所有的牽掛和計畫完全抹去，捫心自問：拒絕還是接受？拒絕太容易了。我應該接受。到了那裡我隨時都可以說不，然後打道回府。再怎麼說，又不是去蹲苦窯。我寫信給我母親，給朋友，然後準時出現在機場。朵哈先生一句話也沒說，領著我上飛機。我人一上了天空，他便對我揮了揮手。

「隔天晚上到了艾蒂安港。我們喝咖啡，吃巧克力。我機上的無線電導航員的補給品相當不錯。我和往常一樣，什麼東西都沒帶……哎呀，親愛的，我怎麼讓妳一直站著。我們就坐在這些箱子上吧，就像我以前在艾蒂安港一樣！朵哈先生把箱子一只一只地寄過來，我便把它們全都釘起來封死。我所有的家當都在裡面了。不過在艾蒂安港我什麼都不需要。大多時候我都是光著身子的，偶爾在頭上包條毛巾出門散步。我帶了把卡賓槍，因爲離開機棚太遠並不安全。

「花了一番力氣，我們和當地人交涉出一座機棚，彼此之間的對話談判機巧慧黠，精彩程度不輸《天方夜譚》。他們要求我們拿出與機棚等重的金子，不然哪裡也別想蓋一磚一瓦！後來我才知道和他們交涉時什麼都應該先說好，然後再講價。他們還要求一千頭駱駝、一千個配備九千管卡賓槍的奴隸，還有糖和茶各一千公斤！我們當然答應了。最後，部落酋長蒙著面前來聽取我們的答覆，隨行的兩個族人還荷槍實彈，我們奉上薄荷茶，這東西他們向來不拒絕。我們全部都得蹲著談，這樣他們才會信任我們。談判的結果是：西幣一百元、茶和糖各十磅；至於奴隸的部份，因爲奴隸不好找，只要我們看到，便會買下來給他們。妳知道調教奴隸的正確方法嗎？」

「不知道。」

「聽我說這些，累不累？」

「不累，我喜歡聽你講故事。覺得你好像有永遠講不完的故事似的……」

「那麼我講了：摩爾人派他們信任的人出外購買茶、乾薄荷、糖和彈藥。他們來到放養牲畜的草原，這些牲畜屬於買賣地毯、蜂蜜或是銅礦的富商所有。摩爾人表現得非常親切和善，牧民們吃這一套，即便他們知道喬裝成摩洛哥人的摩爾人其實是會吃掉牲畜和牧羊人的狼。不過這個阿拉伯人喜歡鬥智。摩爾人於是拜託他一件事：『跟我走，你這地方熟。我在某某地方有一小群牲畜，我要托給你照料。你我就是朋友了。』

「牧民便準備了口糧，和妻子告別，然後動身……一踏入不太平的地區，從各處來的摩爾人彼此碰頭，一切好像偶然，然後摩爾人便對牧羊人說：『啊！我們要訓練你當奴隸，你的身體強壯，看起來又順眼。』他們把他丟進一個洞裡好幾天，每天讓他出洞一小時，好在洞裡放進另一個奴隸，好用棍子打他……這頓打可是結結實實的，毫不馬虎。他們接著給他一杯水，把他重新丟進洞裡站著，讓他頭上頂著一個箱子。滿月之後，他們便舉行儀式，把他從洞裡帶出來，這次沒有打人的棍子，他們讓他穿上新衣服，睡上一頓好覺，還有一個女奴隸來替他按摩——這就是他的新妻子——所有人都跟他稱兄道弟。現在要不要作一個忠心的好奴隸，全由他決定。如果他逃跑，一如預期，他一定會被再度抓住，就算到了另一個部落，與之前相同的待遇還會重頭來過。如此經過三、四次，再堅強的人也會變成一個好奴隸。如果他人年輕，便將主人的妻子佔爲己有，並在水裡面下毒毒死主人以自救，然後和原先主人的妻子逃到另一個部落……」

「沒錯。」我說：「讓自己變成奴隸的辦法不計其數，連聖經上面都有寫。我願意成爲你的奴隸，但，是爲了愛情……」

東尼歐笑了起來。

「妳不知道自己在說什麼，小女孩。」

身處這些箱子之中，他給我一種龐大、像是個巨人般的印象。他有摩爾人般的耐力。我們決定，這些箱子應該放在他三樓的工作室裡。他搬起箱子來好像在搬書一樣，輕而易舉。我覺得很羞愧，配不上他。我老早就該搬家，好讓他有家的感覺。

隔天一早五點，在他去機場之後，我開始打開這些箱子整理。這樣的大工程持續了整整三天，我的腦袋幾乎要爆炸。我不准他上樓，直到第三天，我向他宣布：

「去你的工作室吧。」

「妳要我去我就去。」他若有所思地跟我說。

他走了進去。

「啊，所有箱子都不見了！」他大叫，臉色因憤怒而轉紅：「誰碰了我的東西？」

「我。」

「妳，親愛的？」

「你看，所有東西都整整齊齊地擺在這張大工作桌上面。這可不簡單。看清楚了：重要的檔案都在那邊，還有這些你每次飛行收到的電訊紙條……每一疊都釘了一張紙，放在一個檔案夾裡，用紅色墨水編好了號碼：

「1.摩洛哥女人的來信。

「2.法國女人的來信。

「3.家書。

「4.商業信件和舊電報。

「5.關於飛行的筆記。

「6.未完成的信。

「手寫原稿。

「草稿。

「關於恐懼的筆記。

「家庭照片。

「城市的照片。

「女人的照片。

「舊剪報：

「這裡我分類成——

「書籍。

「筆記本。

「飛行記錄。

「所有的文件。

「關於音樂的文件。

「關於香頌的文件。

「這是攝影器材和鏡片。

「這是書架。

「剪貼簿。

「書架上還有一些小東西，紀念品。

「書架上的格子都空出來了。我發誓，所有的東西都整理好了。這裡還剩下一只箱子，裡面是幾封信的信封和幾份舊報紙。我卯足了勁，讓你在家裡就可以拿到你所有的東西。」

「好，好，不過讓我自己來吧。我需要獨處。眞是感激妳。我會日夜努力寫妳的書的。」

「寫你的暴風雨。」我說。

「不，暴風雨已經過去了。不過我必須把暴風雨的故事說給妳聽，讓妳高興。給我一杯茶，我不想吃晚飯。我想和我的文稿獨處。」

於是我把我的未婚夫關進工作室，他最少要交出五到六頁的成果，否則不准進入我們未來的新房，不准偷跑。他喜歡我的小遊戲。

我們的捷克籍傭人雷翁夫婦，常常問我關於我們婚姻的事。東尼歐的母親從來不曾捎來隻字片語。我們從一些在使館當差的朋友那裡聽說他的家人詢問過我的出身。這讓我不安，我們心裡第一次閃過悲傷。我開始有窒息的感覺，但是鞭策他寫書的事，並未因此而緩下腳步。他埋頭苦幹，甚至感謝我對他的嚴厲。我的阿根廷朋友倒是不停地問：「怎樣，婚禮什麼時候舉行？」

有兩位我前夫的朋友則跟我們說，我們的關係已經是布宜諾斯艾利斯城裡爭相走告的醜聞了，他們說看在我前夫的份上，我不應該這樣做。我讓東尼歐回應他們。

我們預定結婚的日子就快到了。那天，我們會一起到市政廳註冊登記。我很高興。如果他母親沒辦法出席，那麼，我們就等她到了再舉行宗教結婚。這樣的安排我們彼此都同意，我們的外交官朋友們也贊成。再怎麼說，我們的生活是我們兩個人的事。那天我將穿上新衣服，他也是。市政廳的事情一辦完，我們打算去慕尼黑餐廳，就我們兩個。

「姓名？住址？女士優先。」

我報上我的名字和住址，接下來換他。他渾身發抖看著我，哭得像個小孩。這婚我結不下去了。不行，這太悲傷了。我叫出聲：「不！不！我不想嫁給一個痛哭流涕的男人。我不要。」

我拉著他的袖子，兩個人好像患了失心瘋似的跑下了市政廳的台階。結束了。我可以感覺到我的心幾乎要跳出喉嚨。他握起我的雙手對我說：

「謝謝妳，謝謝，妳眞好，妳眞是太好了。離家人這麼遠，我沒辦法結婚。我的母親就快到了。」

「是啊，東尼歐，那樣子比較好。」

我們兩人都沒再哭了。

「我們去吃午飯吧。」

私底下，我向自己發誓，絕對不再踏上這個市政廳的階梯。我的身子還在顫抖。我的心中確信，我這趟冒險已到了盡頭。

□

塔戈爾的房子，一度洋溢著蟲鳴鳥叫和我們的夢想，現在是一片灰暗。我好像不再呼吸。我們的朋友不再像從前那樣經常拜訪，我則久久望著屋前的草原，垂頭喪氣，一顆心全碎成片片。我愛上了一個害怕結婚的小男孩。他挑動了我的心，現在他的身影却越來越遠……

我的阿根廷朋友不再邀請我去他們家。在他們眼中，我厚顏無恥，是個熱愛享樂的寡婦。我的飛行員則獨自外出。我向上帝祈禱，決定不再向東尼歐提起我們失敗的結婚計畫。他在市政廳外面感謝過我之後，就不曾再提起這件事。我回法國的回程票已經失效。身爲一位阿根廷外交官的遺孀，我應該有一筆生活費可以領取，但是我再也提不起勇氣向前夫的朋友們詢問相關事宜。

我把自己關在塔戈爾的屋子裡。東尼歐常常推托有事不回來吃飯。這就好像是我們之間一道不成文的規定；即使他人在布宜諾斯艾利斯，他也不會回家吃飯。他晚上會回家換衣服、刮鬍子，我則在小客廳裡假裝看著報紙或雜誌。他會跟我說：

「親愛的，待會見。」

他歉疚地親我一下，然後顫抖著走進夜色。

他再回來的時候已是深夜，我還在等他，身上總是穿著長的晚禮服，臉上帶著微笑，好像正要去赴一場宴會似的；我會準備好一則文壇軼事，一個早年聽來的故事……然後，我們一起喝著冰鎮過的香檳，他稍微放鬆，我則假裝我們之間一切沒變，儘管我傷心得要命。我會說：

「今晚就寫五頁的暴風雨吧……」

然後他便朝他的工作室走去。

「牽著我的手帶我去，我不知道怎麼上樓梯。」

他在裝小孩。我引他在沙發椅上坐下，親了親他，在他耳邊又重複一次：

「這非做不可，你必須寫，是克雷米俄堅稱：『他一定得寫。』所以趕快下筆吧。」

「謝謝，謝謝，因爲是妳要求，所以我寫。」

到了早上，我在房間的小桌子上便會發現幾張字跡潦草的文稿。他早早便得出門工作，我則整個早上都在睡覺。下午三、四點的時候，我無精打采地起床。我什麼都不吃，雷翁便會說：

「如果夫人不吃，我和我內人也不吃。」

有天來了一封邀請函，是我們的一位女性朋友在家中舉辦下午茶的聚會，不過只有東尼歐受邀。他和往常一樣回家換衣服刮鬍子。我的心再也承受不住了，要求他留在家裡陪我，他卻拒絕了。

「我還有個晚飯的約要赴。」

我換了一身黑衣，來到大街上，既傷心又一肚子氣。我四處遊蕩，看到自己在櫥窗上的倒影，開始辱罵起自己來。突然間，一個年輕人在我面前停了下來。他是高梅茲・卡利修有名的仰慕者。

「康綏蘿，妳自己一個人？」

「沒錯，路易西多。」

「跟我來吧，我們走！」

「去哪裡？」

「去一個下午茶聚會。」

「我沒有受到邀請。」

「茶會是我嬸嬸辦的，快跟我來。」

歡迎我的是誠摯的熱誠和某種程度的惡意。從朋友懷抱裡，我重拾勇氣。突然之間，遠離那位說起沙漠故事精彩萬分的唐璜飛行員，我感覺一切都好。我宣布我將搭下一艘船離開，由於巴黎有重要的事情待辦，需要我回去。

之後，鮮花再次充滿整棟屋子，我前夫的朋友也絡繹不絕、穿梭其間。他們熱情地對我表達善意。現在也該換我收到邀請函了。至於我的飛行員，他一個人待在塔戈爾的家中，等待他母親的到來。

我終於訂到了下一班越洋郵輪的船位。

「你母親到的時候。」我對東尼歐說：「你可以告訴她我在巴黎有事。路西安在等我，我要嫁給他。這一切都是命運的安排。」

他什麼也沒說。日子過得飛快。朋友相繼來訪，一起去看電影，一起漫無目的地散步。最後，不知不覺地發現自己身在一艘即將帶我回巴黎的船上，柔腸寸斷。船艙滿是鮮花：是我的朋友看出了我的悲傷。

郵輪啓航前我便睡著了。醒來的時候，船已經航行在大洋上。服務員捎來一封電報，是聖修伯里發的。他們還告訴我他的飛機正在船的上空飛行……他不時從地平線上冒出來，在空中向我打招呼。他的舉動讓我嚇得半死。

一直等船行到里約熱內盧我才敢走出船艙。在那裡我見到了我的老師和朋友，偉大的墨西哥作家阿爾方索・雷葉斯❸。我聽說東尼歐的母親搭的船就停泊在港灣裡，只逗留幾小時。我試著對此置若罔聞。

十八天後，我們抵達法國：先是勒亞佛港、然後通關、接著我便身在卡斯特藍街上的公寓。我回到了巴黎。當我問起路西安的時候，門房說他還沒到。他在哪兒呢？門上傳來一陣敲擊聲：正是路西安。接著電話響了，我趕忙去接，連跟路西安打招呼都來不及。

「喂？」

「布宜諾斯艾利斯打來的，請不要掛斷。」

接著：

「是我，東尼歐。親愛的，我會搭下一班船來找妳，我要娶妳。」

「啊，聽著，我現在有客人。」

「路西安？」

「沒錯。」

「那好，送客吧，我不希望妳見他。我會帶頭美洲獅給妳。」

「什麼？」

「一頭美洲獅。我會在西班牙下船，這樣就可以早點看到妳。妳現在就啓程去西班牙。火車旅行很不舒服，在馬德里先休息一下，然後在西班牙東南部的阿爾梅里亞❹等我。」

「抱歉，我已經跟你說了，我現在有客人。」

同樣的對話一再重複，日日夜夜，沒完沒了。最後我投降，因爲聽到他跟我說：

「自從妳離開之後，雷翁這個傭人每天都喝得醉醺醺，飯也沒煮熟，我的內衣還被偷走。我會來娶妳的，不管妳在世界上的哪一個國家，然後妳會替我安置一個可愛的家，只是會少了一個裝有黃金水龍頭的酒桶，因爲那也被偷了。我不再寫作了。我的心情沮喪、絕望，弄得我的母親也傷心欲絕。這個短暫的分離讓我幾乎要發瘋了。」

我愛他，但我也清楚沒有了他，我的日子會有多平靜。身爲高梅茲．卡利修的遺孀，我的收入不少；一旦嫁人，我便會失去這筆錢。我有一大堆事情要作安排，我還需要時間仔細思考，但是布宜諾斯艾利斯塔戈爾打來的電話，卻讓我的思緒陷入一片混亂。於是有一天我讓步了：「好，我們在阿爾梅里亞見面。」

□

我沒有告訴路西安半句話便離開了，他的反應很激烈。我的狗留給了秘書，她說她對這隻狗的熱愛程度……不輸她對我的車子的喜愛。於是一切回到從前。

我對這趟旅程的記憶鉅細靡遺——當地的火車、火熱的磚塊和裝滿熱水讓我們暖身子的銅壺。另一個車廂裡有人彈著吉他，配著火車搖搖晃晃的移動韻律，我聽見這段副歌：「Porque yo te quiero, porque yo te quiero!（因爲我愛妳！因爲我愛妳！）」而我正投向東尼歐的懷抱，心裡默默唱著：「Porque yo te quiero!（因爲我愛你！）」

先是馬德里，接著是阿爾梅里亞，然後是他抵達的日子。我弄到一紙特別許可，坐上小船出海到他的郵輪上迎接他。這艘郵輪機械故障，一具推進器壞了，會好幾天沒辦法靠岸。我讓他們宣布我的到來，有人喊著：「飛行員聖修伯里的太太。」他聽到之後，拋下他的母親和那頭美洲獅，前來投入我的懷抱。他告訴我他全家都在馬賽等他和他的母親。不過他不想現在就介紹我們認識。他說，我們之間有好多話要說……他母親曾暗示說，娶一個外國女子會冒犯家族中的長輩。她最後的結論是：「船到橋頭自然直，只要耐心等待！」

她對待東尼歐的方式世故而老練。她知道他的內心還是個小孩，如果不順著毛梳，這個小孩便會跑走，永不回來……

「我不想逼我母親，妳了解嗎？我會在阿爾梅里亞祕密下船，我們買輛舊車，雇個司機，然後穿過西班牙度蜜月。」

我什麼都說好。

地中海沿岸的瓦倫西亞❺……小旅社裡的人們……我們年輕生命裡的歡笑……

第二部

1931

法國南部

6 康綏蘿，那個愛作戲的女伯爵……

安東的確與其他男人不同。我對自己說我瘋了：在法國我有房子、有財產，一切都要感謝我死去丈夫的慷慨，讓我成為他的繼承人。為什麼我還要自己折磨自己呢？一切可以如此簡單。我在巴黎有朋友，而且如果我放棄和東尼歐結婚的念頭，財產就可以保住。高梅茲．卡利修生前很富有，他在西班牙、巴黎都出過書：只要我留著他的姓，一切都是那麼簡單。

但我總是回到東尼歐的身邊。我在心裡早就安排著兩個人的生活。我們會去我在法國南部的「米哈朵園」定居，這是高梅茲．卡利修生前住過的最後處所。東尼歐會寫完他的書，我們接著會環遊義大利、非洲、中國。他將再度成為飛行員，替東方航空公司❶工作……我滿腦子都是一個接著一個的計畫。

我們彼此都不提我們的困境。每經過一處村莊，他就會送我一份禮物。

「我要妳一無所有，這樣妳身上穿戴的每一件東西才會全都來自我手中。」

那時他很瘦，看起來受過了苦。重聚的第一晚，我們沒辦法離開阿爾梅里亞。我們的情感太強烈了，混雜著生怯和痛苦。

「我只有一個問題要問妳。」他輕聲地說，臉色蒼白、憂慮，顫抖的全身釋放著溫柔：「過去好幾晚我都沒睡著，妳是知道的，我並不煩心睡眠不足的問題，而是因爲與妳分開而心神不寧。我的美洲獅在船上並不快樂，我沒辦法讓牠好好吃一頓，牠還想咬一名水手呢，他們一定會將牠安樂死。可是我比這頭美洲獅還要不快樂。我想來想去都是妳的臉，妳說話的方式。跟我說話吧，跟我說說話！求求妳。爲什麼妳什麼也不說？妳以爲我受的苦還不夠嗎？從布宜諾斯艾利斯打電話給妳，對我是徹徹底底的折磨，而妳却從來不打算大聲說得清楚些。爲什麼？妳是不是家裡還有客人？我這人眞是瘋了，現在哪還有時間想這些不愉快，我又和妳在一起了，這世上再也沒有人能把我們分開。是不是？」

「是的，東尼歐。」我靜靜地說：「愛情就像是信仰。因爲你不信任我，所以我離開。你的家人也是，他們打聽我的底細，你該了解，這對我的傷害很大。」

「聽我說，小可人，聽我解釋。我父母住在普羅旺斯，那裡的男人都娶背景相同的女人，彼此的父母和祖父母都認識，一代一代，皆是如此。在我們鄉下，一個異國的陌生人要嫁入家裡，就好像是一場大地震……所以他們想要知道更多，才好安心……在巴黎就不會如此大驚小怪，家世良好的年輕人可以娶有錢的美國女孩。可是在普羅旺斯不是這樣，我們還相當守舊。我可憐的好媽媽只是一時糊塗，讓我們多等了些時候，沒別的。再說，我很滿意妳那時的反應。如果妳沒離開，我的母親就會讓我們直接在布宜諾斯艾利斯成婚，那樣我還是會感到很不自在。我不是很清楚我們在市政廳裡是怎麼了。我對我自己說：這可是一生的約定，但是我不確定是否能讓她幸福。接著我想，既然她要走，就讓她走，分手的責任就由她全部承擔，而且我想這是當下最好的作法了。那時候我和『航空郵件』的阿根廷分公司有些非常複雜的事情要解決。我一直在簽一些我不清楚去向何處的支票，我的好媽媽又花了好一些時間橫渡大西洋……然後妳就離我而去，這讓我好高興。是的，我好高興，因爲妳證明了妳能夠獨自生活。我知道妳很悲傷，妳是那麼的堅強，那麼的美麗，我想看看妳的力量有多強。只怪我那時沒三思。當妳眞的走了的時候，我差點投水自盡，沒錯，投水。我的母親可以親口告訴妳，我們那時到巴拉圭的亞松森湖旅行時的狀況。途中我再也不想開口，牙齒緊緊咬著。我默默算著時間，算著還有多久就可以坐船來找妳。就算妳沒來阿爾梅里亞，就算妳嫁給了路西安，我還是會來把妳綁走。跟我說話啊！告訴我妳也需要我。」

「啊，東尼歐，眞相是此刻我人在這裡，但是我已經和路西安言歸於好。我把我們的故事全告訴了他，包括我所有的痛苦。他安慰我，答應我會讓我忘却一切。但是現在我却在這裡。我從巴黎消失，沒留給他隻字片語。在馬德里時，我一度感到愧疚，發了封電報給他。我已不知道我跟他說了些什麼。」

「不用擔心，除了我們，不要再想這些不相干的事。」

「但是他畢竟是人，我讓他受苦了。」

「不要害怕，我會去見他。我會向他解釋，我們兩人都瘋了，瘋得沒藥醫了，爲愛而瘋狂。而他，天哪！會是妳一生的老友。我不會因爲他愛妳而怪罪他。全世界都該愛妳！我還會把妳的狗找回來，還有妳的車，妳的文件。答應我，我們不會再談到他，永遠不會。妳不需要知道細節，我會和和氣氣地處理好每件事。」

「那好，東尼歐，我把自己永遠托付給你了，永遠。」

後來我們在阿爾梅里亞的旅館待了好幾天。他決定雇輛計程車逛逛市區，然後橫越西班牙。他不想開車；因爲他說那樣我們會離彼此太遠。瓦隆西亞的柳橙、點綴在白色岩石上面的一座座小村落、那些他年輕時到訪過的地方，一切一切他都想要帶我去看。

他像個大小孩似的咯咯笑。我們不停用法文交談，惹得西班牙司機幾乎抓狂。

最後，我們必須返回法國，爲了接回我的狗、爲了路西安，也爲了東尼歐的家人。他想再多待幾天，可是我擔心讓他與家人分離太久，對他不太好；他們全都在等他，却連他人在哪裡都不知道。

我們回到法國南方的米哈朵園，日子過得很快樂。沒有什麼擾人的事情，有的話也只是那金合歡太濃郁的香氣。我們下不了手燒掉花束，只好不停地打噴嚏。啊，那些金合歡和各色的手帕呀！

我剛剛訂婚，不過這次並不期待婚禮……我們說我們要打破傳統，不想走前人的老路；他們不是被迫成婚，就是爲了取悅家人而成婚，結果都是彼此憎恨。他說：

「妳是我的自由，妳是我想渡過餘生的那片土地。我們就是律法。」

亞給❷是東尼歐的妹夫家，他的小妹迪迪就住在那兒，離米哈朵園只有一小時路程。迪迪來看我們。他們兩個人在花園裡漫步好幾個小時，我則坐在躺椅上，等待他們的談話結束。

「求求妳，我年輕的未來新娘。」東尼歐說：「妳繼續看看書吧，不要等我們了。只要話題是關於妳的，這話便談得沒完沒了……妳消失了才會讓談話結束，所以，唱歌吧！讀書吧！幹活吧！」

有天他的小妹告訴我們，有一位表親要來看東尼歐和他的年輕未婚妻。我很緊張。這位表親到底是誰？」

「一位女公爵❸。」東尼歐跟我說。

「啊，不要，東尼歐，我不會跟你去的。你自己去看她。」

「她是和安德列．紀德一道來的，妳知道吧？」

「眞的？」

「安德列．紀德是我表親的好朋友。他想要跟我說話。走吧。」

既是老作家和女公爵表親的邀約，我決定跟著去。我確定那位表親想把有錢女人介紹給東尼歐。天啊，想想看，我一位來自火山大地的弱小女子得體驗、了解的事情吧！那時我不懂女公爵會用什麼策略或是親戚們會想出何種招數來安排一樁門當戶對的婚姻……紀德的確和這位有名的表親來到亞給。他的聲音甜滋滋的，有時候甜得令人起雞皮疙瘩，像是一種受到悲傷和提早夭折的情愛所折磨的陰柔聲音。那位表親沒有什麼特別之處；她坐在她漂亮的車上顯得很優雅，僅止於此。她試圖表現一種過度的和善，但是只有東尼歐的母親眞正對我好，既體貼又關懷。檢驗的過程進行順利，但是接著在用餐的時候，我喝東西把自己給嗆到。之前，髮型師把我的頭髮吹得太捲了，我又猛流汗，消化緩慢，最後好像嫌麻煩還不夠似的，我把酒灑到東尼歐的褲子上……之後的事情我不怎麼記得了。強烈的偏頭痛讓我整整兩天碰到的朋友和賓客的臉都顯得模糊不清，我一直待在米哈朵園的暗處休息。我可以感到東尼歐像隻身陷鐵籠的美洲獅一樣地來回繞圈……不過，他開始漸漸習慣米哈朵園的日子，他每天出門、回家、再出門……

他還會照顧我。他對於尼斯的醫生敬而遠之，自己讀一些西班牙博學家所寫的古怪醫藥偏方。他還發現一些我前夫所寫、關於法術的名著。他可以花上整天整夜的時間埋首鑽研這些難解的配方，像個小孩子發現新遊戲般的大笑……

他還會重複我在昏迷時告訴他的奇怪故事。說得明確點，這是一種沒有發燒症狀的奇特昏迷。

我全身顫抖著虛弱和恐懼。他儘可能地讓我安心。他要我對生命有信心，但一想到將再度看見他的家人和朋友，我的心便惶恐不安。有哪一個陷入愛河的女人在面對自以爲擁有她的未婚夫的親朋好友時，不會嚇得發抖？我又屬於另一個祖先，來自另一個國家，另一個家族，說著另一種語言，吃的食物不同，過的生活也南轅北轍。這就是我害怕的原因，而我這個未婚妻的腦筋却想不清楚什麼才是我面對他家人時該有的態度。我不了解爲什麼這段結婚計劃一開始便造成這麼多的誤解。光是高梅茲．卡利修的著作和財物就能讓我吃喝不盡：只要我去一趟西班牙，手上的比塞塔（西班牙貨幣單位）便多得可以塡滿所有亞給松果的縫隙……高梅茲．卡利修家族裡多的是貴族，其中甚至還有一位侯爵；我母親的松多瓦勒家族也來自最高貴的階級。我的家族裡出過牧師，甚至主教階級……從我父親的家族孫桑這邊，我繼承了印第安馬雅的血統，這在那時的巴黎可流行呢，而且還繼承了火山的傳奇，一定可以取悅東尼歐的家人。但是有種更底層的原因讓他們遲疑，這原因跟混血有關……

情勢讓東尼歐深感痛苦，他決定暫時停止寫作。他無法同時處理這麼多的壓力。他曾經試過，結果徒勞無功。米哈朵園和亞給之間的紛爭帶給他煩惱。我什麼也不再提了。有一天，他跟我說他即將獲得一份飛行員的工作。我高興極了：

「啊，我會跟隨你到天涯海角。你是我的樹，我會化作纏繞你的藤蔓。」

「不對，妳是我的接枝。」他對我說：「我的氧氣，妳提供我在生活裡所需的未知。只有死亡才能拆散我們。」

我要求他告訴我那些危險的飛行軼事，那些無可避免的死亡時刻。然後我們一起嘲笑死亡。

後來，那位表親和有著陰柔聲音的作家寫信給東尼歐，描述他們對我的看法：不好。東尼歐試著讓他們接受我，並沒有成功。我不是法國人，他們既不想看到我，也不想認識我；當作沒看到我。我常向東尼歐抱怨，可是他說這些事情讓他頭疼……

討厭我的紀德在他的《紀德日記》裡寫下這個我們仍能讀得到的句子：「聖修伯里從阿根廷回來了，帶著一本新書和一位新未婚妻。讀了書，見了人。衷心祝賀他，主要是祝賀他的新書……」

東尼歐總是緊緊地抓著我的手，用他那巨大的手掌。他愛我，但是種種針對我的不公平讓我深深受到傷害。沒有什麼事能困擾我，除了不公。我漸漸開始發現未來姻親們的一些小缺點。儘管如此，我還是想大事化小、小事化無；我試著原諒他們。他的姊姊西蒙娜是個學養深厚、聰明絕頂的女人，她的見識和想像力其實會讓我們成爲好朋友的。但是眼前的事實是：我即將成爲她的小姑。我將帶走她的弟弟，因此我成了小偷，而她，則是失竊的受害者。東尼歐是她唯一的兄弟。後來她寫了一句關於我的話，既耐人尋味又殘酷無情：「康綏蘿，那個愛作戲的女伯爵……❹」我決定接受這樁婚姻的挑戰，卻也忍不住哭泣。只有東尼歐的母親，靠著獨特的聰慧和天主教的信仰，全心爲她這個兒子的幸福著想。一個人沒出生在法國，這在她眼裡並不是罪過。我是她兒子心愛的女人，這就夠了。如果東尼歐愛我，我一定沒什麼問題。她無微不至地關心我，我信賴她的白髮所代表的智慧。她聽著我的太平洋故事，由衷地大笑。她就像一位眞正的天主教徒，不容許我們一生只作情人。她一點也不在意她的表親們怎麼想。她把孩子們扶養成人，除了她，沒有人有權力阻止她的孩子做他們想做的事。東尼歐想要康綏蘿爲妻，東尼歐就能娶她，其他的家人說了不算！更別說是紀德！

7　亞給城堡

我以前的朋友，那些經由前夫認識的朋友，一個個開始拜訪米哈朵園：波左・迪・博爾勾夫婦、卡繆醫生……我喜歡去尼斯的花市，東尼歐則跟在身後：這讓他想起清晨飛機迎風起飛，因爲花市開市得早……大海的味道、一叢叢的康乃馨、菊花、金合歡，還有距離尼斯城外一小時車程的山上特有的巴馬紫羅蘭，有時候整個夏天那裡的雪都還在地上不融化。

茱莉・杜通布雷和我兩人滿懷鮮花地從市場上回來，後面跟著我的小狗杜杜恩。我們過著像是女學生出外郊遊的日子。整棟米哈朵園的氣味芬芳，也正是這生活的甜美，才讓我的未婚夫沈思了起來。我猜想他是不是開始厭倦我在身邊的日子。「不是的。」他說：「正好相反。」他無法忍受我不在他身邊，即使一小時也不行。他不喜歡我開車。「妳會受傷的。」他每次都這麼說。

我心裡頭想著他到底在害怕什麼。毫無疑問，他怕的是我們，我們這對奇怪的組合。我說服自己相信我們兩人的組合是不安全的，我們與整個社會格格不入。沒錯，我們必須找出一套方法來和諧共處，直到海枯石爛。

可是這套方法哪裡找呢？

我們不想在市政廳登記結婚，那樣子意味著我會失去身為高梅茲‧卡利修遺孀所領到的撫卹金。

某個星期天在作彌撒的時候，東尼歐看見我煩心、悶悶不樂，還不想領聖體的樣子，他猛地大笑，接著自言自語般地大聲說：「其實很簡單，我們就來個宗教婚禮！」彷彿自彌撒開始他心中便一直默禱著。

大家都回過頭來看他，不過那時他已經一溜煙消失了。我發現他坐在車上，西裝外套已脫下，只著背心，他在讀報紙：

「康綏蘿，我想要神父替我們證婚，而不經過市政廳公證。我主張我們在教堂結婚，這樣如果有了孩子，我們也會問心無愧，一切合乎時宜。」

我笑了：

「東尼歐，在法國你必須先去市政廳註冊的。好像是安多拉❶還是西班牙，我不確定，那裡在教堂結婚才具有法律效力。」

「我們就去該去的地方吧，同意嗎？」

「同意，東尼歐，那樣就太棒了。我甚至不需要改姓，我的問題便解決了。哪天你不再愛我了，你可以把我的心留在你手上帶走，那會是顆被祝福的心。」

「妳也是，如果妳愛上別的男人，便是違背誓言，但是我不要妳離開啊！」

我們彼此親吻，發誓永遠不會忘記這個誓約。

不久，他的母親來訪，全身黑衣。她告訴我們：

「我的孩子們，你們將於四月二十二日在尼斯市政廳結婚。只要幾分鐘就好了，一切都安排好了。把你們的證件給我，今天我想替你們登記一個公證時間。」

「康綏蘿，把我們的證件找出來。」東尼歐命令道：「拿給我母親。」

事情就這樣，沒有任何討論的餘地。

□

四月二十二日，在指定的時間，我們到達尼斯市政廳。再過幾分鐘，我們便要結婚了。自從他的母親來了之後，東尼歐和我對於婚事完全沒交換過隻字片語。

那時候他開始動筆寫作〈風扇〉（*"Le ventilateur"*）這首詩。開頭如此寫道：「一具風扇在我額前轉著，宿命的意象……」他在從阿根廷回來的船上已起筆，那頭年輕美洲獅不停地打攪他寫作，因爲他爲了讓被關在船艙籠子裡的美洲獅出來透透氣，便把這頭動物牽到自己房間的浴室裡。他發奮投身文字之中，並告訴我：

「康綏蘿，我從來沒有半途而廢過，我想把〈風扇〉完成。」

同時他還創作其他首詩，〈亞美利堅的吶喊〉（*"Le cri d'Amérique"*）、〈熄滅的陽光〉（*"Les soleils éteints"*）。有一天，我會試著整理起來，集結出版。

皮耶・達給❷讓我們在四月二十三日使用他的城堡舉行宗教婚禮。這，才是我們熱切想要的婚禮。

就這樣，我們便在隱蔽於安靜海灣裡的亞給舊城堡上成了婚。這座城堡年代久遠，曾是當地的要塞，經歷了歷史和地中海上乾寒而強烈的著名西北風——密史托拉風——的摧殘破壞，仍然屹立不搖，整個建築形狀像是個大船首，正要下海乘風破浪。巨大的露台上長滿杜鵑和天竺葵，我從來沒有見過這麼美麗的「甲板」，高臨著底下純藍的地中海。達給家族行事低調謹慎，遠避人群，因此事先教城堡四周的漁船及機動艇保持在一公里之外。這個家族在這座城堡已經居住了好幾代，也有人散居在村莊裡。我其實分不清達給家姊妹們的眾多妯娌和婆媳的關係。我心裡却很清楚而且感激她們對我們由衷的善意和款待。安東就像是她們自己的小孩。他的妹夫皮耶則把他看作是自己的兄弟。

城堡內部陳設非常簡單，石造的大房間，鋪有好幾代都踩不壞的石頭地板。結婚的那天，達給農場來的鮮花和美酒由我的小姑迪迪分送給在場的所有親戚。我們歡笑著、歌唱著。

我的婆婆凡事設想周到。她早就替我們安排在鄰近的小島波克活爾度蜜月。我們離開亞給的時候，兩人都因爲熱鬧的結婚派對和這個特殊場合不停的拍照而筋疲力盡。

「天空晴朗，風向順利。」東尼歐說，這是他在替「航空郵遞」夜航的時候向來會說的話，用來鼓舞無線電導航員和副駕駛的士氣，以便飛越「黃金河流」的廣大土地，在那個「航空郵遞」的時代，他們如果途中墜機，後果鐵定是屍骨無存。

他想睡覺了，他不喜歡親吻以及他忍受了一整天的故作歡樂。我們下了車，走上碼頭搭船。海面浪起浪落。我的飛行員平常擁有與惡龍赤手相搏的能耐，此刻卻暈船，暈得讓他的心情更加沮喪。

其他像我們這樣的年輕夫妻都待在飯店，裡頭的一切都爲度蜜月的年輕夫妻準備妥當。我們却覺得那樣的環境令人喘不過氣來。東尼歐全套禮服沒脫，就在沙發上睡著了。隔天他在黎明第一道陽光出現時便醒來，央求我和他一起回到米哈朵園。他只想做一件事，他說，那就是寫完〈風扇〉。我的心裡感到些微的刺痛，事實是，他一點也不知道怎麼扮演新郎的角色。

「原諒我，但我覺得這一切很愚蠢。」他對我說。我心裡馬上想到一對對新婚夫婦在初夜的親密之後，却在早餐桌上客氣地交談。

我們回到米哈朵，完全沒有通知他的家人。

我們於是回歸規律與平靜。從此，我的名字就不一樣了，可是我還沒習慣，老是署名「高梅茲．卡利修遺孀」。爲此東尼歐責備我，要求我忘了高梅茲．卡利修，因爲他人都死了。不管是他，他的書或是到西班牙拜訪他的編輯，都與我無關了。甚至到了十五年後的今天，我從來沒有寫過一封信去領取他慷慨留給我的優渥遺產，一分一毫也沒拿。如此大話讓我有點不好意思，但那時我還年輕，這也是我唯一的憑藉。我的年輕丈夫想要寫作；他不想要家中冒出另一個作家，這點我理解。

我認爲東尼歐在尼斯的時候有點孤僻，有點落落寡歡。我突發奇想，梅鐵朗克的性格應該會對他有正面影響。梅鐵朗克是我前夫的好朋友，他對高梅茲仍有深深的懷念。他會如何對待一位取代我前夫、並在米哈朵園住下的年輕飛行員呢？

像隻嗡嗡不停的小蜜蜂，我興奮地打電話又寫信給梅鐵朗克的妻子賽莉賽特．梅鐵朗克，高梅茲．卡利修在世的時候，她一直是位對我相當眞誠的朋友。她立刻邀請我們到他們在尼斯的新居——「歐拉蒙德宮」。

帶東尼歐去見梅鐵朗克夫婦時，我有點提心弔膽，畢竟與舊識碰面總是讓人緊張。

介紹了東尼歐之後的一分鐘，我就安心了：他們檢視了東尼歐，並且認可他接替我前夫的資格！

梅鐵朗克請他喝酒，甚至還到酒窖裡取出陳年的白蘭地。東尼歐無所不談。對我來說，他們在「歐拉蒙德宮」那間大理石和水晶砌成的客廳裡高談闊論的景象，到現在都還歷歷在目。東尼歐有羅馬人的美貌。身高幾乎有兩公尺，頂天立地，身手却輕靈宛如小鳥。他舉起了手，手中握著一只巨大的水晶杯，高興地邊喝邊討論不同類型的紙張和書籍的品質，因爲那時正巧有一本荷蘭紙精印的書掉到地上。陳年的白蘭地讓這場對話有生有色。梅鐵朗克爲之傾倒，甚至神迷。我覺得我獲得拯救，整個人活了起來。

「我正在寫一本書，只是一些個人經驗。」東尼歐說：「我並不是個專業作家。我沒辦法寫我沒經歷過的事情。我必須把我整個人、整個生命投入才能適切地表達自己，甚至只有這樣我才能給予自己思考的權利。」

8 在巴黎的不安

帶著完成的《夜航》原稿，我們啓程前往巴黎，住在卡斯特蘭路十號，我的第一任丈夫留下來的小公寓。對兩個人來說，這房子太小，但是我們兩個瘋狂地愛著對方。這是個奇怪的處所。公寓的入口處擺滿了書，起居室則掛了張張老壁毯。維爾連和王爾德❶失意的時候都在這裡住過，還有一位外號叫作「綠眼聖母」的女人也曾經在這裡試圖自殺。她的畫像仍然掛在牆上。有個男人曾經從三樓的窗戶跳樓，本來應如願跌死，卻僅僅成功摔斷了雙腿。還有個女人用左輪槍自盡，地毯上的血漬怎麼樣都去不乾淨。這個女人也沒死成。只有大師高梅茲・卡利修死成，在我的臂彎裡逝世。

事實上，這間公寓是他一個人的小狗窩，陰鬱下雨天時的避難所。此外，在離巴黎僅僅一小時車程的奈爾谷，他還擁有一處可愛的鄉下宅院。

就這樣，我把新婚丈夫這隻大鳥帶進了這間公寓，心裡因爲無法讓他在巴黎住得更好而稍稍感到煩悶。不過他覺得一切很完美，他喜歡在小房間裡工作，並跟我保證，要是我不想到別處生活，我們就永遠都不換地址。

紀德提議要替《夜航》作序。儘管他對我的敵意根深蒂固，我還是強迫自己對他殷勤有禮之至。假使他不喜歡我，而偏好男人和老女人的陪伴，那是他的損失。

紀德的這篇序讓東尼歐很高興，我也是。我認爲他絕對値得紀德、克雷米俄和保羅・瓦列西❷的欽慕。當你一天一天、一頁一頁地關注一件文學作品，直到瓜熟蒂落，眾人得享美味的時候，你有權將它看作是你帶給全世界的一份精彩卓越的禮物。我丈夫的作品所得到的熱情讚賞，對我來說是完全理所當然而恰如其分。這是我們的一塊生命。在他人、朋友、親戚和仰慕者才剛剛接觸《夜航》之際，我們對內容已經了然於心。

他們的讚美和充滿熱誠的驚嘆，無論是裝的還是眞的，在一段時間之後開始顯得煩人。相反地，當這些美言從巴黎美女的唇邊洋洋灑灑「忘情」吐露的時候，我的丈夫幾乎紅了臉，但同時，這樣的邂逅也讓他心醉神迷。我的心開始翻攪著嫉妒，我的西班牙血液開始沸騰。

□

一天早上，他起床的時候跟我說：

「妳知道我昨晚夢見了什麼嗎？不知道？呃，我夢見我和上帝在一條道路上相逢。因爲祂手上拿著一根奇怪的蠟燭，所以我知道祂是上帝。這個夢很笨，不過夢本來就是如此。我追著祂問有關眾生的事情，但眼前只有蠟燭在亮著。我感到害怕。」

這件事情發生時，正當《新法蘭西雜誌》的那一圈人對我的丈夫青睞有加的蜜月階段。他回家的時候，手帕上面沾滿唇印。我不想對此心生嫉妒，但是情況却開始讓我感到沮喪。別人會跟我說：

「我們遇見東尼歐和兩個女人坐在車上。」

他則回答我說：

「沒錯，在回家的路上，有兩個《新法蘭西雜誌》的秘書邀請我去她們家喝杯葡萄酒再上路。」

巴黎讓我不安，我腦子轉來轉去都是那些不停騷擾他的美麗女子。

啊！作偉大創作家的伴侶是種職業，甚至於是種聖職。這需要經過多年的學習……這是可以學的。我是個笨蛋。我以爲我也有權利欣賞他的作品。我以爲成就屬於我們兩人……

這眞是天大的錯誤！事實上，對於藝術家而言，沒有任何事物比他的作品還要更個人的：就算你獻上了青春、金錢、愛情、勇氣，到頭來沒有什麼是屬於你的！

這樣說是很幼稚的：「啊！我呀，我幫助了我的丈夫。」首先，誰知道事實是不是完全相反。也許跟另一位女人結合，這作家的創作會更豐富呢。當然女人總是協助男人過生活，却也有可能增加他在工作上的阻礙。聽眾席上的每一個女人在聽他演講半小時後，都夢想著要當東尼歐的親密好友，要作心愛作家唯一的忠誠貼心仰慕者。要成爲《夜航》裡的飛行員、這位偉大作家背後的推手！

就在這個時候，我必須換上妻子的嘴臉，對他說：「老公，時候不早了，我們該回家了。」美夢就此結束：好一個妻子啊！好一個悍婦！眞是沒分寸！正當身爲仰慕者的她在機緣巧合之下認識了她的飛行員，正要私下聊聊的時候，合法妻子便出現了！相信我，這是椿無可饒恕的罪行。

然而在那些無止無盡的夜晚裡，我怎麼可能對他無動於衷，從不疲憊，也從不發一言呢？如果做的到，那我一定是石頭做的！漸漸地，我開始體認，最好放任他去，因爲我信任他。我想，就像對待小孩子一樣，就把他們交給命運吧。上天一定會照顧小孩和妻子的！

在那些沒有我陪伴的夜晚裡，東尼歐却常常感到無聊，所以他要求我打電話給他，無論他在哪裡。

「打給我，求求妳。我痛恨這些無止盡的閒聊、演講、晚餐。我要說的我已經都說過了。相信我，我的妻，我寧願浪費時間也不要浪費口水。就算妳要我馬上回家而惹惱了女主人也沒關係。妳知道我的，我的教養，如果妳不打電話來叫我走，我就回不了家！」

於是我漸漸養成習慣，在他離家的時候出去看電影，然後順道把他從他的朋友家中接回來。啊，我眞以爲自己很聰明！我告訴自己他是這麼的厭倦外出，他不情不願地赴約，他覺得有義務答應邀請，却不知道爲什麼要答應……

他不善社交且孤僻，但他同時也喜歡有人陪伴。電話一響，便讓他驚慌害怕。他的朋友可以跟他講上好幾個小時不停歇，然後他會想繼續前晚談到凌晨三點的話題，有時到了下午兩點都還在電話上講個不停。我們吃早餐的時候，電話就在餐桌上！在他的身邊，我感到一無所有，喪失所有的常識及判斷力。只是個小女孩。

9 摩洛哥

「航空郵遞」的阿根廷分部解散了。東尼歐失去了在布宜諾斯艾利斯的總監職位。你失業了，我的愛人！放輕鬆吧！

「不，康綏蘿，我們還得付租金、飲料和晚上外出的開支。」

他有朋友不停地邀請他去餐廳吃飯。他又喜歡整桌買單。當他發現自己捉襟見肘的時候，整個人就困擾不已。在布宜諾斯艾利斯，他每個月入帳兩萬法郎，薪水優渥。現在在巴黎，他一分錢也沒有。他緩緩地跟我說：

「我想要接受雷諾汽車公司裡的一份職位，薪水固定。這樣比較穩定。我每天都會去上班。我想這是個不錯的職位。是一些朋友替我找的。」

看見他如此溫順地屈服於辦公室的禁錮，讓我非常不開心……

「我會從下個月開始做。如果妳希望我去的話，親愛的。」

「不，東尼歐，我不要你接下這份工作。你的前途在群星之間。」

「是的，妳說的有理，康綏蘿，我的前途在群星之間。只有妳了解一切……」

這段單純有關星星的話，發揮了功效，爲他另闢蹊徑。他很快地改變了主意，好比是我刺激了他，給了他新的希望。

又一次他開始夢想，開始唱著他的「戰曲」，那是我在布宜諾斯艾利斯時取的名字，因爲每次他動身啓程的時候，不管是坐車還是開飛機，都會唱著：

一條黑暗陰沈的終點線始終站在前頭，
我看見這條陰暗的道路上從沒人回頭。

從此，每次我開始一段旅行，我都會聽到這些歌詞……

□

一個美好的夏日，東尼歐宣布要去土魯斯和朵哈會面。

「我想要回去作個簡簡單單的民航員。」他跟朵哈說：「快！給我一輛『計程車』！（在飛行員的黑話裡，我們管飛機叫『計程車』。）我在巴黎悶死了。我哪裡都願意去，你叫我飛哪裡我就飛。我的妻子會跟著我來。我準備好了。只要你需要，明天我等你指示。」

他非常尊敬朵哈，《夜航》裡的西維耶爾❶一角便是根據他寫成的。

回到巴黎後，他就開始翻箱倒櫃，嗅著他的皮製飛行配件、外套、頭盔、皮帶、他的安全照明燈、他的羅盤，一件一件愛戀地鋪在地毯上。

電話不時響起。他的巴黎朋友想約他出來，但是他全部回絕了。

「我在忙。」他對他們說：「我要回去作民航員。我已經窩在巴黎的咖啡店和餐廳裡長夠了肥肉。再見，我沒時間了，我正在打包。我的太太會說明一切。」

這意味著他不再有空和那群布爾喬亞朋友混日子。

他用手把皮外套展開，這件歷經多次飛行的老戰友因爲久未使用而變得僵硬……從皮外套口袋裡，他拿出一些小紙條。一天他正讀著這些紙條的時候，整個人突然大笑不止。

「爲什麼你笑成這樣？什麼事情這麼好笑？你怎麼笑得像個瘋子一樣？」

「啊，我不能講，太蠢了。」

他笑得愈來愈大聲。

「求你了，告訴我吧。」

「好吧，這是有關一段雜音和我的無線電導航員的事。那是好久以前的事了，那時候我正飛過巴塔戈尼亞上空！」

「可是我看不出哪裡好笑。」

「因爲這聲雜音讓我擔心害怕了一會兒，所以我沒搞清楚情況。」

「什麼？」

「沒錯，我心裡害怕，一直到我的無線電導航員遞給我一張紙條爲止。妳自己拿去讀。我剛剛才發現的，就是這張。」

我拿了那紙片，上頭寫著：「這雜音不是飛機發出來的。不要害怕。那是個屁。先生，我肚子很不舒服。」

這下換我大笑了起來。他把我抱入懷裡，我跟他說：

「親愛的，我很快樂。我無法想像你不在空中飛行的樣子。我錯了嗎？」

「妳爲什麼哭了起來？」

「我不知道……我從來沒有喜歡過你在巴黎的生活。你飛行時身邊的星星比起那些巴黎人還讓人放心呢。」

他把我放在地上躺下，就在他的雜物之間，然後瘋狂地搔我癢：

「哎呀，哎呀，東尼歐，住手，你弄痛我了，眞的。」

「哪裡？」

「這裡，肚子裡……」

「啊，那是盲腸。我們今晚就去割掉。有個馬泰爾醫生可以幫妳開刀，我很尊敬他……

我們去醫院吧。明天，妳的盲腸就不見了。我們不會帶著這東西去摩洛哥的！」

整件事顯得非常簡單。和他在一起的時候，我覺得沒什麼好怕的。

□

這時朵哈先生已經回電話下指示給東尼歐。叫他暫時在土魯斯—卡薩布蘭卡航線開「計程車」。

飛行員一旦接下了工作，他便不知道隔天他人會在哪裡過夜。如果夜晚的飛行順利，他將到達世界某處——巴賽隆納、卡薩布蘭卡、艾蒂安港、朱比角❷、布宜諾斯艾利斯……或是飛往東方的航線，包括了赫赫有名的巴黎—西貢線……

事情完全照東尼歐所計劃的一件件發生：我去看了他的醫生，動了手術。我在聖莫利斯—德—黑蒙❸待了幾天靜養身子，他的母親把我照顧得無微不至。然後她把我送到土魯斯和她的兒子在拉法葉飯店會合。

在城裡我有幸和朵哈見面，近距離地觀察他。他是個非常嚴肅的人，最讓我印象深刻的是他鋼鐵般的意志。

土魯斯對我來說是座死城，它並不存在。我完全信任、接受飛行員們的友誼，他們天天涉險，却對隨時環繞他們的危險毫無察覺，也毫不在乎這個替其他男人立下英雄典範的工作是多麼的重要。對他們來說，這不過是份工作，也正因爲如此，他們讓我更加欽佩。

這些飛行員飛過無數的夜晚和強勁的風勢，聽到對自己的讚美只會讓他們感到厭煩。他們只想要暢飲啤酒，玩幾手骰子或撲克牌。撲克牌我學得很快；偶爾我會害羞地探問和我一起玩牌的飛行員的名字。晚上的聚會就要結束的時候，我試探地問了一點我丈夫的消息。處在飛行員之間，我學會了謹愼、保留以及忍耐。我獨自待在土魯斯已經有了一星期，那時我的丈夫正在空中飛行。我住在他的房裡，等待他的消息。

「啊，是的，聖修，他們要他開輛『計程車』一路飛到達卡。他要在那裡代替另一位飛行員。」一位飛行員回答了我的詢問。

「爲什麼？」我問。

「因爲那位飛行員死了。聽著，聖修夫人，我已經從妳那邊拿走三張黑桃了。」

「啊，眞的嗎？」

我的心七上八下，跳得非常厲害。我的天使在哪裡？

隔天我起床的時候，我的丈夫終於出現在我們的房間，不是回家團聚，而是爲了要清掉所有櫃子裡的東西。因爲我們要前往卡薩布蘭卡，中途停留西班牙。就這樣，我們一直過著波西米亞般的流浪生活，一直處在緊急的狀態中。

「也許妳想到阿爾梅里亞游個泳。」他說：「那裡現在正當夏季。」

「噢，好，親愛的東尼歐，好啊！」

「啊，妳看，行李都滿了。妳不能所有的東西都打包。挑兩件洋裝就夠了。睡衣沒有用；摩洛哥的天氣太熱了。」

幾個小時之後，我們到達亞利坎特❹。我們直奔海灘。他游得非常快，我想趕上他，但是盲腸手術的傷口讓我表現不出水蛇般的泳技。那傷口還痛著呢。

□

今天我們在這裡，明天便換了地方。有時候我覺得自己像個逃犯。東尼歐連他自己的命運是什麼都不知道，我也不知道……但是他最後沒有接下雷諾的工作。我從未感到遺憾。午夜，他非常溫柔地抱緊我，好像我是一隻可愛的小動物。他請求我原諒他：

「我還不知道怎麼當妳的丈夫。請妳原諒。我在妳的緞帶中迷失了。有像妳這樣的小女孩在我身邊，讓我的心中充滿驚喜。」

他用大力士般的手臂把半夢半醒的我抱了起來。

「才四十公斤，我比妳重上三倍。我親愛的小侏儒，明天妳會到一個美麗的國家。如果妳真愛我，也會愛上這個國家。我的好友已經替我們在「格拉威宮」大廈租了一間漂亮的公寓……妳會常常一個人在家，有時間自己打發、散散步，或是想想我。」

那晚我睡得很少。我想像著被沙漠包圍的「格拉威宮」大廈。我已經跟隨著他走進了他的命運。

□

我終於親眼發掘眾口相傳的「宮殿」。樓梯是由大理石鋪成的，房間非常寬敞，幾乎沒有什麼傢具，符合阿拉伯人的節制性格。地上牆上都有巨大的毯子，所有房間都有大型的黃銅托盤當作桌子使用，還有沙發、藍白色的馬賽克鑲嵌畫以及極低的床鋪。其他飛行員的妻子帶我去市場，教我陽光從不消失的卡薩（編註：Casa 爲卡薩布蘭卡 Casablanca 的簡稱）的風俗習慣。

「啤酒王」咖啡店在喝餐前酒的時刻充當了讓我們與其他飛行員聚會的場所。打撲克牌……喝茴香做成的佩諾酒……吃雞蛋凍……聽黃色的故事。我聽到的黃色故事之多，多到可以集結成冊。

不過生命給予我們的遠遠超過別人跟我講的故事……

我打發時間的方式包括在阿拉爾夫人的書店看書、作著我的人生白日夢、在這座阿拉伯城市散步。有天我正和書店女主人聊天的時候，一名叫作蓋赫霍❺的飛行員經過書店，走了進來：

「啊，晚安，聖修夫人，妳願不願意今晚和我共進晚餐？拿著，這是妳丈夫給妳的。他替妳在艾蒂安港買了一些新鮮的龍蝦，託我帶來。」

「好啊，蓋赫霍，來我家吧，我們來做菜，阿拉爾夫人也會到。」

蓋赫霍向我解釋道：

我和妳丈夫飛的是同一條航線，湊巧我的腿出了點毛病，所以才會待在西斯內洛斯
❻休息。聖修看起來很擔心。「老小子。」我心中暗暗發覺：「就一個年輕的新婚男人來説，你看起來眞像個教宗。」不過我們並没有眞的説上話。突然之間，聖修大叫了起來：「太棒了！雞蛋凍實在太棒了，不是嗎？蓋赫霍？」

「什麼雞蛋凍？解釋一下吧？」

「好，我和我太太第一次吵架吵的便是雞蛋凍。那次我們在啤酒王吃飯。我剛飛行了一夜，精疲力竭地回到家，她卻還要我去啤酒王吃晚飯。我在家時没多説什麼，你知道嗎？我連嘴巴都没張……到了咖啡店，侍者問我要吃什麼，我的太太擔心地看著我。我回答：『雞蛋凍。』因爲在我們的面前剛好有一盤……我並不想點套餐。『你哪裡不舒服？你不高興了？』她問我。

「我没有回答。

「他們送來兩份雞蛋凍。

「『先生，接下來主菜你想吃什麼？』」侍者問。

「『兩份雞蛋凍。』我回答。

「我的太太一句話也沒說。我想要大笑。他們第二次拿來了兩盤雞蛋凍。最後連甜點也一樣吃雞蛋凍。

「我什麼也不想說。也不想思考。吃下六份雞蛋凍或是別的東西，對我來說都一樣。不過這讓康綏蘿很不高興。她人坐在長凳上，當著所有客人面前站起來大叫：『你看看，這是你的雞蛋凍……我……也喜歡雞蛋凍！』

「她拿起桌上所有的蛋，當著大家的面捏碎，捏成了一團蛋糊，然後哭著跑回家。

「我再也裝不下去了。我猛地笑了出來。發覺那些盯著康綏蘿攻擊雞蛋凍的侍者和收銀台女人的表情眞是好笑。幾分鐘後我也離開了。蓋赫霍，你去跟她說那事我已經忘了。告訴她我一點也不生氣，而且明天我要回家過生日。我送這些龍蝦回來討她開心。最重要的是，告訴她不要把龍蝦的螯錯認是雞蛋凍了。」

□

飛行員的生活簡單、規律，就好像是行動家的生活。我的丈夫飛卡薩布蘭卡和艾蒂安港之間的郵遞航線。幾年前卡薩到達卡的航線全由一個飛行員負責，不過朵哈先生說服了政府進行改善。飛行員換了，飛機也進行了部分的現代化改裝。

在艾蒂安港的短暫停留並不好玩：那裡的人口不超過一打，包括了幾個歸摩爾人所有的阿拉伯勞工。我的丈夫常常跟我說：

「改天我要帶妳去見見上尉夫人。她是法國人，她在這個寸草不生的國家裡有座花園。她從波爾多用船運來軟水，從加那利群島運來土壤。在一個小小的木箱子裡，她栽種了三株生菜和兩株番茄。她拿波爾多的水洗頭，再用洗頭水灌溉花園。爲了保護她的那一小塊植被免受沙漠風沙的侵害，她把小盒子放到井底……當我們路過的時候，她邀請我們吃晚餐，每次都吃罐裝食物，不過她會把她的花園從井底拉上來，放在桌上展示。她那兩株悲慘的番茄，她那三株可憐的生菜……眞是令人感動！」

當聖修回來的時候，他跟我說：

「妳應該可以體諒，在沙漠待上那麼一些時日，我回家後會顯得有點野蠻。在沙漠裡，我的思考粗糙；我是頭大熊，就跟妳說的一樣。如此日子會好過些……我是頭熊，我這樣跟我自己說，於是我退回到我的沈默裡。在那裡，我像是換了個人，我有不一樣的皮膚，我需要休息、平靜、安寧……只有妳跟我說話，跟我說法國來信裡的細節，告訴我有關我們在卡薩布蘭卡的朋友的事情，妳跟我講妳的生活及平常的生活瑣事。我仰慕妳，妳什麼都不會忘記，妳讓我知道這個國家發生了什麼事。卡薩的醫生做了這事，上校做了那事……還有報紙上的最新消息。但是當我看見妳精疲力盡，因爲我這頭熊吞噬了妳的話語、妳溫柔的動作的時候，我只想爲妳一人跳舞，像隻熊那樣跳舞，娛樂妳，告訴妳我是妳的熊，一生一世都是妳的。

「聽我說，在我們中途短暫著陸停留的時候，發生了些有趣的事情。有天，達卡附近一個保護女性的基督教組織居然送了一些十五歲的女孩子來給我們，給晚上不值班的飛行員作伴！

「妳知道這些可憐的小東西被賣到市場當奴隸。這個組織清楚讓我們知道計時的費用是多少。我們得付給這些處女一晚四法郎。在這個沙漠的偏遠角落，對她們來說這是筆大數目。我們常常叫她們打掃小屋、給我們洗洗杯子、清清汽油燈。有一天，梅赫莫茲❼在達卡的一間咖啡店待到很晚才回來，發現門口有一個差不多十四歲大的小女孩。他喝了很多酒，叫小女孩離開。但是那個小女孩非常苦惱，哭了起來：這是她唯一表達沮喪的方式，因爲她不會說法文。於是梅赫莫茲告訴她：『進來吧，妳可以跟我睡。』他開始脫去小女孩的衣服，一掀起她的阿拉伯斗篷，她哭得更傷心。他給了小女孩四法郎，爲了其他人著想，他不打算付超過公定價格的錢。他替小女孩穿回斗篷，小女孩的眼淚卻還是流個不停。他再度脫下小女孩的斗篷，並再給小女孩一把錢。『去他的公定價，妳很好，妳睡覺吧。』但是那個幾乎半裸的小女孩，站在黑暗中並不想離開，只是繼續啜泣。他再也不知道該怎麼辦了。他拿了他的手錶及古龍水當禮物送給了小女孩；小女孩覺得手錶很神奇，她平靜了一會兒，然後又陷入沮喪。梅赫莫茲當下抓狂。他大吼：『我受夠了！滾開，我要睡覺了，回家去。』小女孩站在那兒，不知所措，動也不動，好像還沒有完成該做的事情一樣。她深邃的眼睛閃著痛苦的光芒。她的嘴半開著，她沒辦法用這個開飛機從天而降的白人所使用的語言說半句話。聲音從她的喉嚨輕柔地發出，好像在自言自語。面對她無盡的悲傷，飛行員不禁憐憫她，他再一次脫下小女孩身上的白色斗篷，目不轉睛地看著她。她不像其他的貝都因女人，那些女人通常神態順從，面對邪惡時目光低垂……我們這位飛行員覺得這女孩很漂亮，她臉上奇怪的表情甚至讓她更加漂亮。我們這位飛行員試著舒緩她眼神中像被圍捕的小動物的眼神。『就這樣，我好幾位飛行同僚娶了阿拉伯女孩。』他自言自語。黎明破曉時，他把小女孩推下床。『走開！』她感受到飛行員肌肉發出的命令。她離開床。她了解她必須走了。但是她又再度在地上坐了下來，表示她不會走的。這已超過梅赫莫茲的忍耐極限。『那好，妳想要像個奴隸般的跟著我，像條狗……』這段話他是用阿拉伯文說的。小女孩激憤不平地大叫。這時一架飛機轟隆隆地降落跑道。梅赫莫茲望著她，然後閉上眼睛。他想：『也許，如果我假裝睡著了，她就會離開。』他還有長途飛行要準備。他必須睡覺。如果他到時在飛行途中睡著了，那就是這個頑固女孩的錯。她比他還堅強。我們的飛行員嘆了口氣。兩個人快速地互相偷瞄了幾眼。他緊張地笑了；那女孩也笑了出來。這時，小屋的門開了，剛剛降落的飛行員走了進來。『嗨，老小子！』『是你嗎，東尼歐？』『是啊。』「『我整晚都沒睡，你看。』他指著坐在地上的阿拉伯小女孩說：『我沒力氣了，她不打算離開。我已經把一切都給她了，包括我的錢，連我的折疊刀都給了！』

「那個阿拉伯小女孩很快地起身。『也許你會說阿拉伯話，先生？』她說：『你知道，我是洗衣服的。沒有髒床單的話，我是不能離開這裡的。至於其他方面，我非常滿意。你的朋友，他很大方！』」

東尼歐翻譯了小女孩的心願。梅赫莫茲咒罵了一聲，然後把所有的髒衣物都丟給她。她終於開心地離開了。

梅赫莫茲聲稱這個故事發生在東尼歐身上，但是東尼歐發誓這一切是梅赫莫茲的經歷。我愛聽他講這類的奇聞軼事。在這兒，我沒能把故事重述得如他那麼精彩，我感到過意不去；我沒辦法重現他的笑、他的嗓音。他在講沙漠故事的時候，能把人迷得神魂顛倒。

所謂「格拉威宮」大廈其實僅僅是名義上的「宮殿」。它其實是一棟大樓，裡面是豪華的出租公寓。建築與裝飾風格，受到法國文化的影響，是現代的阿拉伯風。

在這些光線毫不留情地強烈照射每一個角落的四方房子裡，想要加上個人的品味，需要下的工夫可不少！我可以領會阿拉伯酋長的智慧：唯一可以和日光平起平坐的東西便是光線本身，即空間。你把馬賽克用白毯蓋起來，牆面用散發溫暖光芒的阿拉伯織品蓋起來，然後再把鍍金的黃銅托盤兜在一起當桌面。你必須儘可能找來最大號的。這些銅盤是論重量賣的，有些是銀面，金製的已不多見。東尼歐喜歡一只暗沈、淡灰色，幾乎是黑色的大號托盤，上頭的圖案看起來有時間留下的痕跡。注視愈久，你愈看不懂刻印其上的影像是什麼。我們試著判讀，這倒成了我們的消遣，像是讓我們著了魔一樣。

我在公寓裡的最初幾個星期讓我豁然開朗，學到如何創造和諧的室內設計。和所有男人一樣，我的丈夫不喜歡更動傢具的位置。當他人在房間的時候，我連一張小桌子都不能動，他覺得那是浪費時間。這點讓我很難受。在研究和了解窗戶的角度、檢查過電氣開關的位置以確保這房間利於閱讀和寫作之後，我擬定了我的計畫。

□

一天，東尼歐必須凌晨三點去機坪。我決定這次不去送行，那樣會花上我整整兩個小時。我找了藉口說我頭疼，還要寫封信給親戚。不過東尼歐太了解人性了。我心裡有個感覺告訴我他起了疑心。首先，他不接受我不隨行的理由。我沒辦法讓自己瀟灑地說出：「我不喜歡跟你去機坪送行。」無論如何，我都是在撒謊。每次他離開的時候，我全身都在顫抖。有一次我很替他害怕，因爲我們才剛剛埋葬了一位墜機的飛行員。東尼歐在跑道上空又多繞了一圈，只是爲了再近一點看看我，跟我揮手道別……他才剛剛犯下這件不智之舉，他的無線電導航員便傳來一份電報，那是開給他的罰單。我們必須遵照指示，否則就要爲了這個在我頭上多繞的小圈圈付出不少的金錢。

於是我跟著去了機坪，以免他不高興，我表現得非常安靜、非常得體，但是沒多透露我的心思。他則對我格外親切。

「再見了，親愛的。」我跟他說：「不要忘了，我在你的食物籃裡放了一些蔬菜，一些番茄。我都包裝好了，但是蔬菜很脆弱，一到達，必須馬上拿出來，否則熱度會把它們煮熟。生菜、黃瓜、蘿蔔，一下了飛機，趕快把它們放進水裡。你有足夠一星期的份量，甚至拿給同僚吃都夠。他們會很高興除了罐裝食物以外，還有別的東西可以吃。」

我是唯一一位會跑市場並拿空汽油罐來裝東西的飛行員妻子。他不喜歡新鮮牛奶，我就會裝幾個保溫瓶的冰淇淋，將生肉放在冰塊裡保存，還有好幾罐保溫瓶的雞湯，每一個容器都貼上標籤。我的丈夫很樂意把食物分給別人，他自己吃麵包和乳酪。這些準備要花上我好一會兒工夫。對我來說，這就是人生：我提供他夜航所消耗的能量。還有咖啡：一定要非常濃。我在他的口袋裡塞滿巧克力和薄荷糖。他總是抗議：「可是親愛的，我什麼都不需要，相信我。」不過當他回來的時候，他會帶給我那些吃了我的雞湯和蔬菜的飛行員們回饋的禮物。擔心東尼歐飲食習慣的是他們：「不表示一點心意的話，聖修夫人就會停止供應這些爲我們吃飯時加料的食物……」

我不想跟他去機坪的那天，東尼歐從眼角打量著我。我試著在飛機起飛前離開：「親愛的，我有點疲累，這些噪音和汽油味讓我不舒服，天氣又熱，我想沖個涼……到髮型師那裡。然後再拜訪C夫人。」

「啊，請妳幫個忙，妳想要做些不讓我知道的事情的時候，不要給這麼多藉口。一個就夠了，不然的話我會起疑心的……」

□

我回到家裡。心情平靜。他走了。現在我可以辦我的事了。我工作了一整天。當我驚覺夜晚的降臨時，我還沒做完呢。我把阿拉伯僕人、女傭打發回家，然後躺在寬敞浴室的按摩椅上。我累壞了。

半夜，馬賽克瓷磚上傳來腳步聲……敏捷的步伐，小偷的步伐……我害怕極了……我眞是太鹵莽了，竟把所有的僕人都送走。只剩下廚娘還在，就睡在廚房對面。我屏住呼吸，腳步聲去而復返。有人闖入我的房子裡，還把這當自己家呢。這訪客打開了一盞燈。我全身顫抖。我想起了我的珠寶……我把手指上的戒指拿下來，爬進洗衣籃裡。小偷不會往這裡看的。我嚇壞了；房子裡一把左輪槍也沒有。那個小偷見屋裡沒人，膽子大了起來，繼續走過一間間空房間，空的原因是因爲之前我把所有東西都搬到女傭房裡去，以便清洗牆壁、換上新的壁毯並重新安排傢具。這就是我的計畫。最後，那小偷拿著手電筒，走進了浴室，沈著地使用了我的廁所。我從藏身的籃子縫裡瞄到他的頭。那人是我的丈夫！我開始移動，那些拿來作掩蔽的待洗衣物開始像火山一樣爆發。東尼歐眞的怕了起來。我大吼：「救命！救我，我要沒氣了！」

他站著一動也不動，整個人僵掉了。之前他發現所有的房間都是空的，現在卻聽到我尖聲大叫，看到我和纏住我脖子的一些襯衫在搏鬥。他以爲他在這些舞動的襯衫裡看見了兩個人……最後我獨力從洗衣籃裡掙脫出來。他臉色蒼白，呼吸濁重。我氣壞了。

「你在半夜把我嚇得半死，然後居然還沒辦法把我從藏身處救出來！我差點在籃子裡窒息了……我還以爲你是個小偷……我把戒指丟在籃子裡了。我的手錶一定壓碎了。你眞可惡。」

「聽著，我的小瘋子，我的小女孩，妳難道看不出來我比妳呼吸還困難？我在半夜回頭。回到家。心想：『康綏蘿不再愛我了。她說的沒錯。她總是孤單單的。當我在家的時候，我思考、寫作，不是個好伴侶。但是最好把一切講清楚，說明白，解決問題。我不想要傷害她。她一定是跟她愛的男人在一起。我不能就這樣離開她。』所以我沒走。我問蓋赫霍，誰湊巧休假人在機坪，可以替我開這趟『計程車』，然後我整天在城裡漫無目的地閒晃。我想要寫信給妳，而不是親自回來。可是又想：『我沒有注意到她有什麼疏遠的動作啊。』於是我祈禱。最後我決定：『好吧，我會跟她講明一切。』這就是爲什麼我人會在這裡。當我看見我們的臥室裡、沙龍裡，到處都沒有傢具，我嚇壞了。妳眞的千眞萬確地走了，連傢具都帶走了。我決定明天跑到中國去浪跡天涯。我尋找妳的告別信，任何妳留下的蛛絲馬跡：結果什麼都沒有。妳人却躲在這個洗衣籃子裡！妳在那裡做什麼呢？」

「啊，東尼歐，你還說你不嫉妒？笨蛋！」

「回答我吧，傢具哪裡去了？」

「你這個白癡，你沒看見前門邊的油漆桶嗎？油漆工人明天就會到。我想要給你個驚喜，結果你把我嚇死了……」

我沒辦法從驚嚇中恢復過來。我哭了，尋找著我的戒指和手鐲。東尼歐找到一張床墊放在地板上，全身衣服也沒脫便睡下，緊抓我的一隻腳踝，這就是他對我的眼淚及對我的愛的慰藉。

後來，回應著我的眼淚、這多事的夜晚、這手鐲、這支在籃子裡被壓壞了的手錶，他對我說了一句我聽過最美麗的句子。他說那天晚上我不是爲了失去手鐲而哭，其實我早已在爲死亡而哭泣——會把我這個「可愛又易碎的小女孩」與一切事物拆散的死亡……

10 飛行員的妻子

我再也睡不著了。東尼歐一星期兩次的夜航所帶來的焦慮讓我輾轉難眠。在他兩次航空郵班間與我共處的幾天裡，我想盡辦法討他歡心、照顧他。他不像別的男人，我這樣跟自己說。眞是個小孩子，眞是個從天上掉下來的小天使……我沒辦法像別的女人一樣，出門蹓躂，散步，參加派對……對我來說，只有郵班才是重要的。那是我的絕望……

有天，他在下午三點左右起飛。如果一切順利，他會在三個中途站降落：西斯內洛斯、艾蒂安港以及朱比角。我向無線電導航員詢問我丈夫的飛航訊息。其他飛行員也在問他。引導飛行員們飛越天空是他的職責所在。而聖修夫人總是在電話上：「我先生是不是已經在第一站落地了？」答案總是「是的」或是「還沒」，乾淨俐落。

我必須等上整整一個小時，才敢提起勇氣問同樣的問題。「妳太緊張了，夫人。爲什麼不出去游個泳，天氣正好呢。我會照顧妳丈夫的。其他飛行員的妻子都沒這麼緊張。」

隔天，我又會開始打電話。「妳的丈夫安全抵達。」或是「妳的丈夫碰到機械故障。我們正試著搶修飛機。」就這樣。我已想盡一切方法、到處奔波，以便就近住在無線電站旁邊，如果沒打電話，我就會跑去辦公室，探頭進去，向在那裡的其他飛行員微笑揮手帕。他們會很緊張，不喜歡看到辦公室附近有女人，不過我不一樣，我是他們的鄰居。我會叫他們來我家，那裡有乾淨的水、有巴黎來的醃鯷魚，還有甜杏仁果，我還會答應他們把我那些在卡薩布蘭卡最漂亮的女性朋友找來喝餐前酒。我總可以逮到一兩個飛行員來作客。我把他們當作神一般地伺候，他們是我的千里眼順風耳。他們總是來來去去，最後，不用我開口，他們會跟我說：「不用擔心，妳先生跳過了一個中途站。風和霧把他吹入沙漠上方或是推到海面。他想他很快就會抵達西斯內洛斯。」時間一分一秒地過去。他們灌下許多茴香酒後，向我告別。「那麼，聖修夫人，去阿拉伯人開的餐廳吃個飯吧，好吧……待會見。」

稍後當晚在餐廳裡，我才知道他是否已經抵達西斯內洛斯。有時候一點音訊也沒有，只有溫柔及好意。這些飛行員們便如此成了我的兄弟。

「不過，聖修夫人，別太擔心。今晚就讓我們不醉不歸，喝遍全城的豪華酒店。」

天哪，這一點也不好玩：酒吧、女人、煙草和大麻的味道充斥在這些還算正經的場所。如果到了半夜還沒有人帶我回家，我便知道我的天使有麻煩了。有一天，心地善良的蓋赫霍「帶我下鄉去」。其他飛行員都想睡覺了。「下鄉」在我們的說法裡意思是：到地面的無線電導航員那兒。

啊，飛行員的妻子！這對飛行員自己或是飛行員的妻子來說，都不容易。他們捨不得我們，同時也愛戀我們。我們的先生需要戰勝黑夜，抵達下一站，因爲我們正守候著他們。至於其他的：疲憊、與無法預料的天氣不間斷的搏鬥、霧、或是巴黎總部下的愚蠢命令要求放掉幾公升的汽油以便減輕引擎的負荷，這一切都無關緊要。「如果我們能在十五分鐘內降落，我們便得救了。」一位飛行員在墜海淹死前如此寫道。不過塔台的命令還是得遵守。他們像是機器人準備作戰一樣地登上飛機。一場對抗黑夜的戰爭。

他們的返家則顯得平凡。他們什麼話都不多說，人還活著。五天內他們就要再上場。至於現在，我們來吃吃喝喝。不過東尼歐不同，他想要閱讀，他想要寫作。於是我必須讓自己縮小至無形，就像必須住在他的口袋裡一般。我開始畫一些圖，什麼也不像的圖。如果那樣還惹他煩，我便織錦。沙發上堆滿了成疊的織錦靠墊。他喜歡我在他寫作的時候和他待在同一個房間，而在靈感枯竭的時候，他會要我聽他唸一頁、二頁或三頁，看我有什麼反應⋯⋯

「那麼，妳覺得如何？沒引起妳任何共鳴嗎？不有趣？我要把這些撕了。眞是笨啊，這些文字一點意義都沒有！」

於是我便胡亂瞎掰，開始搜索枯腸地編故事，針對他剛剛寫的一頁談上一個小時。

這場「折磨」一旦過去，他就看著我，心情非常愉快。

「我想睡了，我們去睡覺吧……」

或者他會下決定說：「我想快快散步一下。穿上妳的走路鞋，我們去海灘。讓我們到城外的小酒館『藍鳥』去吃點生蠔，在自動鋼琴上放幾首曲子！」

「藍鳥」的名聲並不好，不過却是城中唯一一個讓人感到舒服的地方，不用裝模作樣。一走進去便會感覺溫馨自在，把幾枚零錢投進自動鋼琴中，音樂便響起。食物和飲料直接送到我們的桌上，每次來，女服務生都不同。手上有空的服務生會去照顧帶著「小姐」來的飛行員，其他女侍則和水手們作伴。這裡可以說已經變成整個卡薩布蘭卡聚會的時髦場所！因爲整座城市裡，能讀寫無誤且受洗過、已成婚的家庭不超過二十個……和我們社會背景相同的夫婦則有兩、三對，雖然他們是作生意的，我們還是有一些話題可以分享！我們在一起很愉快。

□

每次東尼歐出去飛郵班，我就幾乎準備住進醫院。焦慮不安讓我睡不著覺。我開始繞著無線電導航員打轉……再次跳著同樣的舞步……再次經歷同樣的痛苦……

一天，兩個站在我面前的飛行員說：「我剛從無線電辦公室過來。亂成一團。安東墜機了。他們剛剛派了飛機尋找他的屍體，還有，如果可能的話，那一批郵件。」

我的耳朵嗡嗡作響。好似塞爾維亞聖週時的耶穌聖像遊行隊伍一樣隆重[1]，我在胸前畫了個十字，然後像頭發了狂的羚羊一路衝向無線電辦公室。正午的熱氣讓我上氣不接下氣。我沒叫計程車，直接跑步穿過了整個城市，但我還必須像個飛毛腿般跑著，因爲我事先沒多想。在辦公室入口我看見一位婦人正在號啕大哭。她是我的朋友，安東夫人。也就是說，飛行員賈克・安東才是罹難的那位飛行員，而不是我的丈夫，安東・德・聖修伯里。我發瘋似的笑了起來：「啊！安東夫人，我眞是個笨蛋，墜機的是妳的丈夫呀……」我就這樣大笑，止不住地大笑。醫生來了，安東夫人和我兩個在嗎啡的作用下，整整睡了一天……

我們好朋友皮諾[2]快結婚了。他總喜歡和我們攪和。他決定要離開沙漠的風沙，是因爲他定婚了。他的母親在法國準備好了一切：嫁妝、房子，一應俱全。東尼歐跟他說：

「我們會把所有飛行員找來我這間大公寓裡，爲你舉行告別飛行員和單身漢生涯的派對。」

皮諾接受了邀請。東尼歐爲了這場派對花了半個月的薪水買香檳。

皮諾將永遠地離開達卡。他的最後一次飛行，應該是由另一位飛行員替補。不過皮諾堅持說：

「聽我說，讓我飛最後一次吧。」

那位飛行員便讓他接手。他起飛失敗，引擎熄火了很多次，最後在跑道上墜機……別了，家人、未婚妻、準備好爲他開的派對……

東尼歐看著我們爲了派對所作的準備，心裡並不好受。他對朋友的慷慨大方，讓他散盡家財，爲這位即將永遠離開這條航線任務的朋友慶祝……

然而我們並沒比其他飛行員更富裕。相反地，我們兩個人每個月只有四千法郎和一些其他資源可以支用。房租必須兩頭付，一處是巴黎卡斯特藍路上的公寓，一處是「格拉威宮」的這間。其他飛行員和他們的妻子住在小房間裡，從來不宴客，他們都認爲我們租「格拉威宮」的公寓是奢侈得誇張……可是東尼歐需要空間。他喜歡美麗的木頭地板，四周的牆不要有壓迫感，活動起來不能絆手絆腳的。因爲東西只須被他碰觸一下，就可能被打破。甚至有天在朋友家，他只是靠在鋼琴上，鋼琴便塌了。他對自己的重量或是身高沒有概念。他常常頭撞到車門或是房門。他忘了他像大樹一樣的高。這個懂得如何飛越沙漠和海洋的男人，不知道如何讓自己在擦火柴的時候不受傷。安全火柴最是讓我頭疼。他總是非常用力地打安全火柴，對著任何地方打，只爲了點著他的香煙（他用火柴是因爲他總是弄丟打火機或是燒壞打火機的燈芯）。有一次，他對著一塊玻璃打火柴，結果大拇指割了一道大口子。我哭了，他卻笑……他美麗的手從此以後就失去了那一片小小的指頭和指甲，對此我始終無法忘懷……他以爲自己金剛不壞，老是竭盡全力，不論是體力上還是道德上。如果任何人對他或是其他人不公正，他會義憤塡膺。有天，在一家餐廳，有個男人因爲我深愛的小哈巴狗的關係而侮辱我們。尤提是我們生活的一部份。東尼歐正喝著他的茴香酒，聽到這個人的謾罵，等到這個人閉了嘴，東尼歐一把抓住那人坐著的椅子，連人帶椅地搬到馬路的正中間，再連人帶椅地放下來……那人還在椅子上待了幾秒鐘，嚇呆了。咖啡店裡的人都在大笑，我們則一路笑個不停地離開……

尤提總是我們旅行上的麻煩：牠實在太小了，我們常常把牠給忘了。好幾次，我們已經在空中了，我才突然叫了起來：

「東尼歐，我們把尤提忘在餐廳裡了。」

東尼歐馬上掉頭回去找。有一次他還曾經一路跑到某個阿拉伯人的家裡去找，人家都已經收留了尤提，並取了個新名字……整件事花了將近一個小時，但他還是光榮地把尤提帶回來給我！

只要我一不留神，尤提便會自己東跑西逛。有次在卡薩布蘭卡，尤提自己跑出了公寓。我花了好幾個小時找我心愛的小狗，還哭得像個小孩子一樣。當東尼歐飛完回到家的時候，他說：

「親愛的，妳怎麼不到機場迎接我？」

我哭著說：

「尤提棄我而去了，工作門沒關，牠就跑了出去。僕人們從三點開始找遍了全城，什麼也沒找到。」

「沒事，別哭。親我一下吧，我會把妳的尤提找回來的。」

他很快地洗了個澡，便出門去找狗。卡薩布蘭卡的居民到現在都還在談論他找狗的巧妙方法。

「找那條狗花了我們三百法郎。」他憂鬱地告訴我：「不過我沒辦法看著妳哭。來，妳的『狗狗』在這兒。」

□

在城裡漫步是我們最大的消遣。我們通常什麼也沒買。我們和阿拉伯人一樣席地而坐，吃著以各種香料調味的烤牛肉及新鮮的羊肉。東尼歐和法國外籍兵團的退伍軍人聊天，這是一群在巴黎失去了所有、來到摩洛哥重建人生的男人。而在這裡，人生是可以重建的。我們的某位好友拿他的外套在當地市場換了匹馬，然後拿馬換了幾頭山羊，拿山羊再換牧羊，又以牧羊換取奴隸。結果他還有了自己的馬群，這些牲畜爲他帶來相當的收入。他娶了當地司法行政長官的女兒，妻妾成群，兒女眾多……擁有自己的房子和土地……

一天，就在我們走過弄蛇人所處的悶熱巷弄時，我感染了一種奇怪的細菌。這細菌漸漸開始啃蝕我的腳。我的腳上出現一個一公分的小洞，臭氣薰天，都爛掉了。我的狗隨後也染上。牠哭叫得比牠的女主人還要大聲。我沒辦法穿鞋子，腳包著繃帶。醫生們爲了我的病認眞地會診，東尼歐也在場。開完會後，他像變個人似的。他說：

「明天我不送郵件了。」

「爲什麼，東尼歐？」

「因爲我想要照顧妳，看著妳。漫漫長夜妳都是一個人的話，這病是不會好的。我不想再飛行了。」

「那麼我們怎麼過日子呢，東尼歐？」

「我們總是有辦法找吃的。我知道怎樣開卡車。」

「不要，東尼歐，我寧願你當飛行員。我要你明天繼續飛行送郵件。蔬菜都買好了、包好了，我做了各式各樣的湯，一切都準備好了。把這塊蛋糕帶去給上尉夫人，拜託你……」

「都聽妳的，我的妻。等我回來，我們一起到小島上去。」

我以爲他在開玩笑。

我的狗沒日沒夜地嚎啕。我唱歌給牠聽。我的阿拉伯僕人帶我們去看一位動物巫師，我給了他五十法郎，買了一種非常好聞的膏藥。擦了那藥膏，我的狗三天後便好了。破了一個月的洞消失了，皮膚長回來了，再也沒有膿水。我很高興，可是我的腳却不見康復，聞起來越來越臭。第二個洞出現了，在我的小腿上。我全身顫抖，祈禱上帝把我治癒。我變得極度憂鬱，整天待在家裡。爲了讓自己分心，我把丈夫剛剛寫就、四散在桌面的文字拿出來重新閱讀。就在收拾文稿的時候，我看到有個詞寫得特別大：「痲瘋病」。我再讀一遍：沒錯……「痲瘋病」。這是封寫給上帝的信，很簡單的一封信，他在信裡祈求上帝不要放棄我，因爲其他醫生不希望我再和他人有任何接觸。他寫道，他會和我一起到痲瘋病人離群居住的小島上去！

我當下了解我的朋友爲什麼不再來拜訪我。我很害怕。尤提給了我一個吻。我哭了。我們來到這個國家工作，充滿了希望，充滿了生機。我從來不抱怨什麼。我沒有錢買新衣服或是香水，但是這些都不重要。花朵聞起來心曠神怡，穿上我純白的夏天長袍，我還是和那些穿著巴黎最新時尚的卡薩布蘭卡的朋友們一樣優雅。我的丈夫愛我。我能因爲我的痲瘋病就摧毀他的人生嗎？我已經傳染給他了嗎？我應該和一個可以接受我的腳的阿拉伯人私奔。再怎麼慘，我都可以去菲茲❸乞討，可是萬一我把病傳染給其他人，那該怎麼辦？不成，我應該一個人去痲瘋島，去那裡等待東尼歐是否也染上了痲瘋的消息。

我看著腳上的小洞，好比看著自己的棺材。該治療尤提了，我把牠的繃帶都準備好，我也在自己的腿上塗了一些尤提的藥膏。有什麼關係呢？事情又不可能更糟。那一晚，我呼吸困難，滿臉醬紫，發燒不退。我塗上更多的膏藥，然後洗了熱水澡，把長瘡的腳伸到浴缸外不碰水。我一直在澡缸裡待到清晨，我全身出滿了粉紅色的斑點。隔天，同樣的治療過程。不過我腳上的洞口乾淨了。不再發癢了。東尼歐飛行回來的那天，我去了機坪，穿著我的走路鞋，沒拿枴杖……還帶著尤提。他看到小狗復原了，馬上就了解了一切。

「妳擦了尤提的藥？」

「是的，都過去了。不過我全身酸痛。」

我的丈夫雙手將我抱起，把我從機坪抱到車上。

「替尤提看病的巫師在哪裡？」

「在靠近布思貝的地方。」

我們在妓院找到他，妓女們給我們奉上茶。這位阿拉伯人平靜異常。

「你太太和你的狗罹患的病痛就要治好了。必須讓你的太太全身泡個牛奶浴。然後病症就會過去了。」

東尼歐和我一起洗滾燙的牛奶浴。這個藥方有點花錢，所以我們在牛奶裡加了一些山羊奶。不過最後我的病痊癒了。

東尼歐跟我說：

「我會和妳一起去痲瘋島的……我的妻。妳是我活著的理由。我愛你一如我愛生命……」

第三部

1932-1937

巴黎－蔚藍海岸

11 費米納獎

《夜航》終於在巴黎的書店上架了。我們很擔心大家對書的反應。每天我都會買各大報紙，像是《戲劇報》、《費加洛》、《文藝新聞》。我會把好評剪下來，貼在筆記本裡。有時候還貼兩份同樣的報導，因爲擁有這麼多東尼歐的照片，讓我很高興。等到他回家，他會笑著看著這些同樣的照片，同樣的文章。接著，《夜航》贏得了文學大獎費米納獎，也因此成爲角逐龔固獎❶的熱門人選。《格涵卦》雜誌登出了一張有趣的諷刺漫畫，裡面有一個帶雙翅的飛行員正被費米納獎的女性評審們蹂躪。

費米納獎爲了他而變更了開會的日期。一般來說，她們頒獎的時間在龔固獎之後，不過那年她們在龔固獎揭曉前便開了評審會議。對此殊榮，東尼歐和我非常高興。

東尼歐的出版商再度叫他回巴黎。東尼歐開始覺得隨著得獎而來的奔波對他的自由是種妨礙。況且，他沒辦法每個月都向航空公司請休假。因此，他沒有知會我，逕自決定不再當飛行員。一天，他晴天霹靂地宣布我們要離開了。而我，便跟隨他走……

□

這次我們在巴黎永久待下來了。卡斯特藍路上的公寓實在太小了，可是那時又找不到地方租屋，房價高的離譜。要租房子，必須先賄賂門房、付鑰匙的押金，然後跑遍巴黎，結果只是落得一場空。

機緣巧合讓我們找上一處怡人的公寓房子，離紀德住的地方不遠，這間房子還沒租出去，但是很多人都想租。我的丈夫可是堂堂費米納獎得主，於是房東偏心將公寓租給我們。那裡的街道很舒服，公寓望出去是花園，不過我們得等上好幾個月才能搬進去。

東尼歐成了紅人，天天有忙不完的應酬，要拜訪費米納獎的評審女士們，要拍照，要赴約，要應對男男女女的仰慕者。他一天比一天成功。從未謀面的遠房表姊妹們公開她們和這位成功作家的關係。他們甚至跑來祝他生日快樂，這在以前從來沒有過！糾纏不已的女性仰慕者從四面八方圍攻我們。我再也記不清楚所有的名字，我們也錯過了大半的約會。東尼歐不再寫作了，我們的生活在別人的房子裡度過，我們甚至不再獨自享用兩人的午餐了。

最後，他的一位表親帶我們去她的城堡，距離巴黎有六小時的車程。終於有了點綠地，有了點平靜！嬌小的老太太們坐在城堡裡又大又冷的房間的壁爐旁取暖，我內心欣喜若狂。

但是我們的停留很快地結束了，回到巴黎又是惡夢一場。我的先生總是在講電話，連在浴缸裡也講。我的神經再也受不了了。晚上，我們必須旅行到多維爾，翁福勒或是巴加太爾❷，這樣的持續奔波毫無意義。有人談著要把握時機，在法國把《南方信扎》拍成電影，在美國拍《夜航》。編輯、記者、經紀人齊聚他的床邊。我們不再有任何獨處的時光。凌晨三點，當電話終於安靜下來的時候，東尼歐就像死人一樣沈沈睡去，然後，第二天大清早，電話再度開始疲勞轟炸。他沒有秘書，只有他和我，拼了老命。在經歷摩洛哥白色別墅的平靜生活和夜航帶來的恐懼不安，我幾乎變得歇斯底里。他也常常問我：「我們能怎樣？」

在街上走不到十公尺，他便會遇到某位一生光陰都泡在咖啡店的知識分子，像是列昂-保羅・法爾格❸等等族繁不及備載……於是他們接著去喝酒、聊天。這簡直是地獄。再也沒有家庭生活，沒有時間思考。我們好像是在展示櫥窗裡生活……為了大眾而活。

不過，東尼歐太愛天空了。他知道雲朵如何變幻，風向如何詭譎。他看見自己處於一生事業的最高點，但他也知道每個人都在等待，在暗暗觀察，時時刻刻希望這位當紅的明星從令人暈眩的高度摔下……

這就是為什麼之前他決定逃離巴黎的原因。但是現在的情勢比以前要困難多了。西維耶爾，《夜航》裡偉大的西維耶爾，不是別人，他就是朵哈，「航空郵遞」的主管。他正遭遇最惡劣的威脅：他因為捏造的證據及不實的控訴而被判入獄；他被控竊取郵件，從土魯斯「航空郵遞」主管的職位被解職，人們還說他作僞證。在飛航局擔任民航主管的休米耶也遭到指控。朵哈和休米耶，他們兩人的正直可以經得起任何檢驗。報紙寫滿了他們的審判的最新消息。我的丈夫支持他們的立場堅定，他對這兩位嫌犯的信心不曾動搖。他是對的。整件事就好像福爾摩斯探案：眞正的作僞證者最後被發現，朵哈和休米耶因此無罪釋放。但是航空公司已經轉換經營權，現在收歸國有。想要再回「航空郵遞」的飛行員必須符合特別且要求非常嚴格的條件。東尼歐沒堅持一定得回去。一家飛機製造商請他到土魯斯附近的聖羅蘭-德-拉撒朗克❹協助測試新款飛機的原型機。他接受了。他跟我說他找到工作了，該工作有點難度。原型機已經淹死了好幾位飛行員。製造商稍微改良了引擎，想要讓新的試飛員駕駛原型機進行一些新的測試。東尼歐便去了。他給了我他在土魯斯拉法葉飯店的地址，他求我留在巴黎。這時候是冬天，公寓裡却只有兩處有壁爐。我身子太弱，受不了這寒氣，所以他把我安置在左岸一間迷人的飯店，皇家橋飯店。

我有氣喘的毛病。對於這個毛病，我知道的不多，它算是摩洛哥留給了我的最後一份禮物：留在我肺裡的風沙。我沒辦法呼吸，我以爲我要死了。我的丈夫已從土魯斯消失了一個星期。一點消息也沒有，快把我逼瘋了。我請我在中美洲的妹妹過來照料我，十五天後她在勒亞佛港下了船。那天東尼歐正好打了電話來，電話裡，他的聲音總是迷迷糊糊、半夢半醒。晚上，他寫作或是做他想做的事，白天，他在土魯斯工作。他很少駕駛那架原型機，因爲總是機械故障……

□

「小妹？」

「是我。」

我全身在顫抖。

「躺下來。」

「小妹，妳愛我嗎？」

「是的，我愛妳。現在躺下。醫生說妳需要睡眠。」

「小妹，我想和我的丈夫說話。」

「如果妳乖的話，我會把電話拿給妳。」

我可以聽到我丈夫的聲音從遠處傳來：

「好，康綏蘿，我知道妳生病了。妳妹妹會照顧妳的。我不擔心。」

「小妹，我病了多久了？三星期？四星期？噢，小妹，爲什麼我的丈夫不過來看我？」

「因爲他在工作。」

「小妹，我沒有收到我的丈夫寫來的信。他離開很久了。小妹，我知道：他跟我已無話可說了。」

「別胡思亂想。我會生氣的。妳生病了。什麼都不要想，什麼都不要……」

「小妹，我病好了。已經四天了，我的氣喘都沒有發作。妳爲什麼還要我待在床上，還把窗戶都關上？」

「是醫生交代的。」

「小妹，麻煩問他我可不可以起來。」

隔天，我去見了醫生。

「啊，夫人，我通常不會邀請病人到家裡來的。不過妳一個人太孤單了。我請了一位非常聰明的朋友來吃晚餐。答應我，妳不會拒絕和我們共進晚餐。」

「我覺得好不快樂，醫生。我好煩。」

「這種事情連最幸福的夫妻也會碰上的：距離、誤解。兩個人有時候也會日久生厭。」

那天晚上，在醫生家，他的朋友也在。

「讓我介紹一下我的病人，聖修伯里夫人，丈夫是知名的作家和飛行員。她覺得她自己病得很嚴重，其實那是她丈夫不再愛她的徵兆。我允許她下床，並且開始上飛行課程，因爲她想要逃跑，逃到天空中……」

晚餐後，醫生的詩人朋友安德列送我回飯店。這個令我難過的大廳燈火通明。我邀請他和我在酒吧待一會，他很樂意奉陪。我們談了很久。兩人在碰面前的情緒都很低落，但是在這個夜晚結束之前，兩人都感到滿足而愉快。

我去上飛行課程的時候，安德列跟著我去，但是他覺得那課程很荒謬。他給了我一些詩、還有一些很棒的故事讀，不久我便康復了。我想要生活、玩樂、讀更多更多的詩、更多更多的故事、更多更棒的作品。在他身上我找到了魔力。我再度開始夢想。透過他，我找到了回到卡斯特藍路公寓的力量。

□

有天晚上晚餐後，我們回到我家，他把他前次戀愛的故事告訴了我。女主角是個已婚婦人。他對我發誓他絕對不要再愛上已婚婦人。我心情很沮喪：我知道他的用意是什麼。他告訴我他愛我，說我必須去聖羅蘭或不管什麼地方見我的丈夫，和他說再見……告訴他我愛上了另一個男人。那天，安德列以爲我是自由的。

我的確年輕。安德列的迷人天性捉住了我的心。我買了三等艙車票，去了土魯斯。我的先生並沒有如我所預期的來車站接我。我去飯店找他。他拜託我讓他睡到一點鐘。於是我在他的房間裡等，他的房間聞起來是強烈的煙味、久未通風的霉味和飛行配件的皮革味。一想到等他起床我要對他說的一番話，我就全身發抖。在腦海裡，我一直重複著安德列的話。我想要貫徹我的任務。但是，房間裡突然走進了另一位飛行員，是我們的朋友杜伯迪約❺。

「要吃午飯嗎？」他進來便問。

「不了，帶我的太太去吧。今天是星期天。我不喜歡星期天帶我的太太上餐館。你幫我多掙了些時間睡覺，謝了。吃完她就要回去了，順便送她去火車站。一小時內我得出發去聖羅蘭。康綏蘿，再見。親我一下，親愛的妻，也替我親一下妳的小妹。」

「可是東尼歐，我大老遠過來不是爲了這個。我有話要跟你說。」

「我了解。妳可能需要錢。要拿多少就拿多少吧，親愛的。我只要牛奶咖啡和牛角麵包就可以過活了。」

我回到了巴黎。

「啊，安德列，我什麼都沒辦法跟他講。」

「爲什麼？」

「他在睡覺。」

「妳不愛我的，不過先不要跟我說，因爲我可能就信了。那麼，就寫信給他吧。」

「對，寫信我還做得到。」

於是信寄了出去。信一到東尼歐的手上，他立刻搭飛機，回到我身旁。

「對，對。我要和安德列一起走。」

「妳走了我也活不下去。留在我身邊，求求妳。妳是我太太。」

「可是我愛安德列，東尼歐。我很難過，如果我讓你受傷害。我沒有你在聖羅蘭的任何消息。我以爲我對你而言不過是一件東西。一件放在飯店裡的東西。而安德列他愛我。他在等我。」

「那麼就叫他來接妳吧。」

「好，我就叫他來。」

我打電話給他，幾分鐘後，安德列便到了我的房子，還帶了一些朋友。我們聊天、喝酒。東尼歐打著赤膊接待他們，他多毛的胸部讓他看起來很強壯，他滿臉笑容地接待他們。他用一個銀製托盤爲他們獻上茴香酒。我們喝下這杯酒，然後我便一生跟定了我的丈夫。

從此，我們沒再提起這件事。

□

隔天我們飛往法國南部，他必須到那裡試飛那架巨大的水上飛機。我們抵達聖拉斐爾，而我的妹妹則在扮演完她的看護角色之後，航向聖薩爾瓦多的火山。

「東尼歐，你那不想游泳的飛機讓我害怕。」

「我不怕。每天我都在水面多飛個幾分鐘。那飛機嘎嘎作響。妳看見我手臂都腫了，幾乎黑青一片，唉，那是因為我的手必須隨時拉著門，它一直跳開。這架飛機需要一定的測試時數，之後就是製造廠的事了。」

「可是，那艘記錄你飛行的小船、潛水夫、護士、呼吸器、飛在半空中的你，這一切荒唐可笑，卻讓我擔心得兇。你知道的，我寧願你在某個街角開間修鞋店。」

「可是現在我了解了很多事。我不再害怕出遠門。妳像愛你的父親一樣愛我，妳照顧我照顧得比同年齡的妻子還好。再說，妳呵護的是個禿頭的男人。妳看我：我眞的禿頭了。親愛的，今天我就要完成這頭水上飛行怪物的測試。來看看吧，叫它要聽話。」

「好的，東尼歐，之後我們要去哪裡呢？」

「到別的地方飛吧，只要是有工作給我做的地方。我喜歡暴風雨的夜晚，勝過巴黎的咖啡廳閒談。飛機是唯一可以拯救我自己的方法，妳千萬不要恨它們。如果我參加長途飛行贏了大獎，我會給妳買一架「西蒙」小飛機。妳想要什麼顏色的呢？妳可以在裡面裝個小吧台，放進一些彩色的靠枕、花束，然後我們可以走的遠遠的，開著它去環遊世界。」

「是啊，東尼歐，我熱愛夢想，不過是在地上。在空中，我一想到你在長途飛行時孤單一個人，我的心就往下沈。如果有天你受傷得很嚴重，而我又沒辦法趕到救你，我會發瘋的。」

「我們總是救得了我們所愛的人，只要用整個人深深地愛他就好了。」

「這我知道，東尼歐。」

「好了，時候到了，我該走了。請原諒我，十分鐘內我就得升空了。明天我就可以領到飛行的獎金……這是我們的好機會，我們會變得很有錢，很有錢……想想一旦我制服了這頭怪獸，妳要給我什麼禮物吧。」

這時候美國經濟大蕭條，蔚藍海岸門可羅雀，已被忠實的訪客拋棄。儘管如此，飯店還是照開。服務人員還是要養要付薪水，而且法國本地的客人也許可以趁機享受。不過大部分時候這些富麗堂皇的大酒店都是空蕩蕩的。我的丈夫讓我住在「洲際飯店」。他的家族全都住在蔚藍海岸，只要一個房間的錢，我們便擁有整層樓的全套服務，而且每個房間都有壁爐。眞是奢侈啊！我丈夫的朋友全都是軍機飛行員，他們傍晚時會聚集在我們的地方喝雞尾酒，大家一起唱著傳統法國民謠。

東尼歐不在的時候，我看著這些空房間，看著這些空前的奢華。我的狗在一間間套房中奔跑嬉戲。我心裡想，眞是平靜啊！眞是安寧！

突然間，我聽見一聲巨大的刺耳噪音響遍全城。單單的一聲巨響。每個人都跑到窗口，我也是。我眼前只見海水像朵雲一樣地躍升到空中，然後很快地再落下，彷彿被大砲擊中，水花四濺。我觀看著海面的時候，我的狗跑出去逃命了，我也跑出去追牠。這個小王八蛋發現了另一隻哈巴狗。我生氣地抱著尤提回來，然後從我的窗戶往海面看出去，就在陽光灑在冰冷的水面時，我慢慢地了解，剛才那朵驚嚇到聖拉斐爾居民的雲狀水花，其實是我丈夫的水上飛行怪物造成的。它擊中水面速度之快，激起了好幾公尺的海水，然後海水再隨著那聲嚇壞全城的巨響墜回海面。夜晚降臨了，海面重新回復平靜，靜得像是死海一般……我在窗前再也動不了。我不知道我在那裡待了多久，動都不動。有人在敲門，但是敲得如此輕，連我的狗都沒有發出叫聲。這眞奇怪。我正猶豫要不要費這個神起身，索性讓他們敲大聲一點再說。過了一會兒，我走去開門。有人用擔架把我的丈夫抬了進來，就像個傷患一樣。我們把他放在床上。醫生已經開了各式各樣的藥讓他服下，用了人工呼吸器、氧氣等等。他們留我一個人陪他。

「啊，東尼歐，你墜海了。你全身凍得像冰。你的褲子全都溼了，弄的床鋪也溼了。我的小可憐，我在這裡，讓我替你按摩按摩，暖暖身。」

我情急之下拿起了手邊的第一個瓶子……那是瓶純的阿摩尼亞，是我拿來給小狗染金毛用的……

啊，這會讓你的胸口暖起來，你的全身好冷啊！

他多毛的胸口吸收了阿摩尼亞，直到阿摩尼亞的氣味嗆得我受不了。阿摩尼亞比古龍水的效果要好。阿摩尼亞在他生死垂危的時候進入了他的肺，讓他的支氣管對這刺激有了反應。他開始呼吸，動了動身子。海水從他的鼻子冒出來。

我滿心恐懼，開始大叫。

「救命！我先生要死了，大家只留了我一個人！」

不過東尼歐奇蹟似的醒了過來。我抓住他的頭把他拉到浴室，像是在拖一具大洋娃娃，還撞到他的頭蓋骨，血直流到浴缸裡。有一個飯店裡的服務員過來幫我。我們把他泡在熱水中。我想用這滾燙的水幫他暖身子。他叫出聲來：

「哎呦，太燙了！你們要我的命嗎！」

「可是，親愛的，這對你才好。」

「我還穿著衣服呢。」

「是啊，不過那又怎麼樣？」

「幫我把褲子脫下來，現在我全身僵硬。」

「好了。你掉進水裡面了。」

「啊，我記起來了。讓我告訴妳發生了什麼事。我的水上飛機不聽話，我沒法兒讓它在水面順利降落……我好冷啊……」

「可是，親愛的，你可是坐在滾燙的熱水裡呢。」

馬爾維爾船長跟著那位服務員上樓來看我，接著記者也來了。電話開始瘋狂地響起來，每個人都想要專訪……幾小時之後，我們在空軍基地開了個派對慶祝東尼歐生還。我們在桌上跳舞、歡笑。但是在那天之後，東尼歐晚上便不想睡覺。他把鼻子壓在窗戶上，而我就穿著睡衣站在他身後，拉著他的手把他往床鋪拉去。他會一次又一次的起來。我又會過去把他從窗邊帶回來。這樣子持續了一個月……也許兩個月。

他彷彿死了。他死過了一次。現在，他認識死亡了。

12 對於自己的死，他的自述

死很簡單，他跟我說：

淹死很簡單。讓我來告訴妳。你不會有多少時間去習慣不再有氧氣可呼吸的這個念頭。妳必須把水吸進肺裡。不可以咳嗽，水也不可以從鼻子進去。就像我經歷過的一樣，當妳吸入第一口水時，就會輕鬆下來。水是清涼的，之後就一切順利。我意會到我和我的飛機墜入水裡。海水早已灌滿了駕駛艙。如果不立刻脫身，我就會淹死。如果找到一處門是開的，游回水面，我就能逃過死亡。我離岸邊不遠，即便很疲累，倒還游得動。救生艇會看得到我。我伸手摸索，先是右邊，然後左邊。費了我好大的勁啊！我感到四周一股巨大的空洞。我的手摸不到任何東西。太暗了，我不知道我的位置在哪裡。我的飛機倒著沈進水裡，我自己是頭下脚上。我想到了前一天妳向農民買的那隻火雞，我還開車把火雞運回米哈朵。妳想要在我們自己的家過聖誕夜。那隻火雞在等我，我不能淹死。我想要鑽身通過手摸到的一處開口，可是腳卻卡在某種金屬物品中，彷彿腳踝被鐵鍊拴住。我身上的確有把刀，但是等到我把自己的腳砍了或是把鏈子切了的時候，我人也窒息而死了。我決定聽天由命，但想讓自己的姿勢舒服點。那時我不管我的頭朝下。我對自己說：「我想要平躺著死去，走著瞧！」我粗魯地收起雙腳，然後決定一旦姿勢調整好，就要吞下第二口水。我強迫雙腳移動。卡住的那條腿鬆動了。我費了超出常人的力，把自己從之前摸到的開口處拋了出去。那是通往乘客艙的門。我邊游著，邊嗆水，感覺到自己正使勁回轉身子。我的身體自行反應，直到頭上腳下。我終於能站立，頭撞到天花板，流了血。但是上方還有一小塊的空氣……我吸了一大口氣，這時，我才認知到我的處境。

我身處的原型機的上層部位像敞篷車一般，裡頭坐著觀察飛行狀況的工程師和機械師。在墜落的過程中，他們兩人被拋出飛機，落入海中，沒被困住。「照料」我例行測試的救生船看到他們落海，立刻趕過去把他們救起。那名機械師很熟悉這架原型機，它淹死了很多工作人員。上一次，在馬賽附近，他們因爲沒辦法從飛機脫身而淹死。那時離岸邊不遠，但是金屬結構在墜落時發生扭曲變形，所有的門都卡住了，所以即使離岸邊如此的近，這些人因爲打不開門而死。

獲救之後，這名機械師立刻盡全力勇氣十足地潛到海底。或許是出於他爲這款原型機進行了多次測試的習慣，也或許是運氣，或許只是上帝的旨意，我不知道：他一潛下去便摸到了墜海飛機的機翼。他努力用手拉扯想把門打開。他需要空氣，便重回海面。他所能做的也就是這樣了。其他人都趕過來救他。至於深陷海底的我，我聽見一聲隱約的聲響。透過那道他用力打開一點點的門縫，我看見一道暗綠的光線照進我身處的乘客艙。我試圖思考。水已經高到我的嘴巴。我把鼻子緊貼天花板，想要吸進飛機裡最後的幾口氧氣，試著多爭取幾秒鐘。從頭部傷口流下的血讓我口腔的味覺醒了過來。我了解唯一自救的機會是把自己投向那道綠光。那道綠光除了是海底也不會是別的了，是寬廣的大海。

如此我便能從這座鋼鐵監獄脫身，回到海面。我鼓起最後的力氣，檢查了發疼的膝蓋和雙脚，雙手握緊又鬆開，然後對著天花板大吸一口。這一口氣讓我笑了起來，因爲這就好像是對這架想要淹死我的機器的道別之吻。我把自己投向綠光，很快地便置身在地中海清澈的海水中。我浮出表面。救生艇看到了我的手，便把我從大海裡像條魚一樣撈了上來，我沒有知覺、全身僵硬，彷彿死了一般。護士、潛水夫以及那名機師一起替我施行最初步的急救。他們忘了帶呼吸器。我的心不再跳動……有點太遲了。就這樣他們把我帶來妳這邊，妳留宿的這家飯店。在這裡，妳爲我施行的阿摩尼亞按摩讓我已睡去的支氣管甦醒過來。

生命，我的嬌妻，喔，康綏蘿，是妳撿回我的生命。

13 「馬克西姆-高爾基號」

我的婆婆瑪莉・德・聖修伯里，有天帶我們到東尼歐成長的城堡。對於這座古老的鄉下城堡，東尼歐在《南方信扎》裡有美麗至極的描述。寬敞的沙龍裡鋪設的拼木地板閃閃發出只有法國人才知道如何維護的光芒。地板是由相互交錯的小塊木頭拼成，經過許多腳步的撫摸和打過知名的法製地板蠟之後，表面平滑得像是一面光可鑑人的大托盤。聖莫利斯的圖書館擺滿了氣派非凡的紅色毛氈及領主特有的傢具，看起來好像是神仙故事裡才有的東西，還有那長長的階梯，彷彿通達天際。這個緯度地區的光線打在樹上所造成的陰影，讓日落散發著魔力。

鄰居們都來看我們，親吻我們，再度祝福我們幸福快樂。

雖然如此，東尼歐却必須思考他的飛行員生涯了。我們在聖莫利斯的高大樹林間渡過的假期即將結束。一天早上，我們必須返回巴黎，回到巴黎我們在夏那蕾路上的新公寓。我們的新家光線充足。房間的比例不錯。牆面漆成綠色，是早春森林的綠色。我在窗戶上掛起淺綠色的䋛網窗簾布，一次買一塊慢慢掛滿，因爲我們那時候蠻窮的。但是我們人在一起很快樂。東尼歐則休養生息。他會在公寓裡走來走去好幾個小時，什麼事也不幹，看看我，跟我說說話……家庭主婦由我來扮演，認眞而稱職。

在一樓的三間小房間裡傢具簡單，只有電話響個不停，要營造親密溫馨的氛圍需要花很大的力氣和想像力，以及一個全神貫注、充滿愛意的年輕妻子全部的勇氣。

努力一星期後，我感到非常疲憊。我們的女傭回來了，但是她會順手牽羊，被東尼歐逮到。後來換了個阿拉伯男人取代她。這個阿拉伯人很崇拜東尼歐，因爲如此日子也顯得比較好過。有了這個龐大的阿拉伯僕人，東尼歐高興的像個小孩，這讓我們想起在摩洛哥的日子。現在我們辦派對，這位僕人會準備超大盤的古斯古斯（譯注：北非菜，把小麥做成麵團，再磨成類似小米的顆粒。可佐各式燉菜。），大家坐在地面吃，請二十個人吃都飽。我們一起閱讀，一起歌唱。

但是我們眞的很缺錢。東尼歐努力準備一個電影的題材，但是這並沒有帶來任何收入。

「康綏蘿。」他跟我說：「妳很淸楚我不能把我自己關在屋裡苦等慈悲的上帝降下大把大把的黃金。」

「那是有可能的，東尼歐。你的書賣得很好。你的電影劇本在很好的經理人手上。等著瞧吧，他們會帶著大把大把的黃金來找你。」

「我厭倦了無所事事。每天起床的時候，妳都會替我在唱機上放一張唱片，眞好。而且我眞的喜歡巴哈，眞的。但是我已經開始感到厭煩了。儘管我眞想作個像他一樣的作曲家，不用文字來表達，用的是只有上天特別眷顧的人、眞誠奉獻的人，還有詩人才懂得的祕密語言。我常常想人類之間是不是存在著不同品種的人。」

「是的，東尼歐，我相信我們彼此之間都不相同。對我來說，一朵花、一塊白色的桌布，以及你的腳步聲便足夠了。我喜歡聽你的腳步聲，喜歡的程度不輸你喜歡聽的巴哈。你的腳步聲對我說話，對我解釋生命。你是我的 sol，你是我的 fa。透過你，我更快地接近上帝。」

「對我來說，妳是我的小孩，哪怕我不在妳身邊，哪怕只有一天。當我永遠飛走的時候，我會握著妳的手。不過妳不可以表現的像是個脆弱的小孩，一把鼻涕一把眼淚地看著妳的守護人。我必須離開，離開，離開……」

□

有一天，一位女士不請自來，毛遂自薦要作東尼歐的經紀人。她說她會教他寫電影劇本。東尼歐要我讓他單獨和這女人出去。我不懂爲什麼我不在場，他才能學習，但是我信任我的丈夫。他們總是一起出去，去咖啡店和其他的地方，花很多時間在談話。不過東尼歐卻沒動筆。我獨自一人在綠色的四面牆之間受苦。

我們的一位朋友請他替《瑪麗安》❶雜誌寫文章。東尼歐說他不知道雜誌文章怎麼寫而拒絕了。我們還是有房租要付，已經積欠了兩個月。東尼歐於是翻遍他的文稿，找出了一則短篇小說〈阿根廷公主〉（"Prince d'Argentine"）。他們收了他的文章，並且付了錢。於是他又交出一則。而我呢，盡量把自己縮小，變得簡單、溫柔，漸漸地，我終於能讓他在書桌前坐下來寫他的電影劇本。他很快地投入手上的工作。他喜歡他劇本裡的人物，而當仰慕者前來敲門求見時，他覺得受到打擾。他和他的人物一起旅行、飛行、死亡，這段時光是我們家裡的幸福日子。不過，哎，我知道好景不常。

他受邀到莫斯科訪問並寫一篇報導文章。這個主意讓他很興奮。

「我要走了，康綏蘿，我明天要去莫斯科。我需要親身觀察這個民族和這個演變中國家的情形。被妳的緞帶綁在家裡，我感覺像是被去勢了一樣。」

我可憐的緞帶！他要我把綁在頭髮上的那條給他，好放在皮夾裡隨身攜帶。他的臉龐已經遙不可及，帶著好比用木頭或是鋼鐵雕刻出來的漠然。他的心已經在莫斯科了，正分擔著當地五年計畫發展的困難。他不時會說出一些他心裡的想法。

「我知道俄國人有很好的飛機。他們在作高等研究。他們很強。」

「是的，東尼歐，俄國人是很強。他們忘記了他們的歌謠，忘記了愛。我聽說他們不再有家庭了。小孩子打從出生便被安置在托兒所。」

「現在那應該是眞的。他們需要所有的力量來準備一場大爭鬥，沒有時間唱歌或是愛人了。不過有一天他們會重新找回他們的音樂、他們的歌曲、他們的女人、他們作爲男人的生活。很抱歉我不能帶妳去。我會把一切都告訴妳。巴黎和俄羅斯之間的電話線路很好，也不貴。每天晚上我會跟妳講我當天的所見所聞。替我打包行李吧。」

出發之前，東尼歐給了我一些錢。這次他的離去並沒有讓我傷心。我會在這間房子裡多多作些佈置，準備一些驚喜等他回來。

我還決定在宏松學院❷上幾堂雕刻。雕刻家馬友勒❸鼓勵我學雕刻。學院便是我的「俄羅斯」。一天日落時分，我正和學校朋友一起喝佩諾茴香酒，却聽到報紙小販的喊叫聲：「致命意外。俄國的大型飛機『馬克西姆-高爾基號』墜機了！所有乘客都罹難了！」聖修照理應該在「馬克西姆-高爾基號」上頭。爲了寫文章，他事先就計畫好要駕駛這架飛機。我的眼睛除了報紙的標題以外什麼也看不到，耳朵充斥著賣報小販爲了招徠顧客綜合了所有當日新聞的叫賣聲。

結果，我的先生在墜機前一天的確搭過這架飛機。這又是他生命中的另一個奇蹟，因爲他原先預定在失事當天駕駛這架飛機的。那段期間，俄國人嚴密保護他們所有的機場。他們已經在爲對抗德國的激烈戰爭做準備。不過他們發現東尼歐眞心熱愛飛行，機場的主管等不到隔天便急著向他展示他們發明的超大玩具。多虧了他，東尼歐在悲劇發生前一天就自己與「馬克西姆-高爾基號」的機組人員飛行過了。我把報紙放在膝蓋上。我的一位同學把報導念給我聽。逐漸地，我從他的表情中猜到我的丈夫並沒有登上這架墜毀的飛機。

我回到夏那蕾路，人一直守著電話，等著聽我那個小丑丈夫的聲音。一如之前幾晚，電話準時打來。於是當晚我得以安眠，不斷夢到他發現的嶄新地平線。

早上，門房把我叫醒。她用最尖酸的語氣催促我馬上把衣服穿上。我的公寓被扣押了。所有傢具和我珍愛的一丁點東西都將隨著高亢的叫賣聲當場拍賣。我說服他們寬限我幾小時，不要把傢具堆在街上，並讓我待在公寓裡等我的丈夫打電話過來。

他的電話準時打來。當我告訴他白天發生的事情後，他笑著求我原諒，他忘了事先警告我。

「我口袋裡有一封信能夠把一切解釋清楚。」他補充說：「無論如何，我們的傢具都是一文不值的。這次扣押的結果可以讓稅捐處滿意，我們也不用爲了我在布宜斯諾斯艾利斯那幾年所賺的錢再繳鉅額的稅款。」

他繼續說：

「此後我就清白了，以後我們每年報稅的時候要格外小心。請在皇家橋飯店租間小房間，我很快就會來找妳。」

毫無疑問地，住在飯店讓我們的生活更加暴露在公眾面前。他那篇關於俄國的文章刊登在巴黎的晚報上，又更擴大了仰慕者和奉承者的人數……我們兩人的親密生活慢慢地瓦解。

14 航向東方

「康綏蘿，康綏蘿。好無聊啊，無聊得要命。我不能整天坐在椅子上，或是窩在咖啡店裡。我有腿，我需要起來走動走動……」

「我知道，東尼歐，都市讓你厭煩到想吐。你喜歡你同伴是因爲他們從事的活動，你並不了解我們所謂的甜美生活，也不了解單單談論天氣好壞的美好時刻。對你我來說不幸的是，你是屬於那些不甘寂寞的人，總是需要奮鬥和征服。離開吧，那麼，離開吧。」

我感覺東尼歐是在爲全人類受苦，他想要以某種方式讓他們更好。他是個選擇自己命運的人，但這種本能所需的自由的代價很高，他知道這一點。

再也沒有冗長的晚宴了，再也沒有跳舞的夜晚了，再也不會在派對中迷失了自己。我們不會再多給他一秒鐘了，因爲某種神聖的力量或許已經把他變成一粒種子，註定要在這片大地上播種出更好的人類。在他奮鬥的過程中，他需要協助——在自我重生、創作寫書的痛苦過程中，在那些讓他煩心的日常瑣事之中，以及當他周圍的人還猜不到他的內心能和上帝溝通的時候，他都需要協助。

那時候我還很年輕，並不完全理解這一切。我觀察我丈夫的方式就像觀察一棵大樹的成長，從來沒感覺到其中的變化。我撫摸他，就好像撫摸我花園中的一棵樹一般，我希望最後能長睡在這棵樹的涼蔭下。

我已習慣發生於我這棵樹的各種奇蹟。他對於物質世界的一無所求，在我來說已經變得理所當然。我們則活在能發現更好的世界的期望之中，那個世界並不是遙不可及的。

每天晚上在我們的皇家橋飯店小房間裡，他反覆打開、折疊他的地圖。他跟我提到巴格達、尚未發現的奇異城市，以及那些應該是住在亞馬遜流域某處的白色印第安人。

「康綏蘿，妳相不相信在河川大洋中有水道，和我們有同樣思想的生物來來去去，只是呼吸方式和我們不同而已，而且他們的身材比例可能是有彈性的，我的意思是說，他們可以瞬間變大縮小？」

「當然相信，東尼歐。」我說，放任想像奔馳讓我心神蕩漾：「我認爲那些鯨魚，那些我們見過的巨大魚類，不過是大海中的小石頭、蚯蚓。我相信你想像的這些人物在水裡的行動比我們在陸地上還要容易。或許，就在這個時候，一個像我一樣的女人，全身長滿眼睛，她天生感官比我靈敏許多，心中正好有著我們剛剛聊到的想法。也許她幻想：『在地球上，會思考的生物一定很難生存。那裡有這麼多的青綠大地，有這麼多的植物、石頭、礦物這些好堅實的東西！樹木長得大到沒有空間讓其他生物生長、繁殖！』」

「小康綏蘿，聽我說，我想要離開。我要從巴黎飛到西貢，馬上我就會在那裡替妳找到一間小房子，那樣妳就可以過來，講故事給我聽。」

「西貢可離巴黎很遠，東尼歐。」

「是的，我的妻，可是現在的飛機安全多了，飛得也很快。我好想去中國啊。」

「因爲你喜歡中國女人？」

「是的，康綏蘿，我喜歡嬌小安靜的女人。我會找十來個小人兒圍繞伺候著妳，讓妳像個女王一樣，那樣妳就可以和她們玩耍，妳就永遠不會孤單了。」

□

一九三六年一月的某天晚上，我煮好準備灌滿熱水瓶的濃烈黑咖啡。這可以防止他在巴黎西貢的長途飛行中打瞌睡。

「幾顆橘子應該用得著。答應我，東尼歐，你不會飛越水面或是看起來像水的東西。我眞呆，還告訴你我心中的迷信，但是我不認爲水喜歡你。」

「也許，相反地，水還喜歡我呢。地中海讓我像條魚般的游來游去，記得嗎？妳對水太不公平，親愛的。不要給我橘子了，比起來，我還比較需要更多的燃料呢。我連外套都不想帶了。」

「啊，東尼歐，我眞希望現在已經是春天了，而我們都已在西貢，住在一間滿是鮮花的房子裡！」

「等春天到了，妳就可以盡情餵我妳想餵的橘子，而那些嬌小的中國女人會像在法國摘櫻桃的女孩一樣替妳摘橘子。」

我們的飛行員朋友盧卡斯❶和機械師沒敲門就擅自闖了進來。他們說話的口氣嚴肅低沈，這種口氣，是只有爲了東尼歐好幾天、好幾夜的飛行而通宵達旦、極其細心地策劃飛行路線的他們才會有的。他們都覺得自己對這個老哥哥有一份責任，這位老哥哥正像隻小鳥唱著〈櫻花盛開時節〉(“Le Temps de cerises”)，向我吻別，臨走前又要了一塊巧克力，彷彿他只是要出門到郊區似的。

我們笑著唱著穿越巴黎。我告訴他我不想整個春天都待在西貢或是中國。他得趕快把我帶回亞給，我已經和他的母親和姊妹相約在那兒見面。我不確定東方的海會像地中海一般溫和，適合游泳。

《堅毅報》、《巴黎晚報》❷和別家報紙的記者在跑道上仔細研究他的每一句話和每一個動作。我的丈夫是個眞正的巨人，讓我很難緊貼著他站著。記者們做他們該做的事，拍了我們親吻和揮手再見的照片。引擎發出隆隆聲，接下來便是一片空蕩。

等待開始了。我不再唱歌，也不再歡笑。我擺脫了每日例行的家務，我那顆女人的心已經顯得一無是處。

□

巴黎還在沈睡之中。我請求我的朋友讓我獨自在香榭大道散步一會。我在凱旋門繞圈圈，生平第一次感懷萬千地走近爲紀念無名戰士而點燃的火焰。我沈思了一會，爲這些在戰爭中消失的人們禱告。我也替我自己禱告，看著城市緩緩甦醒，恢復都會的繁忙倥傯。起初先是一些行人，然後是還沒有回家的最後幾隻夜貓子，然後是在火車站和大市場裡忙碌的工人……

接著是看來已年屆中年的婦女走在去別人家打掃幫傭的路上。她們的腳步節奏和她們的眼神都類似。八點鐘，侍者開始打開咖啡座的遮陽篷。我守候著他們，想來杯牛奶咖啡。

怎樣我才可以是有用的？我的角色到底是什麼？我最迫切的責任是什麼？等待，等待，再等待……

上班前停下來喝杯咖啡的職員臉孔在我面前閃過，分散我的注意力，不再專注於心中的焦慮，讓我停止憂慮不在身邊的東尼歐和他可能冒的險。

而他，他已經穩穩地飛上了天空，正航向東方。

15

「是我，是我聖修伯里，我還活著。」

我的丈夫將要連續飛行好幾天，越過沙漠，越過那在我的想像中、像在聖經中記載的無窮無盡沙漠裡不斷擴大的奇異城市。

我懷念起我在薩爾瓦多的故鄉，那時我看著巫師抓耙乾燥的地面尋找水源，好比雄性動物聞到雌性的氣味。等待雨水的過程非常磨人，草原已經乾枯，牲畜因爲缺水而死亡，地震的緣故讓水隱身、消失得無影無蹤。農民很擔心，把所有的希望都寄託在巫師身上。卜杖上面顯現的答案攸關整個國家的生死。河床乾涸，河水已經隱遁在地底深處或是別的地方，誰知道！我看見整群牲畜躺在地上等死，我聽見牠們齊聲的垂死合唱。頭上的天空却是一片蔚藍，熱帶陽光撒遍整個國家，不把人類與動物的最後一絲希望放在眼裡。在這些熱帶地區痛苦的日子裡，擁有土地的人會藉著月光聚集在一塊，燃起巨大的篝火，庭院一片赤焰，大家煮起咖啡，唱出祈禱，希望天降甘霖。奇蹟常常發生，渴望已久、寶貴的雨會使成千上萬的羊兒恢復生機，再次站起。在這群如此唱歌祈雨的人當中，沒有人能確定明天誰窮誰富。平等是由命運所決定的。這片土地上，今夜可能有露；而在另一個夜晚，有的可能是乾旱、饑渴和死亡。

對我來說也是一樣的：必須要祈禱、唱歌、等待、等待並且期望。我試著想起祖國最乾燥地區農民他們的尊嚴……

因爲我現在就身處乾旱之地，處處是考驗。他最後會成功還是失敗？

工程師報告的複雜數據對我來說毫無意義。我根本不在意。我的唯一希望寄託在我們的青春，對我來說是永恆的青春；寄託在我們純潔的愛情，它是那麼的純潔，一定能感動上天。我的希望全放在他強壯的雙手，他的手知道如何把全身的重量、勁道、活力投入在未知天空中流動的氣流。只有他知道如何用這種方式飛行，飛向神奇的東方。

我往我的一個畫家朋友安德列・德杭❶的工作室走去。他正等著黎明以及一天最初始的光線色彩，在他的模特兒的頭髮、嘴唇、袍子上頭創造出光影奇蹟。我很淸楚他的習慣，於是無聲無息地溜了進去。我吸進他正在一具大型煤炭爐上煮著的咖啡香氣，另一邊一位非常年輕的女孩，全身赤裸，乳房初綻，垂下了頭髮，好讓她自己顯得更裸露些。我在工作室的老舊紅色扶手椅上坐了下來。我想那天我一定連心跳都悄聲無息。這位偉大的畫家來回踱步，對著他那只大杯牛奶咖啡吹氣，察覺到早晨最初的幾道光，一隻手指觸摸他的模特兒的長頭髮。就這麼來來回回幾趟後，他終於發現了我。

「是妳，康綏蘿，這麼早就來這裡了？」

「是啊，我的丈夫出門長途飛行了，這麼早我不知道有哪裡可以去，所以就來你這兒坐坐，希望不會打擾到你。」

「等等，我想把妳現在這個樣子畫下來，不要動。」

「啊，不要。我承受不起。你知道，我的丈夫日日夜夜都將在空中渡過，誰知道呢？或許會是一輩子呢！」

他了解我目前處境的嚴重性，因爲他很喜歡安東這個朋友，於是叫模特兒給我倒了杯咖啡。

那一整天他都沒在工作。我們聊著飛行員，他們的單純，他們用自己的生命當賭注涉險的生活方式，他們如何對同伴的死缺乏記憶。對他們來說，遇上怪風、陰風、不可抗拒的風，是再自然不過的。事情對他們來說是這麼的簡單……

那天，在德杭和他的模特兒眼中，我成了一種比單單女人還要有生命力的東西。我的身上包含了另一個人的全部生命、另一個人的信仰，集中於我心底的一份愛。他們把一整天都奉獻給了我。傍晚的時候，我們的飛行員終於首度傳來音訊：一切安好。

「萬里無雲。無風。前進。」這就是東尼歐發給我的電報！

等待的第二天沒有任何消息傳來。毫無希望。我熬夜沒睡，放在我枕頭邊的電話成了啞巴，動也不動。傍晚的時候，來了一些朋友，等待中的靜默開始令人擔心，再也沒有消息。每個人臉上都透露出災難，靜默在我們周圍愈擴愈大。

第三天，所有報紙的頭條都是：「聖修伯里失蹤於巴黎—西貢飛行途中❷」。絕望。悲傷。焦慮和痛苦讓我柔腸寸斷。我預感極大的不幸就要來臨。我不想要他離開，可是我整個人卻全心鼓勵著他去飛行。

接著來了一則訊息，一則重大、可救我一命的消息：「是我，是我聖修伯里，我還活著。」

我即刻和他的母親前往馬賽，經過長途壯舉，他將被送回國，在那裡靠岸。我們兩人站在舊港區等船，身邊都是朋友、好奇的觀眾，混雜等著捕捉他第一個微笑、第一個表情的新聞記者，好登上頭版。

他的船延遲了好幾個小時。他的母親和我之間對彼此該說的都已經說完了。一種巨大的疲憊感席捲我們兩人，手臂、甚至全身都可以感覺得到。接著一聲汽笛響起，代表失蹤的東尼歐終於要被還給我們了！

當下我叫了出聲：

「不，不可能。我再也見不到他了！」

我轉身就跑，敏捷得像頭羚羊，不過我的一位朋友抓住了我，用盡力氣把我拉回來，對我說：

「妳可是瘋了！」

「沒錯，我等瘋了，我害怕，我再也無所求了，對世間毫無所求了。他活著，他還活著，這就是我想要知道的全部，現在，現在我可以走了，我想到遠方去，到一個不用再等待的地方，什麼也不用等的地方……」

一陣淚水讓我平靜下來。沒多久，我的丈夫便把我摟在他的懷中：

「看妳淚流滿面的，看起來像個小丑！各位先生們，替我的太太拍張照吧！」他說，轉身面向記者：「她今天看起來不漂亮，她正大發脾氣，就讓我和她獨處吧。只有我才能夠拯救她。」

他接著在我耳邊低語：

「讓我們去飯店吧，就我們兩個。別怕，有我在。我有好多故事要講給妳聽。船進港的時候，妳眞的轉身就跑？妳眞的想逃開？妳眞的要我挨家挨戶地問妳在哪裡？就算踏遍全世界我也要把妳找到，不管多渴，只爲了再見妳一面。妳爲什麼想要跑開？」

「我眞的看起來像小丑？」我問他，緊緊地窩在他的身旁。

「沒錯，妳的鼻子大的像鳳梨，不過等一下妳就會變得很漂亮，非常漂亮。妳會在我的臂彎裡睡著，安靜地睡，而我會帶妳去看看那個放我一條生路的沙漠。我不會再離開妳了，永遠不會。」

我的婆婆對我們宣布，有一些朋友今晚將替我們舉辦一場精彩的晚宴，我們應該打扮打扮赴約。

「現在正在打仗呢，媽咪。」東尼歐回答說：「我太太和我打算就穿這樣赴約。」

他用他那雙大手指著他身上的運動服和我散亂的頭髮。

我的婆婆只好妥協，但並不完全放心。

□

我不清楚我們怎樣回到巴黎，是怎樣來到一間位在瑞士迪翁溫泉的診所。我只記得有一位醫生叫我洗非常熱的熱水澡，用來鎮定神經。

到最後我可以正常睡覺了，也可以笑了，於是我寫信給我的丈夫叫他來接我。我的毛病醫好了，我不再想逃避，只想待在他的臂彎裡。

我也沒變成一顆從樹上掉落的果實，而是一粒渴望被播種的種子，永永遠遠地種在土地上。我想要活在我丈夫的心中。他是我的星星、我的命運、我的信仰、我存在的目的。雖然我長得嬌小，但我身上有一股無窮的生命力量。我的眼睛收集了全宇宙所有的星光，只爲了讓他沐浴其中。

這樣的愛情，是種嚴重的疾病，一種永遠無法痊癒的疾病。

很快地，我變得不講理、善忌、脾氣壞、難以相處。但是，面對那些每天在東尼歐的筆記本上登記、等著參加他在巴黎出席的雞尾酒會、午宴及各種會面的女人，我不想讓步，更不用說擺什麼笑臉。我懷念起上天讓我成爲東尼歐的妻子時所賜給我的那片晴空。我變得很壞。我沒辦法忍受那些故意假裝害羞的年輕女人，那些請他在照片或是書本上簽名的年輕高中女生。更別提對於那些膽敢侵犯我們親密生活的女人，我會做出什麼樣的舉動了。

不管怎樣，這場仗我都是輸家。東尼歐需要更多溫和、更加溫柔的事物、更輕鬆的「行李」，不論走到哪裡，都可以輕易放下……

16 診所

我很不快樂，不快樂到了極點。我向每個人傾吐：我的裁縫師、我的醫生、我的律師、我最好的朋友、甚至是整個巴黎。我以爲，理所當然的，整個巴黎都會可憐我，都會保護我、安慰我因愛情所受的苦楚。那時的我年輕天眞。拿破崙說：「在愛情的傷痛之中，逃脫是唯一的解藥。」今天，我終於領悟了他的感受！

我已經到達臨界點了。我的一個朋友把他單身公寓的鑰匙借給了我，好讓我去那裡盡情哭泣。我不再感受到愛意。我變成這樣的一個女人：一個沒人愛的女人。我還剩下一些力氣，一些只夠讓我不在僕人或是幸災樂禍的人面前落淚的力氣。當我再也支持不了的時候，我就去朋友的公寓發洩，哭到我覺得舒服爲止。一到那裡，我就脫掉衣服，開始哭泣，一直哭到鐘響時間到了，該回去盡我身爲女主人義務的時候爲止。我的不快樂讓我忘了什麼是休息。

東尼歐聽說瑞士有個診所可以治療睡眠問題。不消多時，我便被送了過去。

位於伯恩的診所像座監獄：我的房間除了一張床以外，空無一物，連張桌子也沒有。晚上會有很多步行的活動，目的是爲了讓病患感到疲憊而想睡覺。當我沒辦法放鬆的時候，兩個像凶神惡煞的女看護會在半夜走進我的房間，一人一邊抓緊我的手臂，強迫我在花園的小徑上走來走去。我決心要把她們累壞。我可是學過如何在沙漠中徒步行走的！當她們的力氣快用盡的時候，會把我帶回床上，建議我如果想再到花園走一圈，就把她們叫醒。我平躺在床上，稍微小憩一會兒，便叫醒她們說我想要去外面走一走！我已經徹底熟悉花園裡的各條小路。我跟她們講起各式各樣的樹，以及我一生中所有的旅行。

「我們何不去城裡走一走，換換風景？」我向她們提議。到了早晨七點的時候，她們已經癱在我的身上了。

隔天，院方派了另一個女看護和一個矮壯的男人照顧我，這兩人的確精力十足。經過三星期強制消耗體力的活動，我還是無法入睡！

□

一天，我的丈夫在午餐時間出現了。他被帶進餐廳，那裡的每張桌子都編了號。我連吃下我那份馬鈴薯的力氣都沒有。一個熟悉、有點粗魯的聲音叫我：

「康綏蘿！」

三個星期了，他對我置若罔聞，不然便是他寫來的信遭到扣留。所有的恨一時間都湧上心頭。他的手擱在我的肩膀上說：

「他們跟我說妳在第七號餐桌。對不起，我沒有認出妳來。」

「你想怎樣？」

那時的我臉色蒼白，身軀瘦弱。他把我抱入他的懷中。

「現在就跟我來。我帶妳離開這裡。」他說。

「他們要把我折磨死。我寫了好幾次信給你，求你馬上過來，你却一次也沒有回我的信！」

我在他的懷裡哭泣。護士們把我們趕進一間小房間。

「告訴我妳覺得好多了。」東尼歐在我的耳畔嘀咕：「我會要求他們替妳穿衣。」

但是護士們已經把我從他的懷中拉開，說是該洗澡的時候了。

此後我再也沒見到東尼歐。我不再寫信給他。對於離開這個地獄，我已經不抱任何希望。

他短暫的拜訪好像一場夢。我甚至不確定他到底有沒有來過。我肚子餓，餓得發昏。食物的香味從很遠的地方、另一棟建築物，經由窗戶飄了進來。我開始偷拿隔壁房間的麵包屑。住在那間房的是一個得了甲狀腺腫大的男人，他從來不吃東西。我鼓起最後一點力氣，透過一位週六過來聽病患告解的神父的幫助，好不容易發了一封長長的電報給我在巴黎的一位女性朋友，說明我的處境。

我的丈夫這時候正受電影界的青睞，忙著替他的電影《安瑪莉》❶寫劇本。當時他和他的夥伴們待在巴黎附近的一個小城裡，我的朋友好不容易才見到他們。

她終於到了那裡，對著東尼歐大叫：

「康綏蘿必須要偷麵包才能活下去。如果你忙到無法去救她，那麼我去。」

我的丈夫知道我被禁止通信。他把這個故事說給他的同伴聽：

「好一個拍電影的題材啊！」他們說：「可是你的太太就要死了呢，聖修！」

東尼歐解釋說醫生向他保證我的狀況一天比一天進步，我的健康狀況足夠支撐我作完診所裡從未失敗過的療程。他不能寵我也不行與我通信，這對於治療的成敗影響重大！

演員和導演們抗議連連，勸他說他消失在利比亞沙漠的那些日子所帶給我的痛苦，足以令人發瘋。他們強迫他搭上一班前往瑞士的火車，逼他再度來到這家診所。

他的第一個舉動是給我看兩張回巴黎的車票。我沒弄懂，我的耳朵又聽不清楚，他必須重複講上好幾遍。他哭得像個小孩子，求我原諒他。我的體重掉了十五公斤，他得在我的腰部繫一條繩子，裙子才沒掉下來。

我們在伯恩的飯店住了三天。他強迫我喝牛奶、吃東西。他給了我一些花生，我幾乎連碰都沒碰。

在回巴黎的火車上，他責備我沒有把診所裡的嚴酷療程清楚地描述讓他知道，並且發誓他什麼都不知道。我的健康還沒有好到可以回巴黎、並承受那些始終圍繞在他身邊的混亂事物。我跟他說我想回去薩爾瓦多，留在那裡休養，直到我的腰圍撐得起裙子爲止。

「我會跟隨妳到天涯海角。」他發誓。

到後來，他只跟隨我到法國東部的托農溫泉。因爲在那裡他認識一位可以幫我恢復元氣的醫生！

他的巴黎朋友、那些女人、那些電影圈的人，覺得這事情是不能被容許的：他竟成了我的護士！有天我看到他寫給一位「女繆斯」的一封信的草稿，裡頭他說她的臉蛋漂亮但是想法不行，還說他自己並不是每天都在妻子的床腳，像個奶媽一樣地在旁伺候。還說他那時正在寫作，每當寫完一頁，他會念給他的妻子聽，這樣讓他的妻子有力氣和他吃完一頓飯，也讓他有勇氣寫作下去。

托農溫泉附近有好幾個地方有時可以看見鬼火。這是東尼歐最喜愛的休閒活動。他經常外出觀看，因爲他相信世間有神奇的事物。他會和一個也住我們飯店的藥劑師探險一整晚，追逐和研究那些從這片土地底部揚起的顫抖火焰。我開始康復、重生，重新找回想要和他一起歡笑的慾望。

在他決定我人好了之後，他帶我回巴黎，住在路太夏飯店。以前在這家飯店的所有回憶湧上心頭，讓我傷心得想藏也藏不住。

「我們會一直住在這裡嗎？」我問他。

他要求我整個下午都待在房裡休息。

我溫順地聽從，漸漸再度開始自由地呼吸那受到愛情陽光滋潤的日子。這是一個新時代的開始。巴黎的生活、室內設計師和他們的絲綢、有軟墊的沙發椅、巴卡拉玻璃製的香檳酒杯、稀有的香水，這些沙龍珍品通通不過是墮落之輩的手邊玩物。死亡已經在他們之間。生命不久便證明了我的看法。這些開派對邀大家抽鴉片的女人，這一切的「遊手好閒」，不堪入目。我知道東尼歐不是這種人。我了解到，我不適合做一個當紅作家的妻子。把我們的歡笑和親密和別人分享，對我來說總像是一場災難。

我想要站在我的丈夫身邊當個兇猛的哨兵，猜疑任何可能把他的威力、他的堅強奪走的人、事、物。我本能地知道他生來是要壯烈死去的，但我想要讓他自己抵達他的盡頭，那個上主所在的盡頭。

因此，我像往常一樣的等待，不過這次我有了重逢所帶來的力量。大約五點鐘的時候，他回來了，手上拿著一張紙：

「給妳的禮物！」

我拿過來看：這是一張收據，消費的是渥邦廣場上一棟建築物頂層的雙層公寓。我看著平面圖：兩個露台，十個房間。太出乎意料了！我哭了，心裡其實想當晚就搬進去！

他對每張窗簾和每項裝潢的細節都有興趣。我想要牆上漆什麼顏色呢？

「浴缸水的顏色。」我回答。

於是來了一羣他的畫家朋友來調配正確的顏色。只有杜象從一個灰濛濛的日子得到靈感，抓住配這顏色的訣竅。

這是我們婚後擁有的第一個眞正的家。我們的朋友等待多時，充分彌補了他們之前錯過的時光。我們家的大門永遠開著。他們會跟我們的俄羅斯門房波利斯說：

「我沒有受到邀請，可是我人已經在這兒了。我是夫人的朋友。」

每個女人都說：

「我沒有受到邀請，可是我和男主人很熟。」

波利斯則爲大家端上羅宋湯。

□

東尼歐飛行的次數減少，但他對航空的熱情只有增加。天性慷慨、不加思索，他把所有在街上、咖啡廳裡認識的朋友都帶進家門，而他們日後登門拜訪的頻率則遠超過他原先願意的限度。他會跑到露台上發呆，那裡可以俯瞰巴黎傷兵院的圓頂，另一邊的巴黎世界博覽會則盡情地把夜晚淹沒在吵雜和燈光之中。

我們這段親密關係的「吵雜和燈光」却正在逐漸消退。家裡面來來去去的人太多了。我還沒完全從伯恩診所的痛苦經驗復原過來。晚上我在公寓的長廊漫遊，有時候夢想著我們住在一處非洲海岸的小村莊，在那裡和東尼歐安詳地過日子，他完全沈浸於寫作，而只有那才是將我們分開的唯一東西。

充滿了吉他聲的夜晚，同時也充滿了陷阱。畢卡索、馬克斯・恩斯特、杜象等超現實派畫家，還有許多許多的作家、畫家和電影人的飄忽臉孔並不是我所需要的，並不能讓我的心靈平靜：我需要的是親密感、兩人共享的寧靜。東尼歐了解這點，他建議開著我們的西蒙小飛機去地中海轉一圈。

在摩洛哥，鼓聲、號角聲，以及騎在阿拉伯馬上、穿著鮮豔的騎兵伴隨著法國軍隊，在利歐鐵❷的靈柩前遊行。這裡是我們停留的首站。我們挑了個位子，在我們的軍隊朋友之間坐了下來，他們身上披掛了黑色、淺藍、鮮紅以及純白相間的斗篷，刺繡華麗並配有金色的穗子。這些搖曳生姿的織品華麗得像是一首曲子。當地人則穿著上了漿的披風，潔白無瑕，替幾公里寬闊的驕陽大地鋪上一層皚皚白雪。

一位身上制服華麗得像是彩色鸚鵡的中校走了過來，親切地在我丈夫的雙頰上親吻。「你已是我的囚犯，包括你年輕的太太。」他對我們說：「我知道你正在參加巡迴講座，但我要按照我的方式與你敍舊，而唯一的方式就是跟我去開羅。」

午餐後，我的丈夫倉促地決定跟他去，要把我留了下來。他聲稱此去耗時太久、太累人，我還要去拜訪我們在卡薩布蘭卡的老朋友，從卡薩到雅典的飛機坐起來又舒服等等。總之，他說，兩星期後他會和我在雅典會合。在我有機會抗議之前，他們兩個人便已經消失在尚未散去的人群之中，把我一個人留在一群阿拉伯人以及駱駝之間。

等待再度開始。

兩星期後我依照約定坐上了飛機，準備到雅典參加喬治國王的加冕典禮。人人興奮莫名。我的丈夫在一家劇院發表演說。我坐在第一排，答應他如果他說話的聲音太小，便脫下帽子；如果一切順利，便把帽緣拉下，遮住眼睛。通常公開演講的時候，東尼歐的聲音其實是微弱、害羞、低沈的。那天晚上他演說一開始便神色自若、沈穩平靜，他對聽眾解釋說他的聲音啞了，但他會盡全力把他的飛行員經驗講給大家聽。事實上，他的演講聲音清楚，好像一個小男孩自信十足地在誦讀課文。每次他站在講台上，我總是注意到他的手不停地發抖，現在看到他突然變得如此輕鬆自信，我感到一陣昏眩。我的東尼歐變了一個人了。

靠著一些嗅鹽我轉醒過來，醒了的我却仍然感到困惑。他繼續他的演講，並未受到干擾。這是場不折不扣的成功演講。

□

隔天我們動身前往羅馬。義大利大使香布朗先生建議在當時的外交處境下，東尼歐最好不要演講。原本預定要晉見「大統領」，也就是墨索里尼，我們很高興這回讓我們幸運地躲過了，可以直接回家。在西蒙小飛機上的旅行對我來說僅能說是堪稱愉快，卻讓他在巴黎的所有女性朋友對我嫉妒不已。這些女人相信她們天生的命運是要來扮演東尼歐的理想伴侶，而我在她們的眼中是非常不夠格的。東尼歐向渥邦廣場的那群朋友描述我們在飛越雅典和羅馬之間的亞德里亞海上空遇到暴風雨時，我害怕地不停咬手帕。他還說我在羅馬的時候強迫他的機師穿上僧袍喬裝去看教宗。

我就坐在餐桌的另一頭，離我的丈夫有幾公尺，繼續主掌晚會，參加的都是一些我不認識的客人。在家裡我保持沈默，一到別人家裡，我不快樂的情緒便全部表現出來。每天到了半夜，東尼歐總會帶回家一些非常漂亮的女人和她們言聽計從的丈夫，然後每個人都待著不走，直到黎明。那些歌曲、玩牌花招、非洲沙漠的故事，東尼歐講的一切事情我都背得滾瓜爛熟，每天晚上都要重聽一遍。大約凌晨一點的時候，波利斯會徵詢我的同意就寢休息。於是照料大家的吃喝便成為我一個人的工作。

很快我便承受不了每天早上應接不暇、數不清的電話，應該要請個秘書，儘管我們手上的錢已經因爲那架飛機、公寓、還有不再寫作的東尼歐而完全不夠用。儘管如此，秘書還是請來了，並且對她的老闆展現出狂熱的忠誠。她的臉像雨傘，青春不再，但是她爲我們提供了上千種的服務，有些還沒人叫她做的她也做，就像是個自鳴鐘。她盡其所能地不讓我插手任何事，認定我應該忽略我先生所有的電話。家裡常常有不速之客，而且常來得不是時候。這位秘書會宣稱：

「這個約會是先生定的。」

而我唯一的權利是保持沈默。

東尼歐從來沒有空閒陪我去看我最喜歡的馬戲團，或是去看電影。我再也不了解自己家裡發生什麼事。我甚至懷疑我是否還有權利待在這個家。週末的時候他會要求我接受外面的邀請，我都不情不願地答應了，深信沒有我在的渥邦廣場，大家照樣盡興。我苦思我們之間漸行漸遠的原因，雖然彼此沒有爭吵，也沒有明顯的緣故。睡眠再度離我而去。

但是只要與東尼歐有關的事，我的耐心還是無窮無盡的。

每個人都抱怨我的脾氣壞。

「你怎能忍受這樣的女人？」他的朋友發出惡毒的驚嘆。

一晚又一晚的吉他音樂和牌局之中，我們兩人僅有的親密感受只剩下對於錢的操心，因爲那些派對很是花錢：美酒、鮮花、招待，諸如此類，以及那個我不知從哪裡擠出來的笑容，是每個人在身處苦難時心中那塊土地所擠出來的笑容。我的丈夫問我爲什麼臉色蒼白，爲什麼不快樂。我的一個詩人朋友有天發話說：「強迫勞動都比你的妻子所承受的要來得輕鬆。今晚是你的第六十個狂歡夜。你在謀殺她！如果你要毀了她，至少通知她一聲。你這樣很愉快嗎？你什麼時候才要讓她睡覺？」

從此以後，有好幾天吉他聲轉戰他處，東尼歐則待在家裡。他投身工作，最灰暗的那一種：他的銀行帳簿。裡面一毛也不剩。他變得易怒而不平。只有狗才能在他的懷裡找到寬容。他不時進來我房間察看我。幸運地，我已經重拾雕刻的興趣。

「妳在嗎，康綏蘿？」

「我在，東尼歐，我還在。」

我們的秘書傷了手指，讓我們兩人有了一陣短暫的平靜。東尼歐的日子不太順，但我再也幫不了什麼了。

□

他準備了他的小西蒙，預計從巴黎飛行到非洲馬利的廷巴克圖：《巴黎晚報》請他寫篇報導。報社預付了稿費，不過這筆錢全拿去還債。他的脾氣變得很壞，很少說話，在房間裡踱步，可以連續踱上個幾公里。他像個風車一樣靜不下來，不停地轉出黑暗的空氣。我最後

西語雜誌《巴黎女人》（*Parisina*）以康綏蘿爲創刊號的封面人物。上面標題寫著「優雅巴黎女人的典範」。

聖修伯里把這張照片獻給康綏蘿。題辭是：「溫柔地獻給我親愛的妻子，安東。」

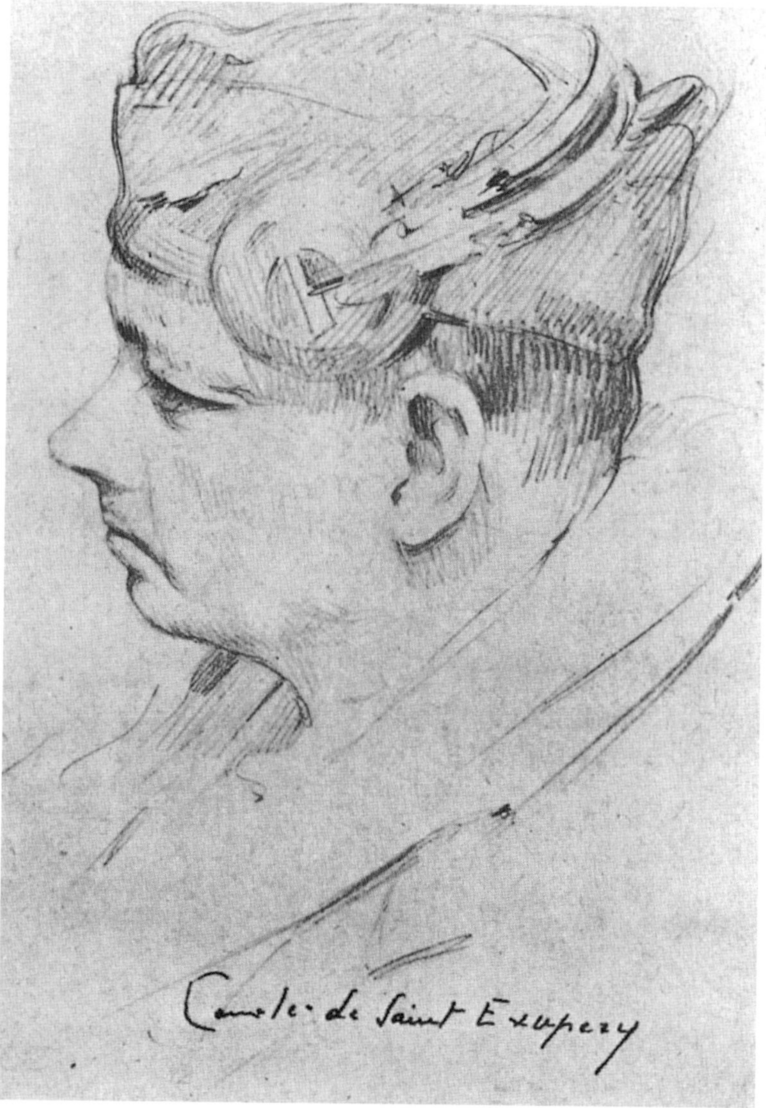

康綏蘿畫的聖修伯里側面素描。

1931年4月23日在亞給城堡舉行結婚典禮時拍攝的結婚照。

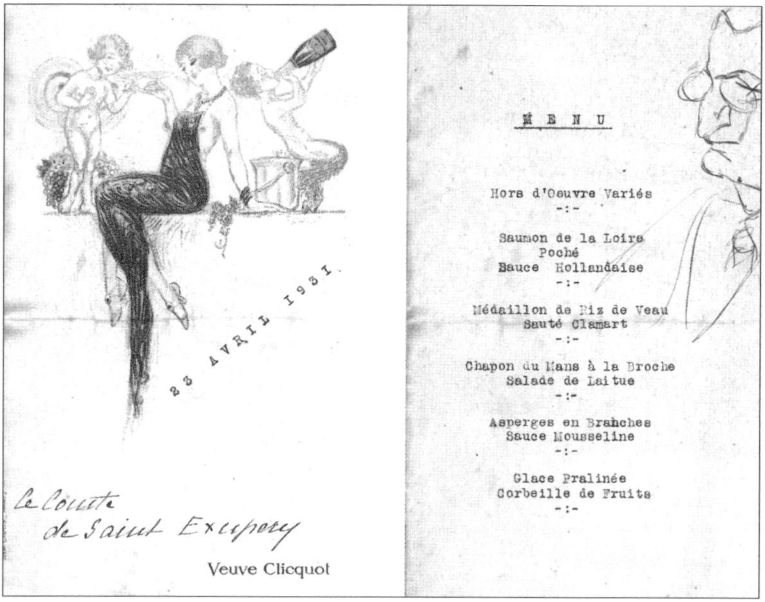

MENU

Hors d'Oeuvre Variés
-:-
Saumon de la Loire
Poché
Sauce Hollandaise
-:-
Médaillon de Riz de Veau
Sauté Clamart
-:-
Chapon du Mans à la Broche
Salade de Laitue
-:-
Asperges en Branches
Sauce Mousseline
-:-
Glace Pralinée
Corbeille de Fruits
-:-

結婚當天喜宴的請帖及菜單。

30年代與康綏蘿的北京狗尤提合影。

1931年，攝於尼斯附近。

結婚第一年的合影。

美國畫家艾廷（Emlen Etting,1905-1993）爲康綏蘿畫的肖像。©Midtown Galleries）

康綏蘿，30歲。

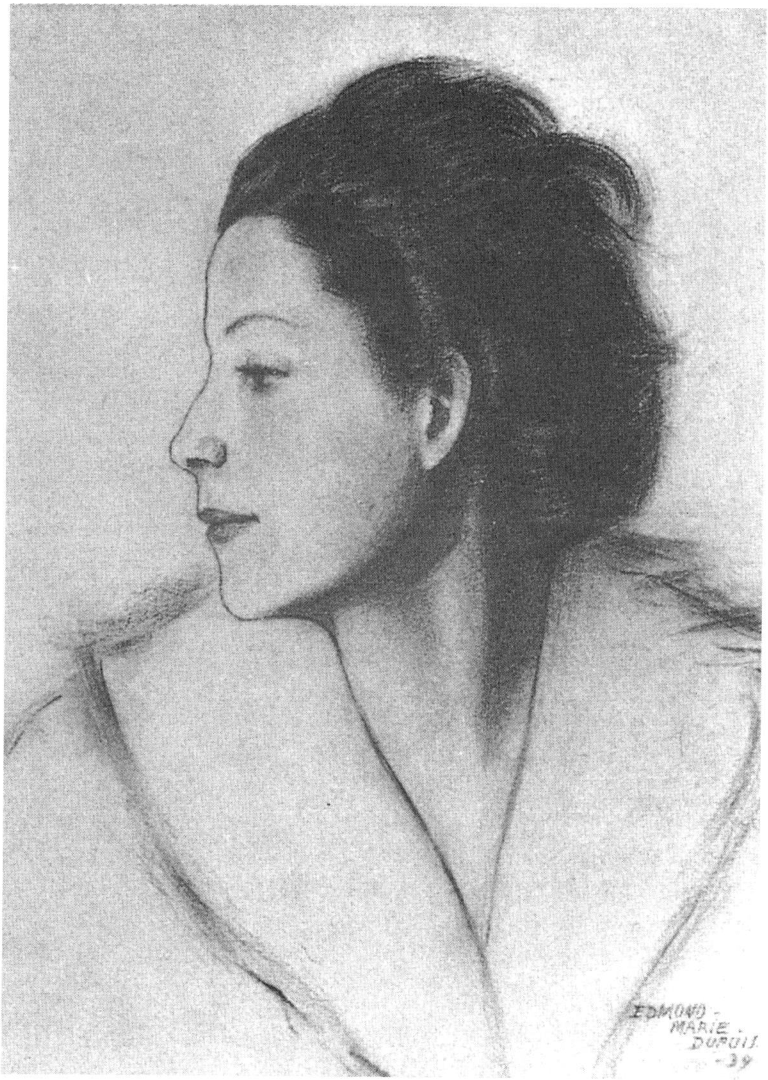

畫家杜普伊（Edmond-Marie Dupuis）1939年爲康綏蘿畫的炭筆畫。

康綏蘿，大約拍攝於1942、1943年。

Signalement :
Age : 29 ans
Taille : 1 - 83
Cheveux : chât.
Front : découvert
Sourcils : chât.
Yeux : bruns
Nez :
Bouche : Moyenne
Barbe :
Menton : rond
Visage :
Teint : Mat
Signes particuliers : cicatrice au coin droit de la lèvre
6
Feuille réservée pour l'apposition facultative de la photographie du porteur
PRÉFECTURE
7

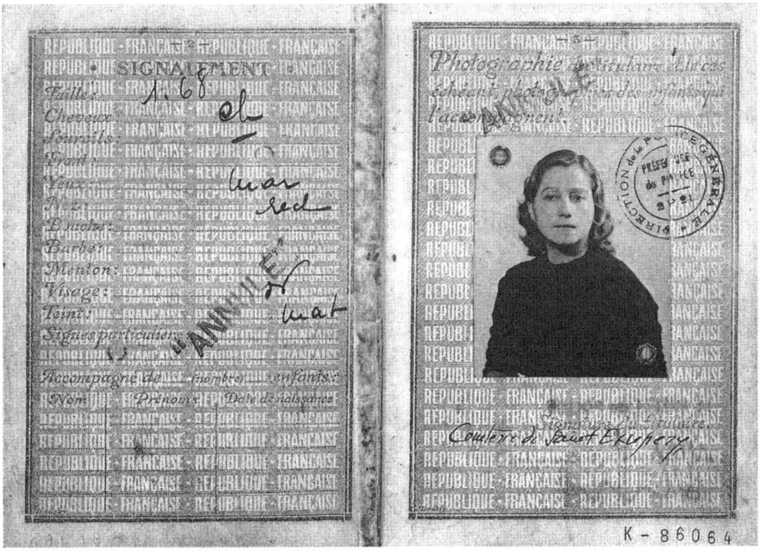
SIGNALEMENT
Taille : 1.68
Cheveux :
Sourcils :
Front :
Yeux :
Nez :
Bouche :
Barbe :
Menton :
Visage :
Teint : mat
Signes particuliers :
ANNULÉ
Accompagné de ... membres ... enfants :
Nom
Prénoms
Date de naissance
Photographie du titulaire et le cas échéant, photographies des enfants qui l'accompagnent.
ANNULÉ
PRÉFECTURE de POLICE
DIRECTION de la POLICE GÉNÉRALE
Signature du titulaire.
Consuelo de Saint Exupéry
K-86064

聖修伯里與康綏蘿的法國護照。

康綏蘿所塑的聖修伯里像。

康綏蘿擺在床頭櫃上的聖修伯里照片。

「聖修伯里玫瑰」的誕生。攝於1968年。

鼓起勇氣跟他說話：一走進去，他便端出冷漠的臉色，不祥地預告接下來即將發生的……

「你不高興。」我開頭：「告訴我你在煩什麼。我全心全意地想幫你。驅使我來的不是好奇心。但是我覺得你離我越來越遠。把我當作你的朋友，告訴我你的困擾。」

「過去這兩個星期以來，我跑遍巴黎，盡我所能地籌措這趟飛行所需要的錢。光是油料和保險就超過了六千法郎。我根本沒有足夠的錢養家。這當然還沒把沒支付的房租、秘書和僕人的薪水算在內……」

他從來沒有跟我透露他的財務狀況。

「我想《巴黎晚報》可以預付你這筆錢，不是嗎？」

「他們拒絕了。」

「你的出版社呢？」

「他們也拒絕了。他們不處理我的飛行，只處理我的書，這很正常。」

「你要讓我試一下嗎？」

「隨妳怎樣試。」他忿忿地下了結論：「我只知道十天之內我就要離開了。」

我走進起居室，請我的摯友蘇珊・維爾特❸陪我進行這趟任務。不過等到我離開《巴黎晚報》總監普魯沃斯特的辦公室的時候，我不只是因爲被拒絕而失望，內心還極度不安。普魯沃斯特語氣頗重地抱怨我的丈夫並沒有完成他對報社的承諾。

我在蘇珊阿薩斯路的家裡休息了一會兒，然後靠著我對東尼歐的愛，好不容易提起勇氣，去見他的出版商。這位出版商立刻接見我，殷勤之至，但卻解釋說處理所有財務的不是他，而是他的弟弟。

「我知道。」我跟他說：「爲了他的下一本書，你預付了東尼歐一筆錢，因此我會對你開誠佈公。這陣子有家電影公司想買下東尼歐的電影劇本《伊格爾》❹，開價五十萬法郎。東尼歐還想把劇本寫成一本書，可能是本小說。你知道的，經過了之前拍攝兩部電影的經驗後，東尼歐連聽都不想聽到有關電影的事。既然你的弟弟也熟電影圈，說不定他能談到一個更好的拍片合作。東尼歐叫我不計代價談到一個合約，因爲他爲了這趟飛行，現在就需要六千法郎。你說我該怎麼辦呢？」

「東尼歐必須來見我。他會拿到他的錢的。」

我整個人往他身上抱了過去，親了他一下。我跑著去找東尼歐，也對他做了同樣的舉動。不過我受到的歡迎並沒有我預期的熱烈。

「毫無疑問的，妳一定有什麼事情聽錯了。」

「不會的，蘇珊可以作證。」

「眞的嗎？」

他連謝都沒謝我，便離開去拿他的支票了。

自從在利比亞發生意外之後，他的肝臟便有毛病。他睡不著覺。我有一位女性朋友在當時是我的閨中密友，給了我另一張床，好讓我在另一層樓的另一間房睡覺，因爲那張床太大了，我們的臥房放不下。她還建議我裝一台自己的電話，以免時常受打擾。

□

聖誕節快到了。我以爲去拜訪婆婆會讓我的丈夫心情平靜些。他的姊姊堅持要我把他帶到亞給，慶祝他從利比亞沙漠奇蹟生還一週年。東尼歐指示我打包。那天是十二月二十二日。那天晚上，他開車送我到巴黎「里昂火車站」的「藍火車」旅客餐廳。因爲公事，他被迫留在巴黎，而且他的小西蒙恰好進廠維修。他答應我隔天就會趕上來。

我來到家中，大家等的是他，而不是我。對此我已習慣了，可是生平第一次，我感到難受。我跟他的母親和姊姊說：

「我代替東尼歐來了。他不來了……」

他承諾他會來，但是我確定他不會。從他啜飲紅酒的方式和跟我說話的樣子，我可以感覺得到。

「我不知道發生了什麼事。他變了個人了，就這樣。我筋疲力盡。很抱歉，他強迫我來。接納我吧，不過請相信我，這樣子，我並不快樂啊。」

「不是吧，康綏蘿，他明天就會到了，明天妳就知道了。去休息吧。」我的婆婆安慰我說。

聖誕節。整座城堡喜氣洋洋。所有村莊的小孩都受到邀請，過來領玩具。人人都在歡笑、歌唱，孩子們扮起天使來，塞了餡的火雞聞起來有金黃栗子的香味，隨著午夜來臨，每個人都興高采烈。還是不見東尼歐的蹤影。就在盛大時刻來臨之前的幾分鐘，電話響了。他打電話找他的母親。跟他的母親還沒說上一句話，他便要和我講話。我拒絕了。

「告訴他我說他應該在午夜時到達這裡，他承諾過的。」

「可是他正向妳求救呢，他需要妳回巴黎。如果我有一個像他一樣的丈夫。」他的母親補上一句：「我會追隨他到天涯海角。」

我的婆婆贏了。

「時間太晚了。」我讓步：「今晚我沒辦法自己一個人回巴黎。」

生平第一次，我請了個人陪我回去。

「好吧。」東尼歐的妹妹迪迪說：「我們午夜過後出發。」

在勃根地的索利俄，我們的車子撞上了別人的車。好險駕車的人不是我。

當東尼歐來接我的時候，我的小姑人在醫院。這個聖誕節眞精彩啊！她有從此破相的危險。我們把她帶回巴黎，讓她睡在我的房間，我則搬到起居房。她對著我的丈夫笑了笑，整顆頭包著繃帶。專家最後讓我們安了心：不用進行任何外科手術。他們保證，只要休息，她就會康復，臉蛋也會恢復正常。我細心地照顧她，把我的小玩意兒都搬了出來，還把收音機也給她。東尼歐則在她的床頭待了一小時又一小時。不過有件事很奇怪：每當東尼歐或是E來看她的時候，她都會請我離開。他們三人總在我的房裡待上很長一段時間。我一走進，屋裡便鴉雀無聲。有一次我進屋探詢小姑中餐要吃什麼，我親切地打趣說：

「你們看起來好像在策劃什麼陰謀似的。有什麼好玩的？」

他們全部裝作沒聽到。我連自己的房間都不敢走進。我一點也不了解發生了什麼事，不過迪迪倒是日漸好轉。她又會笑了，聽廣播節目幫了很大的忙。我試著確保東尼歐的睡眠充足：再過幾天他就要開始巴黎—廷布克圖的飛行。但是他與我的小姑私下共處的時間越拖越長，越來越晚。我覺得四周、就在我自己的家裡，好像佈滿了陷阱。東尼歐看起來好像是個從來沒讀過劇本的演員，突然被推上台，演出一場沒完沒了的戲，戲裡面除了他得即興應付外，每個人都知道自己的角色。

有天晚上，很晚了，我請東尼歐陪我。自從聖誕節以來，他從來沒來看過我一次。我住在樓上，對著樓梯間大喊：

「東尼歐，幫我拿溫度計好不好？我想我發燒了。」

他過來的時候，手上拿著一副向來不離手的撲克牌，既可以幫助他集中精神，也算是在碰上難題時，可以用來拖延回應的時間……我緊緊抓住他的手腕，眼睛充滿了淚水：

「讓我們結束這場遊戲吧，東尼歐。什麼事情都不對勁，什麼都不順。你很清楚。」

「清楚什麼？」他重複著說。

儘管如此，他的聲音傳達了一種想要知道我在說什麼的意願。

「你不再愛我了。我凝著你。凝著你的妹妹。你試著盡量不看我。即便我們坐在一起吃飯。就連現在我的手觸摸著你的手，你都覺得不舒服。不過我不會讓你走的，你必須聽我說。」

他房間裡的電話響起。東尼歐試著抽身離開。

「不要接。每天晚上，我都聽你講電話講上好幾個小時。每當我去廚房拿杯牛奶幫助睡眠的時候，你都壓低聲音，好像怕我聽見。」

這時候，該我的電話響了。那時應該已是凌晨四點鐘。我接了。是E問我某個問題，什麼問題我現在忘了，她接著向我道歉，說不該這麼晚了還打電話給我。她說她知道東尼歐還沒有睡。

「是我對不起。」我回她說：「我現在正和他說話。」

東尼歐坐在我的床上，一動也不動，一句話也沒說。

「既然你不想說話。」我繼續：「我來說。你能體會我的感受嗎？有人追你追到我的床上來了，只因為你的電話沒有人接？沒錯，我是嫉妒！儘管我已經沒有立場嫉妒，因為你根本不再愛我了。現在你恨我，天知道為什麼。然而你心裡明白，我從來沒有給你帶來任何醜事、壞事。還是你反而希望是相反的結果？你從來不曾對我說謊，即使是現在你沈默得像座墳墓。我好想知道你心裡在想什麼！我有權利知道，我有權利阻止這種不斷遭受威脅的感覺。你現在玩牌只是為了干擾我的注意力，可是你的臉龐愈來愈悲傷。我知道得很清楚。我不是個聖人，也不會療傷。我確定我再也沒辦法替你做什麼了，因為你已經剝奪了我用我的愛來治療你的能力。更甚的是，我不相信在這個節骨眼上你有什麼辦法能讓我的心情恢復平靜。睡吧。如果我的聲音聽來刺耳，就忘記它吧。不過不要忘記我現在這句話：最駭人的劇情總是隱身在神祕之中。」

他的電話又響了。這次我叫他回去接。

□

他的出版商辦了一場盛大的派對，慶祝迪迪康復。莫洪、普爾塔列斯❺，以及其他許多作家都到場了。興奮的迪迪不曾離開她的哥哥身邊，而她的哥哥則不曾離開E的身邊。那天晚上，E光彩奪目，當她不露出牙齒的時候。

將近凌晨一點的時候，我跟我的丈夫抱怨，說他整晚沒有跟我說上一句話。他回答說：「我認識我妹妹三十五年了，而妳，我只認識七年！」

我覺得我好像被人從這個星球驅逐了。我從包包裡拿出我們公寓的鑰匙，交給了他。

「鑰匙在這兒。我不想和一個棄我不管的丈夫住在一起。」

我說這話的時候聲音很大。我們周圍的談話都停止了。大家都覺得我是個糟糕的女人，好一個悍婦。我覺得我的生命就此結束。女主人把大衣拿給我的時候，連再見也沒說。我覺得自己好像墜入一個無底洞。

隔天醒來的時候，我人躺在沃吉哈爾醫院，一間專門收容身份無法確認的人士的大病房裡。有人晚上在人行道上發現我……鄰近病人的叫聲把我吵醒。我抬起頭來看。有個男人肚子上插著一把刀。有個女人站在病床上手舞足蹈，兩個護士掙扎著想抓住她，試著讓她安靜，另一個男護士則在她身上潑冷水。打了一針之後，她終於安靜了下來。接下來輪到我。

「謝謝，不必了。」我跟他們說：「我睡得很好。」

經歷了伯恩的住院經驗後，我知道如何應付護士和她們嚴峻的治療方法。我假裝睡覺。我的把戲奏效，他們到另一張病床去。我試著重組我的記憶。

我心中重複想著：「在巴黎有一個男人是我的丈夫。他會來接我。」這樣想著想著，我終於睡著。可是很快地，我便因爲發燒而全身顫抖。隔天早上，給病人送食物的男人出現了。看他正在咳嗽，我就用著最純眞甜美的天使聲音，建議他吃些藥。「藥太貴了。」他回答。

「這兒，我的珍珠你拿去。我在醫院裡不再需要戴戒指。」

我脫下一隻戒指，送給了他。

「如果我有什麼能爲妳效勞的話，請說，不過要快。」

他用牙齒咬了咬珍珠，看是不是眞的。我嘆了口氣。

「啊，太難了。你辦不到的。」

「告訴我吧。」

「把我弄出去。我在睡衣下還穿著洋裝。」

「那，妳能走路嗎？」

「當然可以。跑也行！」

「我會把花園盡頭的門打開一分鐘。慢慢走，不要跑。如果有人看見妳，就說妳是來探訪病患的。」

就這樣，我逃了出來，然後回到我在渥邦廣場的家。

迎接我的卻是羞辱與絕望：我被關在門外！

我全身冷得發抖，因爲深夜昏迷之後，我的大衣便不見了，頭髮一團混亂，讓我這樣穿著晚禮服走過門房面前，眞是舉步維艱。我後來才知道他們全都知道我昨晚的不幸。在巴黎，門房的消息最是靈通；事實上，他們是第一個知道的。

警方曾經兩度拜訪我們的公寓，想確認我的丈夫沒有意願把他的妻子從滿是社會邊緣人的病房領回家。不過警方既沒能親自見到我的丈夫，也沒能跟他說上電話，因此他們很難裁定我這件案子。東尼歐的門關得死死的，只有我小姑的聲音回答說她的哥哥正在睡覺，說他們會派了一位朋友去看那位病人。警方只好回頭找門房，他在我睡著的時候去過醫院指認我的身份。

我走進我的房間，床上有個女人在睡覺，全身衣服穿的好好的。

四點的時候，東尼歐就要去搭巴黎—土魯斯的火車。頭一次，我沒有大費周章地替他打包。然而，這個打包的念頭揮之不去，讓我睡不著覺。最後我還是下床做完這件小差事，這件我從來沒有撒手不管過的卑微差事。

第四部

1938-1940

巴黎－瓜地馬拉－薩爾瓦多－巴黎

17 地震

隔天我們三人共用午餐。我的小姑看起來高興極了，容光煥發。對於我昨晚的遭遇，大家一概隻字不提。我的丈夫坐在鋼琴邊，他從前一天起便沒跟我說過半句話。我看起來糟透了，坐在椅子上不敢亂動。他作了個手勢要我過去和他一起坐在鋼琴椅上。他想要獲得我的原諒，原諒他前晚沒去醫院。

「我叫賈斯東去帶妳回來。」他說：「親自跑一趟對我來說太痛苦了。他花了兩小時才找到妳。因爲他沒有我簽名的證明，醫院不願意放人。不過我在焦慮中痴痴等待，被這爭吵耗盡了精力，胡思亂想著最壞的情況。別人拿了藥給我吃，我便睡著了。」

接著他一手敲打著琴鍵，一手撫摸著我的頭髮，我的頭髮可憐地垂在我的臉旁。

「妳不乖，小女孩。」他跟著自己彈的旋律唱和著。

「或許，你也乖不到哪去！」

「妳是這麼想？」

「你健康的時候，我從來不生病。」

「也許是吧。」他憂鬱地回答。

然後他停止彈琴。

「四點我要去土魯斯。」

「等你上了車再跟你說。」

我親吻了他，然後跑回我的房間，反鎖起來。

□

「上車了，上車了……」大家都在快速地握手，然後他搶在我的前頭上了火車。我的小姑抓住我的肩膀宣布說：

「跟他去的人是我。」

火車就要開動。他伸出他的手幫忙迪迪上車。

那天晚上，將近午夜，他打電話給我，跟我講了一個多小時，求我去搭頭班火車跟他會合。飛往廷巴克圖的行程❶延遲了兩三天。但是我已經沒有力氣和勇氣了。

□

我們再見面，已是他回到馬賽的時候。光是想到要和他見面，就讓我全身發抖。我不知道這是因爲害怕還是因爲愛情。我的好朋友都在身邊。除了那封簡短的信息說他回來了以外，我沒有收到他的隻字片語。

從他踏出飛機到大家用晚餐之間，一切都很輕鬆。但是我們一直說不上話，一切暫緩，好像我們尚未眞正重逢。回到飯店裡，他站在兩只封起來的手提箱前一動也不動，死死地盯著地板。我開始打開其中一只手提箱的開關。他跳了起來，好像從睡眠中驚醒：

「妳要幹什麼？」

「拿一套睡衣給你穿。放在哪個手提箱了？」

我們兩人在手提箱裡翻找，或者說在一堆衣服裡搜尋更恰當，直到最後找出一件上衣和一件褲子。

「我知道，我知道，妳要說我又把髒衣服和乾淨的混在一塊了……不過時候不早了。我們睡覺吧。」

他需要擺出一副沈穩的樣子，以掩飾窘態。

馬賽的飯店沒有暖氣。理論上，南方的陽光天天統御大地。沒有一位在地的馬賽人會承認天氣冷，即使在天空灰暗、吹起北風的日子裡，他們也不會鬆口喊冷。這種叫做密史托拉、地中海沿岸特有的乾燥冷風，加上海港的氣味、海風和鹹鹹的海水味，讓馬賽人說起話來總是聲音低沈又沙啞。

透過窗戶我看著碼頭，那裡總是熱鬧，熙來攘往。夜色愈是昏暗，港口巷弄裡有錢的龜公便越來越活躍。

我沒辦法思考。我曾經如此殷切地等待我的丈夫回來，而現在他就在我面前，像個大理石雕像一樣的冰冷，像星星一樣的遙遠。我不再感到苦痛。我告訴我自己，我必須再一次地等待他的回來。

費了一番工夫，我才開口問他：

「你想睡了？」

「是啊，是啊。我好累啊。讓我們躺下來吧。」

我低下了頭，壓低著身子，專心地想把他一片混亂的手提箱整理出個秩序。我翻起了一雙襪子和一些骯髒的手帕，他很快地搶了過去，大吼：

「不要碰我的東西。求妳不要碰我的東西。我是個成年人，我有權自己把襯衫折好放好！」

一直以來我總是小心地打包或打開他的行李。只有我一人知道他的衣服應該怎樣排列。他突然改變的態度讓我的後背竄起一片寒意。我以爲他人不舒服或是心情不好。也許他在擔心錢的問題。我衣服還未全褪，便鑽進被窩。我的心比他的手臂還要冷，比被北風冰凍的床單還要冷。他緊緊地關上窗戶，打開燈，輕輕地坐在床邊。連他都能感受到我全身直竄的恐懼。

在回程的火車上，我們依舊沈默：我們對彼此彬彬有禮，好像兩人是不得已而同坐一車旅行的陌生人。到了家，那天晚上的情形一如前天晚上。他睡著了，但是我女人的神經讓我整夜睡不著。像貓一樣小心翼翼地開始穿越我們住的龐大公寓，來到最偏遠的一個房間，在那裡我失眠不安的焦慮聲息最不容易被他聽見。我從沒了解他的疏離、沈默、對我的不發一語。他有個手提箱在塞滿書本的櫃子裡冒出頭來。那裡怎麼會有手提箱，還是好好地關著的？我立刻撲了上去，像是對付敵人一樣地進行攻擊。我把手提箱打開，狂暴地翻來搜去。前天他從我手上搶去的髒衣服還在那兒，其間躺著約莫超過一百封、散發著香水味的信箋。光是信紙的香味便足以解釋我丈夫的古怪舉動。我打開第一封：沒錯，是他的手跡。我接著讀：「親愛的，親愛的……」不過這封信不是寫給我的。誰是這位幸運的「親愛的」？我再也讀不下去了。我的淚水淹沒了我的理解力。在痛苦中，我只看懂了一句：信上說他沒辦法阻止他的妻子去倫敦；她已經受邀，就這樣阻撓太殘酷了，也沒有用。可是，我的丈夫寫道，如果我的情敵明天要求他們倆人一起在海上共度七年的話，我的丈夫會就此離開，連跟我說聲再見都免了。

我再也忍不下去了。其他的信是那個「親愛的」寫來的。該怎麼辦？我沒有經歷過這種情況。哎，現在我經歷了。我回到臥房，叫醒他，把信拿給他看。

「這麼說，妳翻過我的東西囉？」

我的眼淚讓他生氣只生了一半。

「現在妳知道了，這樣也好。」

他膽怯地低下了頭，像是個站在母親面前的兒子。

「妳打算怎麼辦？」他問我。

「我？不怎麼辦。剛才，我心裡有個東西碎了。那是你永遠也沒辦法修復的。」

我用手捧著心，我的心跳得太快了。我覺得自己好蠢，好像身處在鬧劇中的主角一樣，突然發現對方在偷情。我嘲弄自己。

「你呢？」我把問題丟回去：「你打算怎麼辦？我沒理由責怪你。你不再愛我了，那是你的權利。我們有過約定，還是我提議的：『當我們其中一人不再愛對方的時候，必須告訴對方，必須坦白。』愛情是脆弱的，有時候你會迷失在愛情的廣闊無垠之中……事實擺在眼前，我是那個迷失的人，不過如果你和她在一起很快樂，我一點也不希望你們過得不好。和她一起離開吧，越快越好，一了百了。不要再看到我，去別的國家生活吧。距離會幫助我們遺忘。」我告訴他我知道他的新國家叫什麼名字，連口氣也不喘地繼續說：

「如果你的熱情、你對她的愛是眞的，絕對不要離開她。我答應你我不會死。我會試著活下去，記得自己是那個讓你找到眞愛的人。走吧，你可以出海，七年或是七千年，都不用跟我說再見。」

他整個人蒼白而嚴肅。

「我是敬佩妳的。」他說，慢慢地把我拉了過去：「很抱歉讓妳發現那些信，我應該事先警告妳。我害怕會讓妳痛苦，所以非常害怕。我打從心底愛著妳。我愛妳一如我的姊妹、我的女兒、我的祖國，可是她，我離不開她。我沒辦法一天不見她，或是不聽她說話。她對我就好像是種藥癮。她正在摧殘我，她傷害我，她拆散了我們，可是我離不開她。」

我的腿在顫抖，只好又坐了下來。我好痛，好痛。我們兩人一起哭著，啜泣著，好像兩個被同一把火活活燒死的孩子，已經對能夠拯救我們的奇蹟絕望了。

天亮了，我先開口說話。

「我會是你的朋友。」我說：「我會回我媽媽家，就好像我還是個小女孩、膝蓋擦破皮的時候一樣。我會讓自己接受薩爾瓦多的玫瑰、棕櫚樹、巨大火山的撫慰。等你老了，也許有天你還會來看我呢……」

他離開了家，去住飯店，因爲我們兩人一看到彼此，便哭個不停，倒在彼此的懷抱裡，在無用的啜泣中虛度光陰。儘管如此，他看起來却是快樂的。我則窩在床上，讓我忠誠的朋友蘇珊照顧。我還問了下艘回薩爾瓦多的船的事情。

我的丈夫開始寫情致溫柔的信給我，而且一封比一封愛意綿綿，不久，他便求我不要走。他求我等他六個月。「只要短短的六個月。」他說。

然後他發誓事情過去之後他要帶我去中國，我們在那裡會很快樂，就我們兩個，只有兩個人。我相信中國，相信我們在中國的幸福，於是我等待，傷痛未曾稍減，深深地窩在床裡等待。

□

一天他又出現了，帶著他的手提箱。他厭倦住在飯店的生活。好比是個孩子，好比是個在名聲不好的地方待了幾天的學生，他在我的床腳邊放下手上的兩個手提箱，站在箱邊叫了一聲：

「我回來了！」

他讓手臂沿著身體垂著。

「我回來了。我再也受不了離家生活了。沒有妳，我再也過不下去了。我病了，我需要妳：再收留我，不然我會死。在餐廳，我再也吃不下飯，一切都讓我噁心。我喝了太多酒，再也寫不出一字一句。如果我不工作的話，誰來支付我們的生活？」

波利斯沒敲門就進來了，以爲只有我一人。他拿郵件來給我。看見東尼歐的時候，他高興得笑了。他迅速地瞄了我一眼，便拿起了手提箱，動作好像是在街上撿起鑽石似的……我們三個人的臉上洋溢著笑容。波利斯拿著手提箱走了，他開箱把東西整理好放回櫃子裡，下令「伯爵先生」的區域要擺滿鮮花、弄得舒舒服服的。他終於等到主人回來。就連小狗也在跳舞，欣喜之中把地毯添了幾處髒點。我的丈夫不要我爲此而處罰這隻可憐的小狗，因爲，他說，小狗的舉動讓他很有面子！

可歎哪，狗改不了吃屎……再一次，我又開始每晚等待著我的先生回家。小狗有天還在門前等到早上七點，並因此感染了肺炎（牠是一隻很脆弱的北京狗），在二十四小時內便死去了。從此以後，我連一隻可以作伴的狗都沒有了……

這場折磨到了第六個月的時候，接近尾聲。我打包好行李，把房子弄整齊，然後抱著士兵雖敗猶榮的心情，我逃走了。

看到我作的準備，我先生心裡全都明白。我買了好幾套衣服要送給我自己和家鄉的姊妹。由此可見，我要離開了。我人走了出來，到了陽台。殖民史展覽會的燈光打在傷兵院的圓頂上一片金黃。

「東尼歐，我走了。」

「是的，什麼時候呢？」他回答我說。

「我雖然悲傷，但我必須離開你。我想我們的生命裡發生了一場大地震，而我應該感謝上天救了我。我要到別的地方重建。」

「是的，康綏蘿，有時候那樣做是必要的。我也會離開前往美國。我還有另一個長途飛行計畫，也許就永遠不回來了，因為我不想回來。我失去了愛，我不再愛人……」

沒有討論，沒有隻字片語，我在勒亞佛港搭上了船，前往瓜地馬拉，前往中美洲在大西洋岸的唯一港口波多巴瑞歐斯。

□

海水灰藍，這是勒亞佛港的冬季海水，我倒是覺得眼前的景象精彩迷人。海鷗是灰色的，船上的旗幟是灰色的，一堆堆龐大的貨櫃是灰色的，在我身邊遊走的人群是灰色的。我身上穿的灰鼠毛皮外套也是灰色的……該是走上船橋的時候了，那也是灰色的……

船隻航向的地平線也是灰色的。只有我的思慮和心情是一片陽光，照耀著聽天由命的光芒。我獲得了重生，那是只有離開這個不快樂的人世之後，重新獲得另一個生命的天主教徒才能體會……我或許不夠資格獲得這樣的喜悅、這樣的安慰，但是我把它賜給了自己，當作一份禮物，因為我已經哭泣得太多了。我祈求上帝，讓我值得這份慰藉，這份我在掀起破碎婚姻的墓碑時所感受到的慰藉。我答應自己從今以後要快快樂樂的，絕對不要回頭。我一生中經歷過最劇烈的地震，發生在巴黎，而非在薩爾瓦多變動不穩的土地上。現在我就要去摘取熱帶水果、馴服蝴蝶，並和河川唱歌應和。永遠永遠，直到盡頭……

在船上的第一個晚上，我想讓自己漂漂亮亮的，拒絕呼吸過往的空氣。我身上穿的每一件衣服都是新的，好像是個剛剛訂婚的小姑娘。女僕幫我把行李箱都打開來。我觸摸著可愛迷人的晚禮服，就在今晚，我第一次授權自己重新生活，重新作個等待上天徵兆的女人，這徵兆會讓一切再度充滿生機。

彩帶、緞面女鞋、閃亮的珠寶、頭髮上的羽毛、髮捲上的蕾絲頭紗：每個細節我都預先考慮到了。我仔細地穿衣，我要嫁給我新的命運了。我感到喜樂，好高興，好高興……晚餐的鈴聲響徹艙房與艙房間的甬道。頭髮上再來點香水！連幫我穿衣服的女僕都讓我噴上了一點香水。我在她的眼裡察覺到某種耐人尋味的神色。

我平靜地走著，帶著一份知道自己穿著光鮮時心中油然生起的愉悅和自信。從我的心到我的蕾絲，沒有一樣不是光彩奪目的。我穿過大廳和吧台，一路跳著、舞著，不過只遇到船上的工作人員。

一位服務員走向我：

「您在找其他的乘客嗎？」

「我來太早了嗎？剛剛響過晚餐鈴了啊。」

「不是的。」他回答說，臉上帶著和剛才女僕臉上一樣耐人尋味的表情：「您是我們唯一的一位乘客。」

即使被人打了一槍，也沒有像此刻一樣的令人驚訝。我開始笑了起來。我既相信、也不相信他突然丟給我的這句玩笑話。他親切地挽起我的手臂，繼續說著：

「讓我來給您介紹，這是船上的醫生、船長、二副……」

所有人，站成一排，非常熱絡地向我致意。

船長開口說話：

「您是我們唯一的一位乘客，也是在這艘船上旅行的最後一位女性。做為渡洋郵輪，這是我們最後的一次航行。我當這艘船的船長，當了二十年。我們進行的一場罷工結果慘烈，這艘船因此遭到處罰：它將被改裝成貨輪。我們獲准進行最後一次航行，實在是機緣巧合，就在我們剛接到核准可以登記乘客的時候，您就買了船票。因此，您是這艘船的主宰，這艘船屬於您。我們是您的船員。如果您命令我們改變航向，我將聽您指揮。首先，您想要給我們下什麼命令呢？」

「我想要來杯冷飲，和你們大家喝一杯，慶祝我們的航行。晚餐可以緩一緩。」

「晚餐稍緩。」船長說。

「通傳下去。」大副命令著二副說。

「命令通傳。」某個人重複了命令，然後一杯杯的香檳便送到了「我的」船員手上，每個人都有。我不知道是該笑還是該哭。喝了幾杯之後，二副向我坦承：

「老實說，我們還有一位乘客，住在三等艙，算是個海盜。他不想通過尼加拉瓜，而且人快死了。他還有個相當奇怪的偏執念頭，想在抵達尼加拉瓜之前讓我們把他丟進海裡……他天天作這樣的惡夢。不過不用擔心，在這之前，我們早已先在波多巴瑞歐斯送您下船了！」

隔天我們把餐廳移到游泳池畔，他們還爲我蓋了一間溫室。我的艙房就在船長的房間隔壁。他是個航海老手，臉上鐫刻著美麗的線條，談笑間闖過數不清的大風大浪與星辰，心地好得像是一則童話一般。

我以爲我是在作夢。一切太美麗了，不可能是眞的。我們不久便看見一座多姿多采的島嶼。我請船長往小島航去。他依言照辦。這是一處候鳥遷移時聚集的小島。如果船長出言要求我在此渡過餘生，如果他在這裡下錨並把心就此留在島上，我是一點也不會感到驚訝的，一切都太自然不過了……

不過我們並未停留，繼續乖乖地往瓜地馬拉航去。即便如此，我還是能感受到我的船員愈來愈緊張、愈來愈焦躁，因爲波多巴瑞歐斯愈來愈近了。

每到晚上，船長和我便會重複我們兩人之間小小的「慣例」。我們會把其他船員支開，一千零一次地向彼此述說童年往事。和我一樣，他不喜歡講起成年的生活。我們是兩個渴望逃離現實的成年人，尤其是逃離現實醜陋的一面。我們談話的基調是友誼。他告訴我世界各地、透過船上收音機傳來的新聞。我注意到，船行越近荷屬庫拉索島，他對我越是溫柔，但是在他牽著我的手走上階梯的時候，那日晒過的蒼老雙手富含了對我的同情，而非愛情。

在庫拉索島，我決定自己去散步一會兒，思考我的新生活。觸目所及都是奇蹟：樹木、嶄新的天空、人……我一身白衣，腳上穿著運動鞋，啓程踏過庫拉索島的柏油馬路，不過很快便被我的船員趕上。我轉身大叫：

「我想要自己一個人，獨自逛個街。晚上和你們在船上見。」

船員們走開了，但是相距不超過十公尺。我這才知道自己被跟蹤了。甩開他們可不簡單：他們有時候是七人，有時候十人，跟在我後面假裝買水果、和當地人聊天、送小孩子貝殼、給自己掛上成串的貝殼和鮮花。在這裡，我們都覺得自己化身爲棕櫚樹下的小孩。這座小島屬於威勒米娜女王，因爲是荷蘭殖民地，當地帶著荷蘭風味，還有成堆的新鮮鬱金香。

我在銀行換了點錢。大副衝到門口，不是替我開門，而是在我之前先衝了進去。我以爲他瘋了。我換了幾法朗的當地貨幣，然後便回船上去了。我向船長抱怨這種不甚高明的跟監。他又笑又哭地說：

「妳既年輕又漂亮。」他向我解釋：「島上居民很可能會把妳給搶了，收作庫拉索島的小孩去了。我們不能把乘客丟在這座小島上……」

我相信這位勇敢的老船長。啊，船長，如果你還在人世的話，我在此跟你的笑容和眼淚說聲謝謝！

無可挽回地，波多巴瑞歐斯一天比一天更近了。當我問船長我們每天航行幾海浬的時候，他悲傷地回答我：

「我希望我們永遠也到不了波多巴瑞歐斯！」

之後，他眉頭上的皺紋久久未消，我也不再問任何問題。船員們穿著雪白配上金色的制服，簡直無可挑剔。他們向我解釋加勒比海的種種神祕傳說，因爲彼此所有的故事都講遍了。我們每個人各自走向彼此的終點港口。老船員將不再跑船。很快地，他們希望在陸地生活的夢想就要展開。也因此，他們感到害怕——家裡的小孩、總是跟隨背後的忠貞（或不忠）妻子……經過多年的等待，他們將要如何熬過這段奇蹟般的休養生息和家庭歡樂，這個再也沒有出發和抵達的天堂？然而，這是眞的尾聲。

加勒比海映著藍色海水的天空讓水手們都變了個樣子。天空的顏色和海水不同。肉眼並不能立即察覺，單是身體就感覺被照得更明亮、更高大，好像被新的光線改頭換面似的。你溜進這道新的光線，好比進入一個新的世界。他們將此叫作「加勒比海的魔力」。人會因此而改變：狂暴的變得溫柔；軟弱的變得強壯；空氣呼吸起來好像獲得重生，重生在一個新的擁抱裡、一份新的關愛之中。

有時候當地人會對這道光唱歌，彷彿在表達謝意……當我還在巴黎的時候，睡著後會作夢夢見我的太陽、那道光芒、我那隆隆作響像大砲的火山、永恆的夏天。我想像已久，一直想像自己重新回到這個氛圍，那是我的搖籃、我的血緣。

慢慢地，我的心情在船橋上舒展開來，跟我的老船長聊起星星的命運。那些星星看起來好脆弱，因爲我們的眼睛無法穿透箇中奧妙。它們就好像是巨大的蜜蜂，而品嚐蜂蜜的最好辦法，便是躺在船橋上，身旁是一匹宛如海上老狼般的老船長，深深呼吸著加勒比海，黑暗的海水層層疊疊地映照出這些永恆、不受驚擾的星辰。

□

白日短暫。我們拍照留念，知道我們很快便會離開這些溫暖的水域，很快便會永別，所以我們想要保存一些時光的痕跡，在這段時光裡，我們的心靈相遇，如此強烈，如此純粹，就好像混融在海水中的星星一樣。

「妳會把我忘記。」船長說：「就想所有的乘客都忘了我一樣。事情本來就是如此。我愛過他們每一個人，每一個在航行中與我距離親近的女人，一個個躺在同一張躺椅上，洋溢著戲劇性的生活，充滿了對死亡的恐懼。她們全都美麗而脆弱，一如我這艘船的海上航行或是只有一天生命的花朵和蝴蝶，恰似妳握在手上的那杯香檳——很快便會被喝掉，卻繼續存活在妳眼睛深處的明亮光芒之中。還有永遠鎖住的回憶，就嵌在這顆腦袋上。」他摸了摸頭說：「這顆腦袋，即使現在它成了一顆頭顱，也仍會保存這一次次脆弱的航行、來來往往的生命、香檳泡沫、妳眼中光芒的味道。這些所有的事物都是光線，只有光線才算數，只有光線才能創造，只有光線，燦爛的光線。」

我的身體感到沈重。不久我便會在波多巴瑞歐斯甦醒，身處棕櫚樹和家人之間，重新征服那曾經看著我出生的大地。我並不害怕，但我真的非常希望就此在船橋上睡去，醒來的時候身旁便是無所不能的上帝。即使如此，我的身子還是驚慌地顫抖著。鈴聲突然響了起來，原來是船艙傳來的警鈴，好像我們生命有限的人類美夢突然被人闖了進來。這時警鈴又響了，伴隨著成千上百的喊叫和腳步聲。大副問說：

「船長，我可以上船橋嗎？」

我原本想求他不要讓任何人破壞我們的夜晚，可是他像頭睡醒的猛獸般起了身，捏碎了手上的水晶杯，緩緩地揉搓直到碎成了粉末，然後吼了一聲：

「好，上來吧！」

他弄傷了自己。一片片碎玻璃散落地面。他向我的沙發走過來，第一次激動地握起了我的手，血滴濺滿我的衣服。他用另一隻手撫摸著我的前額，時間有一秒鐘。然後他把臉轉向立正站好靜候的船員。

「說吧。」

「我們有位訪客。他離船有兩海浬，要求我們去接他上船。」

「他是誰？」

「大西洋輪船公司的總監。他有封急信要給聖修伯里伯爵夫人。」

「趕緊去接他，減速，在五分鐘內下錨。」

給我的信？除了那個我想要與過往一起埋葬的人以外，還會有誰？那個人曾經給了我生命，然後讓我在巴黎死去。我了解我的老船長對我作的溫柔保護。我感到自己身處危險之中，但是，是什麼樣的危險呢？

爲了這個即將搭船來與我們會面的人，整艘船都動了起來。

「他等不及妳到巴拿馬。他沒辦法等到妳重得自由。小女孩，我愛妳就好像我愛星星一樣，就好像我愛我的回憶。當妳遠走高飛，忘了這趟旅行的時候，請給我個面子，記住今晚，今晚我多麼想成爲神，止住妳的眼淚。可是妳知道，眼淚並不一定都具有殺傷力。眼淚可以是淨化心靈的，眼淚可以是通往喜樂恩典的道路，一條讓女人變成天使的道路……」

「啊，是的，我相信你。」

又一瓶香檳解了我們等待的渴。在我們面前，互相競逐的船隻漁火把眼前寧靜的加勒比海照得賞心悅目。

我心血來潮，試著一片片挑起嵌在船長手上的玻璃碎片，他的手對我如此的友善。當我把所有的碎片都拿掉之後，他高高站起，堂堂皇皇，然後我們回到他的船艙，在那裡他點亮了一盞燈，把一件美麗的船長披風披在我的肩膀上，蓋住白色長袍上的血漬，接著呼叫了無線電操作員，叫他帶一份文件進來。無線電操作員進來了，手拿著一個銅盤，這銅盤擦得透亮，彷彿是金製的，上面擱著十幾份電報。

「全部都是給妳的。在航程中傳來。我沒有交給妳，因爲這些電報會讓妳哭泣。我想要替妳免除那些眼淚。」

顫抖中，我拿起第一封電報：

飛機於瓜地馬拉墜毀　聖修伯里瀕死右臂必須截肢　妳的老母親　病人在等妳　瓜地馬拉醫院醫生上。

然後我讀了下一封：

丈夫重傷　32處骨折11處有致命危險　妳到達前不截肢　坐飛機至巴拿馬以盡快和我們碰面　妳的母親姊妹的心與妳同在。

18 我的家鄉

其他電報是朋友和八卦報紙發來的，後者利用悲劇來刺激發行量。

「妳從來不曾跟我談到妳的丈夫。」船長說：「妳偉大的丈夫，妳有名的丈夫。現在他有生命的危險，就在瓜地馬拉等妳，就在妳要下船的地方。妳必須承認人生很奇怪。」

我再也不知道如何哭。我什麼都不知道了。我繼續看著星星，心中想著死亡。船突然停了。我們可以聽見皮帶、鐵鍊的攪動聲，梯子準備好了，讓大西洋輪船公司的中美洲總監登船。

船長正在艙房大步走來走去的時候，我人是躺著的。天光漸漸開始打亮我們扮演的這齣戲。

「我叫作路易斯。」一個身高兩公尺的男人大聲地說，他的聲音熱烘烘的很溫柔：「我盡快來帶妳去見妳的丈夫。瓜地馬拉總統和我，加上大西洋輪船公司的協助，提供這趟行程，讓妳和妳受傷的丈夫重聚。」

這個男人的皮膚很好，儘管頭髮白了，却還顯得年輕。他的笑聲對身在傷痛中的人特別有親切感，認得出彼此都有類似的經歷。在我試著要起身謝謝他的時候，我跌落在他的懷中。船長這時咳了幾聲，提醒我應該作個戰場上的勇敢小士兵，面對敵人的炮擊也依然英挺有尊嚴。

「謝謝你，先生。貴公司的好意深深令人感動。」我告訴他：「我很樂意有你幫助我。我們什麼時候出發？」

「汽艇已經在等了。我們可以在一小時內抵達港口。」

船長按了所有的控制鍵，整組船上人員靜悄悄地來到艙房。

「大西洋輪船公司的一位總監來到船上。」船長嚴肅地說：「我們有幸接待他參觀我們的船，各位，我把他交給你們了。」

船員接掌了接待訪客的工作。原本除了三等艙乘客以外就沒別的病人好照顧的兩位護士，從頭到腳一身打扮，幾乎可說是穿了晚禮服。現在，就這麼一次，終於輪到她們作作可愛的乘客，接受船上那些服務人員的殷勤照顧，那些假期中的唐璜……

我再度躺了下來。船長在艙房裡繼續踱步，好像一切都很正常。遠處可以聽見慵懶令人陶醉的音樂、歌聲、生命。我睡著了，不知道睡了多久。醒來的時候，船長的眼睛看著我，輕輕地握著我的手。

「睡吧，睡吧，吃晚飯的時候我會叫妳起來。飛機上沒有位子。在抵達波多巴瑞歐斯之前，路易斯都會是我們的客人。今晚，在大宴會廳，我們將舉行最後的一場晚宴。我們還有來自巴拿馬的客人：一群年輕女性，屬於一個運動隊伍。對我們的客人來說，今晚將是歡樂的。妳和我，我們命令我們的心在睡眠中靜靜等待。悲傷充滿了神祕。妳願意當我今晚晚餐的女伴嗎？」

一位如此深刻地分享了我的痛苦、却不肯給我看到他自己傷處的男人，他的邀約我無法拒絕。

他親吻了我的手。護士拿了袋冰塊幫我敷頭，醫生給我打了幾針，女僕則替我挑了件晚禮服，鋪在我跟前，那布料純白得像是希望，上頭有鮮花的織錦。

那天晚上很熱。在那張我們習慣用餐的大桌子上，船員們除了我以外，不要其他的女人坐。他們用新鮮的花朵替我佈置了一個寶座，那些白花是他們在巴拿馬買的，費了勁在高溫下保持住鮮度。在我的位子上他們放了一張卡片，上面有一句簡短的題詞：「仙女」。怎樣才是接受這份非比尋常的禮物的最好方式呢？要如何才能不覺得自己是朵花，即使這朵花即將因夜晚而凋謝？

我們的眼睛燦爛，渾身充滿了對這些精彩說書人的敬意。啊，我們的客人當晚眞是受到一流的照顧！我們的大副，這位太平洋上最討人喜愛的說話高手，正問著客人問題呢。一點一點，路易斯告訴我們他一生的故事。他向我們坦白，向這些正努力排解滿座白花帶給我的哀傷的水手們坦白。路易斯先生爲我們大家瘋狂，陶醉在他要傳達的訊息裡，沈醉於他扮演的角色，醉心於他能夠給我的保護。

「你知道，我的船長。」他說，帶著帝王般的全副傲慢：「我自己已婚，結過婚，結婚了。我有三個女兒。有一天，我想把我的太太和小孩帶到薩爾瓦多。我等著乘客下船，我的太太並不在其中。然而就在前一天，我還收到一封電報說她就在船上。她不可能就此蒸發了吧！她在我離開巴黎的時候重達兩百公斤呢！逃跑對她來說也不是一件容易的事。我又等了幾分鐘，想不透怎麼回事，接著便被叫到裝卸動物的地方。在那裡我終於接到了我太太……同時也接到了她身邊的牛和馬。我的兩個女兒幫忙她走進乘客的等候室。離我兩年前見到的她，又長得更胖了。她開口說話，聲音非常甜美。進飯店時，必須把大門拆掉才能讓她進去。從此以後她便一直待在那裡，待在那個房間裡，毫無疑問地待了很久很久。她甚至不能轉身或是坐下。這，各位先生，就是我的太太。千眞萬確！」

這位修長、靈活、高貴的男人，娶了一頭無法走出門的怪物，這樣的故事讓我們非常感動。每個水手輪流說了他的故事，極盡傷心之能事。他們全都在盡力展現的是，人們心底的悲傷有時候比心愛的人死去還要難以忍受。

□

一到了波多巴瑞歐斯，我覺得自己在作夢。我回到了家鄉，充滿火山和心愛歌謠的中美洲故鄉。共和國總統已經派了一輛車等候我，並從他的國家士衛隊中調了兩輛機車爲我在前面引導開路，以便更快速到達。不過我拒絕這麼勞師動眾的排場。我想要停下來，在小農莊裡喝椰奶，在那裡，當地人用牙齒把椰子咬開，直接捧著椰殼喝椰奶。

我用手臂捧著一顆新鮮的椰子離開，在舒適的總統專車上飲用，在滿是塵土的道路上奔馳。而且我們沒辦法把車窗打開，因爲那樣子會滿嘴灰塵。即使關上了車窗，外頭同樣什麼也看不見，全是一片黃色的雲霧。我嗆得喘不過氣來。

我們到了，路易斯先生和我來到一間軍醫院。一個小小的白髮老女人，背很駝，人很瘦很甜，用力地把我抱在懷裡，哭了起來。我還沒有時間瞧她的臉，或是認她的人：她是我的母親。

我們的擁抱持續了很長一段時間。經過這麼多的驚嚇，到現在我已經處變不驚了，我以爲她的哭泣是在宣告東尼歐的死亡。不過，不是的。她緩慢地領我走進一間房裡，一位身著少校軍服的醫生在等我。

「夫人，歡迎來到瓜地馬拉醫院。您的丈夫正住在本院。他的房間號碼是七十七。跟我來。我相信危險期，最嚴重的危險已經過了：我的意思是死亡的危險。儘管如此，他的身體還是非常虛弱。他有很多傷口。如果您願意授權，今晚我們就會進行手部的截肢，也許截到手肘處。這是必需的。我知道您是位非常勇敢的女性；我確信您會同意我的看法。獨臂活著應該好過雙臂死去。」

我走進病房，雖然簡陋卻也一塵不染。有位護士正在照料病人。我幾乎認不出東尼歐的頭，它腫得那麼大，像是有五個頭那麼大，這形容毫不誇張。醫生爲了讓我安心，說他們已經作了所有必要的措施，他身上的一切都已經歸了位了。我們可以看見他的嘴裡裝有專門固定下顎的器械；他的嘴唇不過就是兩片垂在下巴上的黏膜罷了。其中一隻眼睛幾乎跑到前額去了；另一隻朝著嘴巴垂了下來，腫大發紫。在泡滿各色消炎藥水的棉花和繃帶之下，幾乎看不到他的人。瓶瓶罐罐在那兒吊著，透過一套複雜的管線持續不斷地在他的手腕、手肘、頭和耳朵滴藥水。我這一生從來沒看過這樣的景象。

而這個人就是我的丈夫。他不時睜開一隻眼，另一隻則被紗布包得完全動彈不得。只要有光線掠過他，他腦中好像便會發生一件旁人無法理解的事：他會開始嚎啕大叫。我感受到他正在奮戰，正在搶救這個命運玩在手上蹂躪、破壞、改造的寶貴東西。他正在他人性意識的深處進行一場艱困的奮戰，如果他還有意識的話。

很快地，我便能夠在我的生命之中感受到他所受的所有傷口。坐在他的床邊，坐在一張窄椅上，我注視著那隻眼睛，那隻有時候瞥過我的衣服或是我臉龐的眼睛。我們如此過了好幾個星期。

我開始餵他，好像他是個第一次喝奶的小孩，好像他咬了第一口沾了蜂蜜的麵包。他頭上的腫脹開始消退。他的身子還非常瘦。一天過了一天，他的體重不斷減輕。在嗎啡的作用下，他常常講些極端複雜的故事，讓我不禁懷疑自己才是生病的那個人。

醫生最後終於允許我把他帶回家，因爲他身上只剩下手上的一處傷口不肯痊癒。那隻手似乎不想留在他的手臂上。那最令我們擔憂。

離開醫院的那天，我們的朋友以爲他們可以在瓜地馬拉皇宮飯店的廣場等著爲我們打氣，所以準備了馬倫巴木琴、香檳雞尾酒和一百位的服務生。我的丈夫跟我說：

「我打算直接穿過人群。今晚讓我睡在飯店，明天讓我坐上前往紐約的飛機。我要作個整容手術，把我的牙齒排列好，眼睛放好，因爲妳沒辦法跟一個一隻眼睛在臉頰上、另一隻在前額的怪物生活下去。不要不高興，一切都會順順利利的。」

「可是我要跟你去。」

「不要。我們已經分開了，還記得嗎？」

「是的。」我回答說：「我記得。我會送你上飛機的。我現在就去打電話訂票，這樣你明天就有機位了。」

事情很簡單，但我自問這男人是否眞的有顆心，如果有，這顆心在哪裡。我剛剛把東尼歐從死亡救回來，而他却提醒我，我已經不再是他的伴侶的事實……我向路易斯先生求救，請他幫我訂機位和打點所有實務上的細節。

我的身子一直撐到了凌晨三點，直到我送了我的丈夫到機場去，他的身子虛弱得像是風中快被吹走的骷髏，但似有一股神祕的力量在引導著。

回到家後，我開始發燒，醫生診斷不出病因。換我進醫院了，得忍受一種奇特的感染和神祕的發燒帶來的痛苦。我親愛的母親讓我重獲生命、恢復健康和信仰。我們從不曾談論我們身為女人的悲慘種種，我們只是彼此幫助。有一天我終於離開了診所，我的家人帶我回到我出生的房子裡。

我生病時，從紐約打到瓜地馬拉的電話天天響起。我的丈夫擔心我，要求我母親讓我盡快坐上前往巴黎的船或飛機。他自己正準備前往巴黎。大使館送來東尼歐措詞親切的信函、鮮花和禮物。不過我想再度看看我出生的城市，花多一點時間在那裡漫步，探訪童年的朋友，看看我那長在火山腳下的玫瑰花叢。

□

「橘子！芒果！角黍！pupusa 果！」我一路上聽著這些叫賣聲在火車經過的小車站響起，

這列車把我帶回聖薩爾瓦多市附近的亞爾美尼亞。

到了站，炎熱的程度並未消減。我看到好些小孩子成群結隊歡迎我，口中唱著國歌。女孩和男孩面對面，各站成一排。女教師則面對著校長站著。兩個人都手拿著指揮棒好像在指揮樂隊，引導著幼小童稚的聲音，以歌聲禮讚他們的大姊姊同胞歷經千辛萬苦，從巴黎歸來！

□

家鄉村落的村長亞爾菲多先生一身雪白，年紀還很輕，有一種安靜小村莊的溫和青春氣息。自從我離開之後，很多事情都不一樣了。女孩子們長大了，作媽媽的作媽媽，死了丈夫的死了丈夫，有些則離了婚。有錢人變窮了，窮人變有錢了。老市集不見了。樹木越長越大，現在街上都是漂亮的橘子樹。在瓜地馬拉的診所待了一個月後，我穿過左一排女孩和右一排男孩的隊伍，我慢慢地走過亞爾美尼亞長滿了竹子和角黍的公園。我走過熱帶的陽光，把自己看成是夢遊仙境的愛莉絲，從一片被壞心的天神搾乾了的海底升起，然後透過這樣奇怪的方式被送到小孩子的溫柔聲音裡——他們赤腳走過被太陽晒得滾燙的石子路面，歌唱著生命的喜悅。

我原本以爲一旦回到家，就能夠躺在我們家殖民地風格建築的冰涼馬賽克拼磚上，在可可亞樹和我最喜歡的芒果樹的樹蔭下乘涼。

不過我的歸來却和我原先想像的不太一樣。家門口又有一團樂隊、三副馬林巴木琴伺候著，家裡的大門對整座村莊大剌剌地敞開，每個人都想和我握手。

我的姊妹們沒有徵詢過我的意見，便判定我的輕便打扮和這樣盛大的光榮場面不相配。當場我的手提箱和行李便被打開，然後她們強迫我在下午三點穿上最高雅的一件晚禮服……我的一個姊姊替我穿鞋，另一個替我梳頭，第三個替我裝飾頭髮。我的母親給了我一把大扇子，因爲在聖薩爾瓦多，人們總是汗流不停。我的確回到家了。

我唯一樂意握手的朋友，是村上的三個乞丐，他們從頭到尾都沒改變：寇巴松老頭、「早上的啞巴」、拉卡女人和拉提雅乞丐！

看到他們仍然是乞丐，我開心地笑了，求我的母親把他們請進屋裡。我心裡明白，在人生戰場上，他們是我眞正的袍澤。寇巴松老頭就坐在我旁邊，身上還受著被人痛打了一頓的疼痛：人們總是追打蒼蠅、野狗和乞丐。

屋子裡滿滿都是鮮花和棕櫚葉，形成了一道道勝利的拱門，好像皇后從海外回鑾似的。我知道我沒辦法爲這些企圖與皇后爲友的賓客扮演女主人的角色：我只覺得自己如果是皇后的話，也是個大不幸的皇后。我有什麼權利抱怨？我有什麼權利坦白講出我身爲女人的悲慘遭遇？慢慢地，我變得沈默；慢慢地，我將自我噤聲；慢慢地，我把自己心中的感受推進遺忘裡。

晚上，一群在我母親莊園工作的伊薩科印第安人列隊通過我面前。每個人各給了我一片樹葉、一粒水果、一隻鳥、一件物品。整個過程美麗、悲傷、動人極了。我愛這所有的儀式，卻再也沒辦法繼續參與下去了……

角黍節阿塔米亞拉達，開始了。只有寇巴松老頭一人跟我較熟。他會用頭髮不時地摩擦我的衣服。他很難過沒能替我擦鞋子，因爲他在村莊裡鞋子擦得最棒。他跟我說：「我們這裡有第四個乞丐，不過她屬於比我們還稀有的一種人。她不喜歡我們這種說話方式，也不喜歡我們吃飯的模樣。她和我們的生活方式完全不同。而且其他人都說她瘋了。他們管她叫村裡的瘋女人。她跟我保證過，她會一個人親自來見你。」

正聽著這則故事的時候，我聽見一個女人被毒打的慘叫聲。我擠身離開身邊這群人，跑向叫聲傳來的地方。聲音來自於我的臥室。在好幾天前便仔細整理鋪好的床上，躺著一個看上去約三十歲的女人，她的頭髮散落在蕾絲床單和枕頭的珍貴織錦上頭。幾位僕人正試著把一件刺了繡的麻料睡袍從她身上脫下來。她被人像一條狗似的鞭打，她用手把頭蒙起來，卻怎麼樣也不動。

她就是村裡的瘋女人。因爲她想要單獨見我，所以便直接爬上了我的床。提起最後的一點力氣，我大喊大叫地試著阻止那些打她的粗人，但是，徒勞無功。我的母親告訴我說這個女人很危險，前天她才把另一個女人的眼睛挖出來，被關進監獄後，還是成功地逃了出來。最後我終於把所有人都趕到外面去，獨自一人和我純潔美麗的瘋女人待在一起，她霍地站了起來，向我伸出雙臂。我那時以爲這個擁抱將是我生命的最後一刻。結果，輕輕地，她撫慰著我的臉頰、我的手臂、我的腿。她讓我穿上她拿走的白色麻布睡衣，然後打開門莊嚴地走了出去。

我待在床上，了無知覺。

□

一天清晨來了一位領事，他說我必須回巴黎，我的丈夫要求我回去。

再一次，我走過渥邦廣場的門房面前。經過這一切，我幾乎沒辦法抬腿走路。終於，我回到了家。東尼歐還是非常地瘦、非常地安靜、非常地沈默。

管家波利斯以他特有的俄羅斯式笑容笑了起來，這動物本能似的笑容曾經歡迎過我不知多少次。公寓還是老樣子，完全沒有改變。我們的生活也許曾經瀕臨險境，但是我們的傢具一直都是安全無虞的，還有這個地方的可愛之處，就像天空一樣的晴朗蔚藍，絲毫未受到任何波及。一頓家庭晚餐讓我和我的丈夫重聚在彼此的沈默溫柔中。一個接著一個，來了好多客人：朋友、親戚、我的婆婆。他們要我怎樣？我自己已經沒有什麼可以給的了。我已經走到這一連串悲慘的盡頭了。

一天下午，我在髮型師那裡耽擱了稍久，當我回到家裡的時候，房子再度一片空蕩：所有的東西都被搬走。窗戶開著，吹進來的微風中漂蕩著幾張皺皺的報紙，除此以外，別無他物。我以爲我自己在作夢。我們的傢具哪裡去了？我們的東西呢？這讓我想起了一部卓別林的電影，我想片名叫作《馬戲團》，片中只能看見劇中人物曾經走過的蹤跡。我擰著手，試圖了解這一切。我不知道該怎麼辦。

我下樓去找門房，却不敢問他半句話。於是我出門透口氣，也許我就能開始理解這一切？也許我能找到人解釋給我聽？我看到我的丈夫像座雕像佇在人行道上，就站在我面前。他捉住我的手臂跟我宣布：

「是的，我遣散了所有的僕人。太花錢了，我沒有錢付房租。」

「那我們住哪裡？」

「我帶妳去飯店，我訂了兩間房。」

又是在飯店的生活。這次是路太夏飯店。

19 我要去工作

路太夏飯店是右岸人在左岸的避難所……一個塞納河兩岸交流的地方。

我們建立在非洲沙漠之上的婚姻，在巴黎太平坦的路面上走得並不理想。這裡的一切都是平的、灰的、悲傷的。爲了掩蓋和裝點這樣的憂愁，我們需要很多淚水、香檳、謊言和不忠……

就這樣，我們在飯店裡訂了兩個房間，一間給先生住，一間給太太住。情節彷彿是從當時流行的英國小說中搬出來似的。

「你眞的要兩間房嗎？」

「是的，這樣比較舒服。」東尼歐對我說：「我晚上工作，會讓妳徹夜不眠。我知道妳這個人就是這樣。」

「好吧，隨你吧……」

在接待處我要了兩間房，不在同一層。

「妳反應過度了。」

「不會，不會。那樣子你晚歸的時候才更不會打攪到我。」

「很好，不過妳會後悔。」

「啊，我已經後悔了。一分鐘，只後悔了一分鐘。就一分鐘。那是當我最後一次回到渥邦廣場的家裡，卻發現所有傢具，我們所有的東西都不見的時候的那一分鐘。你連句警告都沒跟我說。啊，沒錯！那就是我後悔的時候，你最好知道。不過你也一樣，我想有一天你也會後悔的。」

「那只是爲了省錢罷了。」

「省錢？可是住在飯店花的錢是渥邦廣場房租的兩倍，還沒加上餐費呢。算了，你算帳的方式沒有人懂，一定是從天上學來的。也許加加減減算起來，住在飯店比較划算。也許這樣子比較方便我們倆人分居。這樣子便算是省錢了，我了解。你想要安安靜靜、不動聲色地離開我。你心地好。謝謝你了。」

我們被帶到房間，一間在六樓，一間在八樓。他憂愁滿面地跟我說了聲謝謝，然後咕噥著：

「可是誰會把我的襯衫和手帕送來呢？」

「你在的時候，我會送到樓上你的房間去，這樣你就會有乾淨的襯衫和領帶了。」

「妳眞好……」他回應道：「妳知道我把身體全搞砸了。我的膽囊壞了，不能用了。瓜地馬拉的那場墜機讓我的身體亂成一團。我的心臟緊挨著我的胃，我總覺得要嘔吐似的。」

「結果你吐的是你的人生，你什麼都吐。你吐完的時候看還有什麼會剩下來？」

「啊，女人從來不想了解男人！」

「男人？所有的男人？我的確不懂。但是有一個男人，我懂：那就是你。我了解，你需要徹底的獨處。你的日子需要完完全全的自由，不要吃飯、不要妻子、不要家庭。你想要像個鬼影一樣來去自如。我懂你吧？」

「妳懂。」

「那麼你幹嘛把我從瓜地馬拉叫回來？爲什麼？把我丟進飯店房間？叫我等待什麼？」

「等待我吧？」

「你太過份了！我絕對沒辦法跟上你的腳步……我們又淪落到飯店裡了。一個星期內，你的胃便會受不了餐廳的食物、酒和其他亂七八糟的事情而不舒服……」

「我人本來就不舒服了。我要到維希溫泉去治療我的肝。」

「如果你願意的話，我們今晚就走。」

「不，我要自己去。我需要獨處。我隨後再回來找妳。」

「謝謝你了。請問你打算要我怎樣打發時間呢？」

「替我們找另一間公寓。」

「好，就這樣。」我說：「我們睡覺吧。」

「那我們去妳的房間睡。」

「好，你說了就算。」

「可是如果有人打電話找我，妳就到浴室裡去，讓我一個人講電話。」

「我從來沒有阻止你講電話……你要求我做的事眞傷透了我的心。我，我沒有什麼話好說，也沒什麼需要隱瞞的了……好吧，去睡覺吧。」

他的E繼續主宰著他，不過沒有像以前那麼嚴重了，因爲他轉向我求助，他是如此的難過！那天晚上我決定去找一間新的公寓。

一種苦楚、一陣煙塵石塊，正轟轟落在我們這個家裡。說穿了，就是一個女人……我心中沒有任何歡笑剩下來。我知道這一切必須結束。這些飯店的小插曲有什麼意義？

到了午夜，我在他的懷抱裡忘記所有傷痛。我們的生活就是這樣，挾帶著來來去去，錯過彼此……相愛……分離……

□

隔天早晨我出發尋找便宜的公寓。在巴黎某處一定有這樣的公寓，有廚房讓我替他烹調蔬菜和米飯，有一個小房間讓他放他的書。一個永遠可以讓他在我懷抱裡的地方，不管這地方在哪裡，只要他在我的懷抱裡就好。半夢半醒之間，他又求了我一次，求我去找個能讓我們棲身的屋子。

我在天文台附近發現了一處位在六樓、可以俯瞰一片樹海的公寓，沒有電梯，馬上就可以租用。我馬上付了訂金，只等著東尼歐來看看。

我們一起去看了這間公寓。他人很興奮，眼睛充滿淚光地謝謝我。我欣喜若狂。他的房間有個大陽台，可以看得見公園。租金一點也不昂貴。我們還很年輕，爬五層樓梯不是什麼問題。在陽台上我可以養鳥、種花。廚房寬敞，有一具大型的燒炭火爐，可以溫暖大半間公寓。另外在房間裡還放了一具蠑螈爐，就是這些。兩週內，我們就可以搬進來，正好趕得上過聖誕。

他邀請我們的好朋友蘇珊和我們一起看房子，蘇珊也和我一樣滿意。我們付了頭三個月的租金，拿到了鑰匙。

隔天他沒有回到飯店，却留言給我說他要出去旅行幾天。那時我很滿意那間公寓，沒有多心。接著，中午的時候，他的商業經理人卻打了電話給我，叫我把氣象台附近那間公寓的鑰匙還給他。我的丈夫考慮過了，目前他還沒有辦法支付公寓的暖氣，因為煤炭的價格才剛剛漲了……

天哪！飯店貴上十倍呢！我試圖爭辯，但命令已經下達。我哭著交回了鑰匙。

三天之後，他回來了，臉色蒼白，身形憔悴，神色不安。我的一個朋友告訴我說她在巴黎碰見過東尼歐：東尼歐又說謊了……

我的心情悲傷，了無希望。

「康綏蘿，妳可不可以再找一間小公寓，一間漂亮的小公寓，給妳自己住就好？我發誓我真的會把它租下來，還會常常來看妳。」

我懂了，他不想再和我住在一起。是我該決定要不要自己過活的時候了。

「好的，東尼歐，我會問房地產經紀人的。」

幸運地，我們的幾位朋友正要把一間兩層樓的公寓很便宜地租出去，位在大奧古斯丁河堤，看得見塞納河。東尼歐立刻帶我去房地產公司，並付了一年的租金。於是我拿到了鑰匙。我想去教堂祈禱，他便跟著我去。我們順便在河岸上散步，逛逛舊書攤。我小心翼翼不對任何昂貴的書籍表露興趣，以免他會想要買給我，便談起了水面上的陰影。一月一日，我說，我就要去大奧古斯丁河堤住下了……他發現樓上很適合他工作。我們會把房間塞滿書，把它變成一間可愛的藏書房……他承諾他晚上會回來，當晚我人就留在他的房間裡等他，但他整晚都沒有回來。

隔天早上他也沒回來。他打電話給我好讓我安心。他說他的車在鄉下拋錨了，不過晚點會回來吃晚飯。

那天晚上，我們兩人在路太夏飯店的餐館用餐，沒有說太多話。一種巨大的疲憊感，一種巨大的昏睡感席捲我們兩人。

「我們去睡吧，我的妻。」他最後說：「我想要在妳身旁休息一下。」

「好，東尼歐。」

我們溫柔地抱在一起，像是兄妹一樣地睡下，直到中午。他緩緩地穿衣，求我待在床上，然後宣布說他必須前往阿爾及利亞，會待在雅樂地飯店……他會寫信給我……

他求我原諒，在新年前夕扔下我一個人，尤其現在我正在搬家。我連抗議的力氣都沒有。他和我親吻道別的時候，我的眼睛半開半合。

我們和大奧古斯丁河堤公寓的房東約定好，一等粉刷完成，我就搬進去。聖誕節我無事可做，粉刷又完成了，於是我便租了一輛卡車。搬家公司建議我最好在假期前把傢具搬完。於是，在十一月二十六日，卡車滿載著我的東西抵達河堤。門房看到我們就無禮地說我們不能把傢具搬進來。我打電話給房東的秘書，秘書正在休假。我只好讓滿載的卡車停在河岸，這每天花掉我兩百法郎的卡車租金……到了一月二日星期五，房東終於回來了，他告訴我說我的丈夫已付了毀約金，已經放棄租用這間公寓……

我以爲我就此瘋了。不過人比我們想像的要強壯多了。似乎藉著當面嘲笑我們的絕望，嘲笑我們的心，可以在我們眼前羅織出那片遮蔽命運的蜘蛛網。而身軀生來便要走路的，並且會持續不斷地走下去！

我的丈夫在阿爾及利亞，留我孤單一人：那年除夕，我與我的孤獨共處。我漸漸懂得我必須日覆一日地活下去……

有蘇珊的陪伴，我去租了一間在蒙帕納斯公墓旁福華德佛路上的工作室。在那裡我放了一張桌子、三張椅子、一台大火爐和我的老鋼琴。於是我離開了我先生每個星期只待上不過幾小時的路太夏飯店。

一些朋友告訴我他已經回來了，在奥特依租了一間單身公寓，那位可愛的E每天都在那裡和他共度下午。雕刻是我僅剩的安慰。

東尼歐覺得我的決定很有勇氣，也覺得我的工作室很不錯。聽著他的讚美，我像個已死的女人，數著鐵鎚的敲打，一聲聲地把棺木釘死……

□

就這樣我們分居了。蒙帕納斯公墓的景象令人不寒而慄，不過我一點一點也習慣了。我的門房是對父子，是做墓碑的。兒子工作起來比老爸快，老人家一錘錘漫長而遲緩，兒子的小鐵鎚敲的則是強拍的韻律。從早到晚，我聽著鐵鎚敲打墓碑的聲音。這些石頭將封死某人的生命，而他和我一樣，曾經笑過、愛過、受苦過。

我把這個奇妙而抑揚頓挫的背景噪音解釋給東尼歐聽。他幾乎每天都來，每次都待得很短。我把我的焦躁不安也告訴了他。

「妳會習慣的。人類對什麼事情都會習慣的。」他安慰我說。

「是的，我記得你說過，在北非『黃金流域』這片土地上，奴隸是怎麼訓練出來的。一旦接受了屈辱，承認你不再是你自己，不再是自由之身，日子就好過了，是不是這樣？我就是這樣。你讓我習慣單獨的生活，習慣住在墳場邊緣，習慣一個月一千法朗的生活費。你一個星期給我二百五十法郎，讓我覺得自己好像是個休假中的女傭。你爲什麼不能一次全數給我？」

「我並不富有，康綏蘿……我在努力養家……如果我一個月給妳一千法郎，妳拿這錢要做什麼，我的小寶貝？妳會一下子全部花光的。」

「我會工作，像其他的窮女人一樣……也許我會快樂些？也許我一個月可賺的錢不只一千法郎？」

我的臉色蒼白，喘不過氣來。整個晚上我都在哭泣，但是我不想以任何方式責備他。他不再愛我了，那是他的權利。你不能因爲別人不再愛你而責怪他。再怎麼說，他還是在照顧我，不管時機是好是壞：一個月一千法郎足以應付房租和煤炭錢……我靠著牛奶咖啡和奶油圓球蛋糕塡飽肚子，有時候只吃麵包和香腸度日……

可是「自己是個一星期靠二百五十法郎過活的奴隸」這樣的念頭，變得越來越難以忍受。

「東尼歐，謝謝你。」有一天我這麼對他說：「我不想再跟你拿錢了。這變成我們之間唯一的共通之處嗎？」

「是的，恐怕就是這樣。」他傷感地說。

「那麼，從今天開始，我們不會再有任何共通之處了。拿回你的二百五十法郎吧，去買瓶香檳慶祝我的自由，如果你願意的話，我們一起喝吧。」

「可是明天妳要吃什麼？」

「那跟你沒關係，因爲我們已經沒有任何共通之處了。不過如果你很想知道，我就告訴你：我要去找份工作。」

「妳去工作？可是妳太嬌弱了！妳的體重連四十公斤都不到呢……妳幾乎拿不起一整瓶

的酒……」

「把那二百五十法郎給我。五分鐘內我會替你拿來一整瓶的香檳，然後你就不用像支付僱員薪水一般的再回來這裡付我週薪。」

「好吧，不過不要出門。我們可以打電話訂香檳。」

「好，你說得對。」

過了好久，香檳才送到。

「敬妳的自由……」

「也敬你的自由……」

「我肯定明天妳會打電話來，要我拿錢給妳。這會很棘手，因爲此刻我的手頭很緊……我還是得拿妳所謂的週薪過來給妳。我一個月賺四千到五千法郎，有房租、電話費、餐廳的帳單要付，還要再給我母親一千法郎，給妳一千法郎。」

「從今以後，你什麼也不欠我了。」

「看看吧……」

經過這個場面之後，他用他一貫的方式，溫柔地在我的嘴上親了親，然後離開。離開前，他給爐裡加了些炭，彈了會兒鋼琴，在廚房弄了份他的招牌炒蛋。第一次他覺得像在自己家裡一樣自在，甚至告訴我：

「如果妳要我今晚留下來，我就留下。妳還是我的妻子。」

「不用了，不用了。」我叫出聲來：「明天我要工作。我要工作。」

「妳瘋了。妳真的不要我留下來？」

「不要，我想去工作。我想要自由。奴隸我當夠了！按月當你的妻子，我受夠了！」

然而我還是愛著這個大男孩。這個我知道還愛著我的丈夫。可是他想要當個自由的丈夫，我則責備我自己，讓他在我每次需要支付房租、食物、電話費的時候回到我身邊。久久，我們相互抱著，手上握著香檳杯子，發誓會永遠愛著對方。他待在我的床上……但是到了清晨五點鐘，半睡半醒之間，我發現只剩自己一個人。他留下了一張小紙條，還有一張漂亮的速寫，那是他的自畫像：一個手上捧著花的靦腆小丑，這是一個不知道該拿手上的花怎麼辦的笨拙小丑……後來我才知道，那朵花是我，一朵非常驕傲的花，就如同他在《小王子》裡面說的那樣。

夢想成眞的過程並不容易。我才慶祝了我的獨立自主，現在是信守承諾的時候了……我幾乎無法自己梳頭、穿衣、甚至給自己煮杯咖啡。我笑了：這還眞像是暢銷小說裡的高潮情節，保羅・布赫杰❶式的小說……我尋找一份工作。但到底能找什麼工作呢？

我走到「上品」咖啡廳的露天餐桌邊坐了下來，打算好好想一想。我迫切需要想出一個計畫來。我的包包裡只剩下二十法郎，勉強能買半條麵包和兩粒番茄……

我就坐在上品咖啡的桌邊，看著我的報紙，突然間靈光一閃，宛如夢境，一串西班牙文的聲音在我耳邊響起。咖啡廳的廣播播放著：「Cigarillos La Morena, cómpralos señorita!（小姐，買包黑女人香煙！）」我從椅子上跳起來。這註定是給我的訊息。我找到我正需要的工作了：西班牙文的電台廣告。我肯定可以靠這工作賺錢養活我自己。在巴黎我認識不少人。克雷米俄在巴黎電台爲西班牙語系國家開過座談。他會幫我的。

說了就做：隔天我便坐在麥克風前面，說著西班牙文了。我不只播廣告，還介紹歌曲和戲劇。

我得救了……

20 玫瑰的朋友

東尼歐的經濟狀況終於好轉。他獲頒法國四級榮譽勳位，新書《風、沙、星辰》（*Terre des Hommes*）出版成功，兩者讓他成爲眾所周知、頗受愛戴的作家。我們不再同住一地，但我們也沒有分居。這就是我們的愛情，這就是我們的愛情無可逃避的宿命：我們就是得習慣這樣的生活方式。他替我在鄉下租了一棟大房子，拉佛葉黑莊園。他享受著他的新生活——一半單身，一半已婚的生活。他住在他的單身公寓，我則住在鄉下。他跟我說：

「妳在鄉下很快樂。住這裡比在渥邦廣場好多了，不是嗎？」

那年冬天，他上天下海地爲我找煤炭。那時他替《堅毅報》寫點東西，賺一點錢。他跟我說，寫這些報刊文章並非他所願，只是爲了幫我買煤炭罷了。

「這樣就可以替妳裝中央暖氣，還有花園所有想擺設的傢具，像是不同顏色的椅子和板凳，檸檬黃和藍色的。」

他經常來拉佛葉黑，事實上比我希望的程度還來得勤。他過來的時候如果碰上我正與客人共進午餐或是晚餐，他會轉去村上的一間小酒店，在那裡寫上十頁或十五頁長的情書給我，那種我此生從來沒收過的情書。

花園本身精彩絕倫，遍地都是丁香，但我還是感覺落單。春天大雨之後花團錦簇、結實累累的果園、丁香的花香，以及彷彿詩人拉馬汀筆下浪漫靜謐的花園，全都在呼喚著情侶的光臨，教他們坐上爬滿青苔的板凳。

有位忠心的老處女四處跟著我，有時候當我的廚師，有時候像母親一樣，安慰我的眼淚。我還有一對老園丁夫婦，居勒夫婦。但是我懷念有年輕人相伴的時光。我請裁縫師的女兒過來拉佛葉黑住。她是位俄國人，長得非常漂亮，在巴黎勞心勞力，整天彎著腰製作別人穿的華美衣裳，一個星期只能賺個五十法郎。我答應給她同樣的薪水，只要她能搬進我的花園，愛惜那些花，收拾我的手巾，替我挑選漂亮的衣服和帽子。她的名字叫作薇哈，二十歲不到。不多久，她便成爲拉佛葉黑的年輕姑娘……她喜歡爬樹，在溫室裡替植物換盆，以及栽種奇怪的花卉，像是黑蘭花或是中國玫瑰。

薇哈開始像妹妹般的疼愛我。她盡心盡力照顧山羊、鴨子、兔子、母驢子，甚至包括一頭懷孕、即將爲我們供應牛奶的母牛。她給母牛取了個名字，叫做娜塔莎。

她問起我的童年，我總是回答得模稜兩可，因爲她以爲我一直都住在拉佛葉黑。我讓她的夢想馳騁。她穿著的方式很奇怪，有時候看起來像個俄羅斯溜冰選手或是高加索切爾卡西亞山區的農婦，有時候則像個印第安人……

有天因爲是生日的關係，比平常多喝了些香檳，她決定打破砂鍋問到底：

「可是爲什麼妳的丈夫不過來住？還有妳，妳從不去巴黎探望他嗎？」

這是個嚴肅的問題，我甚至無法給自己一個解釋。我們兩人的共識是：他住在巴黎，我住在這裡。答案一點也不振奮人心，我不假思索便告訴了薇哈眞相：

「薇哈，我沒想過這個問題。有那麼一天我會去看他的……」

「我們去看他吧。」她非常興奮地說：「我好想看看他的公寓。我想看他怎麼生活，用什麼傢具，住在怎樣的地區。還要看看他的傭人。」

這時我們被打斷了，東尼歐本人突然出現，騎著摩托車到來，還帶了一位朋友。他已習慣突然造訪拉佛葉黑，因爲他知道我的廚師心腸有多好，薇哈和我會有多高興歡迎他共進午餐，即便我們已經在吃甜點了。

那天，我們的餐桌撒滿了勿忘我。爲了她的生日派對，薇哈希望桌子看起來像是長滿藍色花朵的花床。她的名字，薇哈，就寫在上頭，還有我的也是，一個一個字母用深紫色的紫羅蘭拼湊成，裡頭還有一顆心，她在中間放了一架小小的金屬飛機。

東尼歐看到我們的時候喊著：

「天哪，妳們眞是漂亮！」

他的朋友已經來到餐廳門口，我不懂爲什麼，可是他不讓他隨行的朋友加入我們親密的午餐派對。他突兀地把他的朋友送走：

「抱歉，老小子，我的妻子已經用完午餐了。謝謝你的車。下午剩下的時間我要待在這裡。」

他看起來像個阿拉伯人，黑眼睛閃著一種獨特的光芒，讓我們全身顫抖。我沒問他爲什麼把他的朋友趕走。也許他想要把這場勿忘我的盛宴留給他自己。他在餐桌邊坐了下來，彷彿他擁有身邊所有的芳香事物。

「我的孩子們，你們在吃花兒嘛！」他說：「花兒好吃！」

「是薇哈籌備了這精彩的一桌，慶祝她的二十歲生日。這裡就我們兩個，你也知道我今天晚上得工作。歡迎你參加她的生日派對。薇哈剛剛還講到你：她正好奇你在巴黎的公寓是什麼樣子。」

他的臉沈了下來。他垂下眼光，用右手放了些紫羅蘭在盤子上，彷彿在替盤中的米飯加些香氣。就在此刻，居勒夫婦到了，帶著送給薇哈的禮物。禮物是一隻小烏龜，他們夫妻倆花了好幾天把烏龜殼塗成銀色。把薇哈的名字刻寫在這個可憐小東西的背上，成了一行小金字。他把烏龜放在一片大海貝裡面送上來。東尼歐扮演起品酒師的角色，灌得我們越喝越多。

我們看著我丈夫像棵大樹般的巨大身影，在餐廳裡移過來轉過去，跳著征服者的舞步……

「康綏蘿，妳在這裡很快樂。這間房裡的光線眞神奇。看看窗外的草地，那些色彩，宛如一場夢。你們兩人在這裡就像是某個魔幻童話裡的公主一樣。」

「你爲什麼不和我們一起住？」薇哈問道：「我們有好些房間，你肯定能找到一間中意的。我保證，你的餐桌上每天都會有一場鮮花盛宴。」

「謝謝妳，薇哈。我們到小涼亭那裡喝咖啡吧。」

「可是居勒夫人希望我們待在這裡。」我說：「她打算給我們上咖啡了，還有一個生日蛋糕要送給薇哈，給她一個驚喜。」

儘管如此，我們還是走下了兩旁丁香盛開的小徑，朝著彼此的頭髮丟小樹枝，還一邊採著櫻桃一邊吃，我們的臉頰鼓脹著櫻桃，因爲我們一口便吃下好幾把。

薇哈和東尼歐兩個人倚靠著一棵老櫻桃樹的樹幹。他們彼此對看著，像是年輕的動物突然陷入愛河，想要立刻向對方證明自己的愛意……我就讓他們這樣站著，眼光充滿了慾望地對看，並告訴自己，在蘇丹的後宮裡，國王都是輪流寵幸好幾個女子的。現在輪到薇哈了。

吃著居勒夫人的蛋糕時，我們乖得像是上主日學校的小孩子。東尼歐被這個衣裳半披的年輕女孩的慾望給嚇到了，這個女孩公開地向他獻身，嬌羞地觸摸他的手，彷彿他的手是種稀有花卉的莖一樣。居勒夫人感到驚慌失措。以她的年紀，這位老園丁知道那些舉動代表的意義。東尼歐沒有吃他的蛋糕或是喝他的咖啡。我擔心居勒夫人，她則反過來操心我，並邊看著我邊滴下了眼淚。

我非常大聲地說：

「可是東尼歐，你怎麼不吃蛋糕？趁熱喝了咖啡吧。如果薇哈正在撫摸你的手，那沒關係，但是請不要讓居勒夫人或是我難過。高興點，我可從來沒有傷害過你。嚐嚐這塊蛋糕，喝喝這杯咖啡，味道非常好呢。」

那兩個「小孩」醒了過來，東尼歐喃喃地說：

「是的，我的妻，抱歉了。」

他把薇哈的手推開，開始吃起園丁的蛋糕。

薇哈自從二十歲生日之後便鬱鬱寡歡，我可以感覺到她愛上了東尼歐。東尼歐開始減少拜訪拉佛葉黑的次數。薇哈是我唯一的朋友，唯一的同伴，對東尼歐來說，她不過是個小孩子，想要一時的開心。東尼歐不想破壞我在拉佛葉黑詩意的環境裡苦心經營出來的安靜和平。

□

一週週過去了，有天東尼歐生了病。發燒昏迷了幾天之後，醫生開始擔心：發燒發到了四十一度。他警告我情況可能會變得危險，甚至致命，由於上次的飛機意外東尼歐的心臟已經歷嚴酷的考驗。如果持續發燒，他將無法抵禦。

薇哈每隔十五分鐘便打電話給東尼歐問他的情況。我的丈夫粗暴地回答她：

「我要跟我的妻子說話。」

「我們爲什麼不去看他？」薇哈最後向我建議：「他眞的病得很嚴重。」

她一直都很想看看東尼歐的公寓。再沒有什麼事物比一個爲愛昏頭的年輕女孩更富好奇心、更不屈不撓了。每個星期我都回答著：

「是的，薇哈，妳說的是。也許我應該去他的公寓那裡照料他。」

「我們會把他帶回拉佛葉黑，我們在這裡照顧他。再怎麼說，他都是妳的丈夫，妳有權利和責任要照顧他。」

她還年輕。那些嚇人的場面、那些決裂、那些丈夫不再愛情專一時的沈默協定，她一點都不知道。薇哈，這樣一個無憂無慮的年輕女孩，採集了好大一叢的山楂花，差點連車子的行李箱都塞不下。開著這輛塞滿鮮花的車子，帶著一籃新鮮水果，我們前往東尼歐的公寓探望他。

薇拉打扮得像是俄羅斯農村女。她差點兒擠不進東尼歐在奧特依公寓的老式電梯。第一次按我丈夫的門鈴時，我以爲我會當場死去。薇哈正聞著她帶來的野玫瑰的香味。有位女傭開了門。那一大把的花先進了門，正當山楂的枝幹把女傭推進了某間房間的時候，把另一道門縫給打開了，薇哈跳了進去。

「就是這裡。」她說，用那束花推開已半開的門，門後可以聽見說話聲。一道門猛烈地甩上，我看見一點點綠色裙子冒了出來，那是一個剛剛躲進浴室的女人的裙子。我的丈夫因爲發燒而滿臉通紅，因爲憤怒而高聲怒吼。

「康綏蘿，我的妻子，誰叫妳來這裡的？走開，這不是妳待的地方！」

那塊綠裙抽動了起來。整件事是如此讓人啼笑皆非，沒有哪個小丑把戲能夠完整重現這一幕。薇哈把她的大花束放在地上。她臉色蒼白，垂頭喪氣，猜不透怎麼會有個女人躲在浴室裡。要不是我把她拉著，她也會跑進去躲了起來。東尼歐吼著：

「走開，走開。我不要有訪客。」

輕輕地，我把住他的脈。他讓我擺佈，並跟我說：

「我想死，我不喜歡痲煩。我的妻，我求妳：走吧……」

然後他朝著綠裙子作了作手勢，那片綠裙正像旗幟一樣地飄動。

「我擔心你。其他一切都不重要。我只是想著你的健康。冷靜下來，你放心，我們就要離開了。我來這裡照顧你，因爲你病得很嚴重。這是我第一次來你家，你却趕我出去。你發燒得這麼嚴重，你不知道你自己在幹什麼……」

「以前我從來沒有這樣對待過妳，吼著要趕妳出去！」

我們兩個人都哭了起來，看著我們，薇哈也在一旁啜泣。

「你是頭野獸！」她吼叫：「你知道我花了多少工夫準備這束花的話？還大老遠地捧到這裡。而且是我叫你的妻子跑這一趟的。」

我把她推出門外。我相信那時候薇哈終於明白，光長得漂亮是不足以讓女人進入一個男人的生活並長長久久的。

這場不幸後的次日，我的丈夫打了通電話過來。他抱怨他失眠，但說從拉佛葉黑帶來的水果和鮮花讓他聞到春天的氣息。他發燒的熱度正在退，並求我到他的床邊喝杯茶，但不要帶薇哈。

在他的公寓裡，我們的對話非常簡短。我不想待太久。我害怕又要再度經歷前天的場面。他的女傭把我從頭到腳打量一遍。茶很難喝，不過爲了禮貌我還是喝了。我的先生弄翻了茶壺，把茶撒在我的衣服上。他要我去浴室把衣服弄乾，不過我拒絕走進那個穿了菠菜般綠裙的女人前一天躲的房間。

那個星期天他帶著他的狗來拜訪我，而因爲我不論天氣如何，晚上都工作到很晚，於是我問他我們是否可以一起離開。

「如果有妳的允許，我會留在拉佛葉黑。不過我想要一個人。我需要安靜，以便想想我們兩個人的關係。那女管家妳帶走，我不需要任何幫助……」

等到我回家的時候，他像往常一樣地躺在我的床上。我感到意外，但並沒讓自己表現出來。我跟他談了談我的電台廣播節目，然後我爲了我自己內心的平靜，選擇睡在薇哈的房間。

隔天，我的丈夫宣布他沒辦法起床，根本完全不能站起身來。他需要一個男人，像是園丁，來扶他起身。薇哈在我的耳邊悄悄說，如果僕人們知道他在我的臥房待了一晚，我將不再有權利訴請離婚。

離婚的念頭一直在我的腦海裡流竄。東尼歐也知道，並且後來他向我坦白說他特意安排了一位證人，確保離婚之不可能，因爲他睡過了我的房間，事實俱在，不容爭辯！

搬演過這場精巧的小戲碼之後，東尼歐叫我的園丁給他從花園裡拿一張黃色板凳，放在窗前。我笑了，房間裡明明就有舒適的扶手椅，他卻死命堅持要一張花園板凳。於是居勒和他的太太搬了一張進來。東尼歐宣布這間房間從現在起是他的了，而且堅持在任何情況下除了他，沒人可以坐那張板凳。那是「安東・德・聖修伯里的板凳」。

白天他就在雞舍閒晃，逛逛蔬菜園，和居勒談論番茄。那天晚上他離開的時候，帶了雞蛋、水果和鮮花回去。

□

那段時期，透過廣播我訪問了許多知名人士。這一系列單元的開頭是由我的朋友里昂-保羅・法爾格開始。接著，我邀請了……安東・德・聖修伯里！

他跟巴黎電台要價三千法郎，還說他的西班牙文不好，不過他願意說上幾句。電台宣布敲定了我的來賓。我讓我的丈夫在錄音室紅燈亮起的前一分鐘進錄音室。他認出我來，高聲叫了出來：

「妳在這裡幹嘛？」

「安靜，先生，再一分鐘，全世界都會聽到你的聲音。這是一份雙語的稿子，我準備得很仔細。慢慢讀。我等會兒問你問題，你就回答。」

「可是這在搞什麼？」

「安靜。請問您怎麼學習西班牙文的？」

「在布宜諾斯艾利斯學的，跟我的飛行員學的。」

他不間斷地講著，自問然後自答。過了幾分鐘，我把麥克風從他身邊搶走，換我用西班牙文解釋：「大家剛剛聽到的是著名的飛行家，大家的朋友，安東・德・聖修伯里。他穿著淺灰色的衣服，他很感動他能以西班牙文接受訪問。他請大家原諒他濁重的口音，不過這是法文和西班牙文之間毫不可破壞的一道契約。西班牙人總是會在發r音的時候打舌，而法國人總是發不出西班牙文的j音來（編按：法文裡沒有西班牙裡j字母所代表的/h/音）。聖修伯里先生現在要用西班牙文說再見了！」

他氣昏了頭，沒輒地盯著我看。

「Bonne nuit，晚安……」

「接下來，我們要放的歌曲是……」

當安聶絲・卡布里❶的歌聲響起時，我的秘書抓著東尼歐的肩膀把他推了出去。

那天晚上東尼歐回到辦公室接我：

「我找聖修伯里夫人，謝謝。」他問一位秘書說。

「沒有這樣的女士在這裡工作。」

「有的，她說西班牙文。」

「沒有的，先生，主管西班牙文節目的女士叫作康綏蘿・卡利修。」

「謝謝。那就是我要找的人。她在哪裡？」

「她很快就會出來了。今天是她的生日，我們都要去她在城外的房子。也許你知道她的先生是個偉大的飛行家，不過她自己一人住在鄉下，一棟在賈爾西的大房子，叫作拉佛葉黑。今晚我們都要去那裡。」

「她在哪裡呢？」

「她來了。高梅茲夫人，高梅茲夫人，有一位您的訪客。」

「謝謝。」

那位秘書轉身朝向東尼歐，說：

「跟我們一起坐卡車回去吧。我們大約有二十人。我們要去拉佛葉黑辦個新居喬遷派對。」

他跟著來了。但是沒有人知道這個高大的紳士就是我丈夫……

在派對上，有個人跟他講了一個關於我的可愛故事。那是一次從巴黎到拉佛葉黑路上碰到玫瑰花田收成的故事。

「高梅茲夫人每天晚上下班後都走這條路回家。」這位客人告訴他：

「於是她認識了所有的玫瑰花農。在一個降霜的夜晚，高梅茲夫人看到她的玫瑰花農朋友驚慌莫名、哭成一氣。原來降下的霜把玫瑰花都凍死了。當天晚上，她給他們送來上打的大塊麻布床單，上頭還繡著皇冠圖案。他們說那些床單繼承自她丈夫，她的丈夫是個貴族，我想是個伯爵，總之是個大家族的後代。想想看，那樣子的白色床單，鋪在地上。在大半夜裡，她喚起了玫瑰花農的希望。他們重新拾起工作。她自己也在旁和他們一起努力，打造了一座巨大的帳篷，白的像雪一樣，來拯救玫瑰。隔天，我們全跑去幫忙。先生，每個人都帶著一張包裝紙、報紙，在那些「帳篷」下眞是熱鬧非凡。我們四肢並用，在地面爬著，燃起小堆小堆的火，不是我在說，先生，那眞是場奇蹟，玫瑰花田獲救了。只能說，是上天幫助了我們。後來天氣變得暖和些，玫瑰花們活了下來。當然那些床單便成了破布，但是那些種玫瑰的人對拉佛葉黑夫人，我的意思是高梅茲夫人，所懷抱的敬愛，相信我，眞是比上千張床單還要美麗，即便那些床單繡有皇冠。花農們連著好幾天來拉佛葉黑幫忙，整理果園和菜園，清除雜草。先生，你是知道的，這是沒有酬勞的工作，這是基於友誼和對大地的愛爲出發點的工作，比其他任何工作都還來的珍貴。之後拉佛葉黑的萬事萬物都繁榮了起來。如果你有興趣，我可以說幾個確切的數字給你聽。有八百公斤的梨子從果園收成，賣到市場上去……

高梅茲夫人，她熱愛玫瑰，她熱愛拯救玫瑰。她自己就是一朵玫瑰。

第五部

1940-1941

戰爭

21

「我答應妳，我會回到妳身邊……」

我每天開車穿過凡森恩森林到巴黎的四十五公里路，已經變成一種非常愉悅的習慣。沿路可以看見廣大一片的甜菜和各種蔬菜，在晚間裝上卡車運進巴黎，在清晨時分送到列亞勒中央大市場。不過這趟路的交通變得越來越繁忙，有些不尋常的事，可以在這些把農作物運進城的正直農夫身上看出來。我揣測箇中原委，並分擔他們的憂慮。動員的消息傳來，聽說要打仗了。很快地，法國就要開戰了。我們巴黎人不計代價想要留住和平，我們不想要聽到人們談論戰爭。沒有人希望戰爭發生，不過那卻離我們已經不過幾公里遠而已……我們的唯一慰藉是繼續假裝，漠視傳言，在一九四〇年春天最後的幾個晴天裡渡過最後的和平日子。

東尼歐繼續不請自來，在午餐時分造訪拉佛葉黑。那是我一天之中唯一在家吃的一餐，身邊圍繞著我的狗群和我的好朋友園丁，居勒夫婦。居勒充當我的品酒師，他知道怎樣倒玫瑰紅酒和香檳，一滴也不會滴在覆蓋著拉佛葉黑傳奇餐桌的桌布上。我的丈夫已經身著戎裝，飛行員都接到動員令了，即便他們並沒有飛機可飛。儘管如此，他們已經爲了這場較像是鬧劇和屠殺的戰爭作好了準備，就算他們沒有任何武器去和一個從頭武裝到腳的國家戰鬥……

一個月一個月飛快地過去。我們避免提起戰爭，反而談論盛開的山楂、需要留存的果醬、需要重新粉刷的打獵小屋。

有一天我跟東尼歐說我要用所有的積蓄買穀物，用來餵養我的雞和其他的動物。

「我還要把網球場改裝成雞舍，以便增加產量。然後把池塘用來養鴨。」

我花了整個下午開車，搬回從四處買來一大袋一大袋的穀物，因爲農民也已經和我一樣反應，開始囤積。

□

接著法國投入戰場，並在一瞬間戰敗。我的母親那時人在薩爾瓦多，她發了封電報給我，命令我儘速離開歐洲，像個順從的乖小孩一樣回家來。

我讓我丈夫知道了電報的事情。他頭一回求我不管發生什麼事都要留在法國，他哭得像個小孩子。說我不可以拋棄他，如果我離開，他會完全沒有安全感，還會第一次出任務就被擊落。他會失去對生活的掌握。

如他所願，我答應了。那時候幾乎不可能經過主要幹道到達巴黎電台，我決定住在城裡以便工作。不過東尼歐說服我放棄電台工作，留在拉佛葉黑餵兔子、做果醬。我接受了，因爲東尼歐的飛機場離我們的莊園不遠，而且他常常回來休憩，一星期有一兩天回到我身旁。儘管我們的生活不穩定，我們還是有幾天快樂的日子，享受拉佛葉黑一片海洋似的綠葉和玫瑰。

德國空襲了賈爾西的小火車站，離我們的房子只有一公里遠。一列火車的幾節車廂被炸掉，我的廚師嚇瘋了，而家裡的男僕得去從軍，只剩下居勒夫婦留下來與我作伴。

某個星期一，我相當確定是六月十日，我的丈夫返抵家門，神色倉皇。

「我們必須在五分鐘內離開。」他跟我說。

「去哪裡？」

「哪裡都好。情況不是很嚴重，帶個小手提箱，只要一晚所需要的東西就夠了。我希望妳很快就可以回來。不過我不想妳一個人待在這裡。德國人正在逼近巴黎。妳都可以聽到他們了……」

「對，我聽到了，特別是在夜裡。那天我們還看見飛機就在莊園領地的邊緣上空交戰。」

「趕快，妳開那輛小標緻汽車。儘可能帶越多汽油越好，這樣就可以走的越遠。我想妳最好去西班牙和法國邊境的波城。」

「波城？可是那裡我不認識半個人。」

「不打緊，妳很快就會認識到好人。法國所有的黃金都用裝甲卡車撤離到波城去了。妳跟著一輛跑，跟緊一點，德國人是絕對不會轟炸法國的黃金的。他們接到消息，知道黃金會被送到安全的地方。如此在戰爭協議之後，他們才會知道去哪裡找黃金。黃金受到妥善保護，他們也會因而受益。」

於是我開車離開，全身因爲恐懼和寒冷而顫抖不已。

「我求妳，不要流淚。」他重複著說：「稍後妳會有很多時間可以哭。如果妳想知道我怎麼樣了，妳必須待在非戰區。如果留在巴黎，妳什麼消息也聽不到，即便我死了妳也不會知道。」

我到現在還自問，是怎樣的突發力量，是怎樣神祕的直覺，讓我聽從了他的建議，像個夜遊人一樣地踏上前往波城的道路。

離開他的時候我的眼睛是閉著的，如此我才能留住他的記憶，想起他的臉、他的味道、他的皮膚。我們分道揚鑣。我最愛的狗格黑寇，跑在車後跟了我好幾公里，但是饑渴和疲憊讓牠慢下了腳步，很快地我便看不見牠了。

□

我抵達巴黎，却無法再往前進，除非能最後一次到我以前習慣光顧的咖啡露天座坐下。

在雙猴咖啡店，桌間和往常一樣擁擠，每個人都在談論離開巴黎。撤離巴黎，這是命令。

一股無聲的憤怒從我心裡升起。爲什麼要逃跑？爲什麼要把我們的房子留給敵人？爲什麼不起身抵抗？即便用一個眼神也好？我覺得那些命令很不聰明。我的情況不一樣。如果我想要知道愛人的消息，我一定得去波城。他和他的弟兄被捲進這場紛爭，各奔東西，我沒有辦法拒絕任何可以得到他最新消息的方式。

在一分鐘內，我失去了我的家、我的丈夫，和這個我深愛和尊敬的第二祖國。我的嘴裡是一股灰燼的味道；沒有任何東西能夠平復我心中的羞辱感和挫敗感，即便是酒精也不能。生平頭一遭，我逃跑了。這是一種奇怪的感受。你躲著敵人，能去哪裡就去哪裡，還因此感覺更加受到威脅。輪到我了，輪到我淹沒在四千萬法國人經歷過的痛苦，收到命令撤離他們的家園、他們心愛的村莊，像動物一樣地繞著圈子，用盡最後一份力氣，却還不知道他們的力氣和抵抗正一點一滴地消散。

我要去波城，如此我才能收到我心愛男人寄來的信。我很願意在任何地方停下腳步，我很願意當面嘲笑德國人，然後被他們抵在樹幹上槍斃。唯一讓我害怕的是那些可憐的法國人，一度曾經是征服者，今天却在街頭流竄，像是一群沒有牧羊人的羊群，盲目奔跑，沒有星星指引方向。

德軍的轟炸如傾盆大雨般，落在法國鄉間和幹道上四處溢散、無止盡的長串人群之中。

一個人是不可能在這個騷亂的時刻靜下來思考的，每個人都以爲他正朝著某個地方走去。但是如果他停下來好好想一分鐘，他會在原地停下腳步，因爲上萬個同時在移動的人，怎麼可能在別處找到所需的食物和住處，這全是自欺欺人。但是他們還是一個推著一個地繼續前進，像是被趕進屠宰場的動物。你可以聽見被近距離當頭轟炸、受傷的民眾的哀號。只有運送黃金的武裝卡車倖免於難……東尼歐說對了……

我好不容易讓自己躋身在兩輛裝甲車之間。晚上的時候，我們接到命令爬到車子底下，把邊燈關掉。這些邊燈早已經塗成藍色和灰色，這樣在一公尺外也看不到……

我們的眼睛漸漸都習慣了黑暗。我整整逃難了五天。一有踏進郵局的機會，我便詢問是否能發送電報給我丈夫。接著是冗長的盤問和出示證件、不斷重複我丈夫的名字、他在法軍中的軍階，把全部的資料填寫在好幾張表格上，然後仔細地指出他的部隊名稱，最後我才獲准發了封電報給他，却得不到他會收到的保證。不過我抓住了這個渺茫的機會。我需要把他的名字寫在表格上，不是用墨水，而是用眼淚。之後，我在一個村莊停下來再寫信給東尼歐。

終於抵達了波城。我的落腳住處已經安排好了，他們知道我會來。隔天，我就去了郵局。此後每天我都去郵局等東尼歐的消息，就好像是我得完成的修行。既然上天已經讓我走過拉佛葉黑到波城的這段漫長路途，上天也會給我個消息。上百個人和我一樣在郵局等著，希望能等到一封信。身處一群失根、遠離摯愛的人之中，大家開始認識彼此。我們逃亡、我們落敗，以及這充滿淚光的希望，讓我們在郵局窗口認收一封再度將我們和所愛的人連結起來的信，這樣的故事沒有人講起來是驕傲的。

我依稀想起東尼歐在我們分開前跟我說的隻字片語，那就好像是即將淹死的人發出的遙遠喊叫：「法國銀行總監波司先生是個朋友。記住這個名字：波司，就好像波城一樣。如果妳掉了錢，就去銀行的窗口請他幫忙。他認識我們。我確信他會幫妳。」我跑到波斯先生的銀行對著窗戶大喊：「波司先生，波司先生，波司先生！」一位職員問我要幹什麼。

「我只是想見見波司先生。我是聖修伯里伯爵夫人。」

「夫人，他正在開會。他跟我說過要給予妳協助。妳丈夫交代過他了。妳需要什麼？妳想要什麼嗎？」

「一間房，因爲我找不到房間住。我沒辦法跟收留我的人住在一起，我也試過所有的飯店了。」

他叫了一個職員陪我去找房子。政府徵收的一些私人住宅裡還有可以住的房間，一些冰冷的閣樓房間，並沒有自來水。不過我很高興能在一位當地女士的家中找到張床睡，她讓我和一位士兵、一位老太太同睡一間房。

這間閣樓房很難待，但是等待前往北非打仗的東尼歐捎來的消息，更是難捱。我不知道該向哪位聖人求助才能得到東尼歐的消息，我的心情則從焦慮消褪爲無奈，最後褪成讓我渡過難關的毅力。

□

有天，和往常一樣，我在郵局等信，身邊上百個無所事事的人和我一樣從早上七點便來到此地，在窗口前排隊等著。郵局人員已經認得我了，有時候會對我作個手勢，示意沒有我的信。那天我聽到他的聲音說：「有一封信給聖修伯里夫人。」我覺得彷彿一顆流星在劃過天際的中途爲我停了下來。在四周蒼白、孤單、天天等待來信的臉孔中，太陽只爲我照耀。

一位老太太抓住我的手臂，然後走到還沒輪到我的窗口，接下了那封信。一時間，所有的目光都看著我，盯著我的衣服，我的腳，我的臉。他們的妒意是如此的強烈，讓我昏倒在郵局的大理石地面上。所有排隊等待的人都趕過來扶我，但是他們每個人眞正想要的是瞄一眼信上的手寫字跡，那封信我則握在胸前，生怕有人會從我手中搶了去。

領我去窗口的老太太扶我走下階梯，陪我去附近的一家咖啡廳。她調整了一下眼鏡，建議我在打開信前先保持平靜，花點時間想一想。

「我會和妳去教堂感謝上天。現在，我的孩子，讀妳的信吧。」她接著說，聲音充滿了感動。我認出那是東尼歐的字跡，卻怎麼樣也看不眞切。我不知道該怎麼閱讀了：我突然變瞎了。各種色彩在我的眼前飛舞，嚇得我哭了起來。老太太接過我手上的信，告訴我說他安全抵達非洲，說送這封信回來的是唯一、也是最後一趟飛回法國的郵班，由最後一班飛離非洲往法國的軍機送回來。「我答應妳會讓妳知道我的狀況。」他說。他答應我，要回到我身邊，永遠不再離開。

傍晚我們坐在教堂裡，直到很晚。那是唯一一處還有可能獲得放鬆的地方，因爲整座城市擠進了超過當地居民十倍以上的人口。老婦人離開的時候，我心想爲什麼我沒問她的名字和住址。可是已經太遲了：她已經消失在人群之中。

我一個人笑了起來，唸著東尼歐的名字。我撫摸著那封信，好像撫摸著自己的小孩。我決定挑家好餐廳，準備好好吃上一頓。我的心裡充滿了勇氣。自從離開第一個屋主的房子，我還沒有機會在餐桌旁坐下，因爲儘管餐廳每天開三次飯，他們還是不願意讓一位顧客獨自佔一張桌子用餐。不過，那個晚上我下定決心一定要坐在一張潔白的桌巾前，享受一頓能讓我平靜等待丈夫的晚餐。

他會回到我身邊……他會回到我身邊……而且他說他永遠不會再離開。上帝對我太好了。東尼歐對我已經回心轉意。我感到幸福，千萬人中唯我獲選，我想要當街大聲感謝上帝。我的喜悅難以自持，使得我在波城大街的人行道上踉蹌而行。限電的微弱電氣藍光引我走到一家餐廳。

一長串飢餓的人群彼此推擠、騷動起伏地通過餐廳大門。輪到我的時候，我一逕走向吧台。煙、光、廚房傳來的食物味道和人的氣味幾乎讓我噁心想吐，但是我已經餓了好幾天了，一直只吃從農民那裡買來的乾麵包和乳酪，連杯清涼的水都沒喝過。

一個穿著灰衣、打條誇張俗艷領帶的中年男人，不帶好意地問我是不是一個人。我回答：

「你就坐在吧台啊？那麼替我點份波特葡萄酒如何？來個雙份的吧。我會付錢的。」

他笑了笑，點了杯雙份的波特，然後跟我說：

「小姐，算我的。我一個人。兩個人的話，比較容易排到餐桌。我是波城這裡的人，而且我認識老闆，他會在第二次開飯時給我們桌子坐。先坐我在吧台的凳子吧。」

他摟著我的腰，把我提上凳子，親切體貼的程度超過普通朋友。我開始品嚐我那杯波特酒，夢想著保護我丈夫的非洲天空。我忘了剛才如此親暱碰觸過我裸露手臂的灰衣先生。他堅持我再喝一杯。我同意了，我們倆便繼續喝起酒來。我聽著他說，他賺了一筆錢，賣掉一些他店裡在和平時期絕對賣不出去的老式領帶，現在，生意却非常好……

我太高興了，他的親暱舉動並沒有嚇到我。自從離開巴黎以後，我終於第一次要在餐廳用晚餐了。我得重新開始生活！我環顧四周的臉孔。或許在客人之中會冒出一位認識的朋友。一張一張的臉晃過我眼前，但沒一張是我認識的。我的肩膀垂了下來。我向吧台傾身，每十五分鐘點一杯波特酒。那封信就貼在我心口，像是道護身符，所以我什麼都不怕。

一雙厚實、強壯的手臂把我抓住，接著我聽到一聲喊叫：

「不用麻煩了。現在是凌晨一點，三點的時候我得起床。我要趕火車回亞給去。所以，親愛的……」

「要我回農場收拾東西再回來，時間不是挺趕的嗎？」我天真地建議。

「不，我馬上就要動身前往維希。回程時，我會花多一點時間陪妳。妳最好現在就回到妳朋友那邊。」

我有氣無力地解釋這個時候已經沒有計程車，走路要花上半個小時穿越田野和完全漆黑的道路。

「聽我說。」他的聲音非常嚴肅：「我真的建議妳回去。」

我的一顆心往下掉，所有的火花都化成灰燼。什麼東西都沒有剩下。我閉上了眼睛，不知道該哭還是該叫。手提袋裡還有他的最後一封情書，上頭寫著他再也不會離開我。我把信拿了出來，重新讀了一遍，然後留在他的枕頭上。他看了一眼，然後一句話也沒說、一口氣也沒嘆地讓我離開房間、穿越黑暗走向拿波里堡。

我的朋友仍然坐在爐火前面圍成一圈。走進去的時候，我像個挨了打的女人，臉上沒有眼淚也沒有希望。心裡有種東西受到摧毀、擊碎，一切都可以從我頭部持續不斷的左右擺動看出來，彷彿是個有抽搐毛病的人，不自主地直說不、不、不。

我又一次見到東尼歐了。我真的見到他了嗎？不可能。不可能，我的頭從左打到右地說著。我走向爐火，看都沒看我那些朋友的臉，他們擔心地看著我，看著我從頭往下開始全身顫抖起來。

不多久，我便用極輕微的聲音說：

「不，不。」

「什麼？什麼東西不？康綏蘿，跟我們說說話，發生什麼事了？妳的丈夫呢？見到他了嗎？」

「不、是、不、不。」

「妳瘋了嗎？」少校大叫：「妳嚇壞我們了，把事情說清楚。」

「我沒什麼好說的。我不知道，我看見他，看了幾分鐘。他說他想睡覺，他說我應該回來這裡睡覺，他說他有天會回來看我。我甚至沒有把手伸給他，他也沒有把手伸給我。」就在我說出這些話的最後幾個字的時候，我終於能夠在少校的懷抱裡哭出來。

「好了，好了，假裝妳從來沒見過他。把這杯威士忌喝掉。」

這是我從瓜塔明恩侯爵那裡替東尼歐求來的那瓶。即便我在標籤上寫了「給東尼歐」，而且藏了起來，少校還是把它找了出來。

少校找到了這瓶酒，分給了大家喝。不過現在沒關係了。我的神經戰勝了我的意志，我開始非常用力地笑了起來。其他女人也因爲無力安慰我而歇斯底里地狂笑。我們往爐火裡丟了更多木柴，夜越來越深，曾經獲頒榮譽勳位的上尉還在唱著：「他會回來，不是復活節便是聖三節！」

我坐在扶手椅上一動也不動，庇里牛斯山的日出照在我身上，依然是坐在爐火前，試圖理解人心的深奧祕密。少校照料著我。他不時加添木料，攪動爐火，有時候不說一句話地撫摸我的頭髮。早上，他拿杯咖啡給我喝。我的喉嚨乾澀，我深愛加奶咖啡的香味。我抬頭看了看他陽剛的臉孔，覺得那張臉英俊又好看。他遞給我那還冒著熱氣的白色彩釉杯。我慢慢地站了起來，然後他說出了這些話：

「如果妳愛我，親吻我，我們便結婚。我永遠都不會離開妳。」

□

中午的時候，我在河邊醒來。少校正盯著我的臉看，用小樹枝搔弄我的前額。

「妳睡得像個小孩子。看，我趁妳睡著的時候抓到了什麼。」

我腳邊的籃子裡跳動著螯蝦。

「來吧，我們來煮螯蝦。撿些石頭，生個火，豐盛的午餐便有了。」

他背起了我往屋子裡移動，突然我的脆弱和愚蠢觸動了他，那份令我心碎的瘋狂愛情深深使他感到痛苦。他想要拯救我。我問他我是怎麼跑到田野上去的，因爲我什麼都不記得了。

他告訴我說是他帶我來的，我在他的臂彎裡熟睡，他說他替我洗了臉，給我清涼的水喝，然後唱歌給我聽，直到我安詳地睡去。他利用等我醒來的時間，把鞋子脫了，下水抓螯蝦。

我的精神再度振作了起來，在草地上爬梳，試著用野花做一個小小的花束。我發現了四葉的苜蓿。我們每個人都拿了一朵，我永遠都不會忘記他那時給我的忠告：「永遠不要回頭看。別忘了在所有最奇妙的傳奇故事裡，回頭看的人總是變成了石頭或是鹽巴的雕像。」

吹著行軍的口哨，他帶領我走進綠色的鄉間，朝著森林的方向，越走越深。

□

後來，有一天，我收到一封我丈夫寄來的信，邀請我去波城吃午餐。我把信給少校看。

「妳眞的得去嗎？」他問我。

我長長地嘆了一口氣。

「我想妳的苦難還沒有終結。」輪到他嘆了一口氣：「去吧，我會開車送妳去村裡，然後在那裡等妳，帶妳回來。」

我們碰面了，我的丈夫和我，面對面坐著，好像什麼事情也沒有發生，交換一些老夫老妻的陳腔濫調：「你的家人怎麼樣？火車上有很多人嗎？天氣眞熱。看來雲氣飛過來了，快要下雨。你肚子餓嗎？你應該多吃一點飯。現在一米難求呢……」

他注意到我在頸圈上面別的四葉苜蓿。他對這件首飾的興趣遠勝過他對我整個人的興趣。他用魔術師般的手指輕易地打開了頸圈盒，大為震驚地說：

「這是個定情物嗎？」他問著，笑得有些憂傷。

「不只這樣。」我嚴肅地回答。

「可以讓我知道嗎？」

「可以，我正要告訴你。我訂婚了。」

「跟苜蓿訂婚？」他譏諷地說。

「跟給我苜蓿的紳士訂婚了。」

「什麼時候的事？」他繼續問，語氣沒那麼諷刺了。

「那天晚上你建議我回家睡覺的時候。」

「可是我跟妳說過啊，康綏蘿……我的妻子……我說過我會回來見妳。現在我人就在妳面前。」

「太遲了。太遲了。我和你的一位朋友訂婚了。這樣應該對我們最好，因為你寧願離我遠遠的，也不願跟我在一起。」

「那是妳才這麼說。」

「我什麼都沒說。我不打算吵架。我想要一個伴侶。我不想再孤孤單單一個人。抱歉，時間很晚了。有人在等我。」

「我回來是因爲我在阿爾及利亞收到妳的信，妳說妳發了一個誓，要是我從戰爭生還，妳發誓前往盧爾德朝聖。現在我活著回到妳身邊了，該是妳去還願的時候了。我知道這件事妳是認眞的，我們現在又有很多時間。這裡離盧爾德只有大約一小時，晚上趕回妳家是很容易的。」沒錯，我記得。我在法國幹道上和一群被遺棄的人一起逃難的時候起了這麼一個誓。那天我好絕望。天空佈滿悲慘，充斥著敵人的氣息，我雙腳一跪，喊道：「天父，天父，請把我的丈夫安全帶回這片土地。我答應，在他回來的時候，我會牽著他的手帶他來盧爾德，謙卑地感謝你……」

就這樣我和東尼歐去了盧爾德，握著他的手還了我身爲天主教徒所許的願。

他把這件事看得非常認眞。我們取盧爾德噴泉的淨水爲彼此洗禮。然後我的丈夫開始笑了起來，並宣布：

「完成了！妳再也不欠上天任何東西了，不過我要妳和我再吃最後一次晚餐。我想我們應該有好些事要跟彼此說。」

「不了，東尼歐。我沒有什麼要跟你說的。」

他又笑了，牽著我的手帶我來到「大使飯店」，跟我保證這裡的波特酒非常棒。這家飯店的老闆是個船長。

飯店的服務人員好像已經在等我們，帶領我們進入一間私人包廂。我既然已經和人訂婚了，這場面讓我有點不快，不過東尼歐解釋說，如果要吃好的、喝好的，那麼躲在私人房間裡用餐算是比較妥當的，因爲此刻在法國要取得食物越來越不容易……

他的心情很好，沒有顧忌，開始談起盧爾德的奇蹟。接下來我有幸聽到一整篇討論「奇蹟」這個詞和奇蹟各種效應的完整論述。波特酒的確不錯，讓我覺得人生不再充滿折衝。看到他平靜溫柔、一切都好的樣子讓我感到高興，就像我以前認識的他一樣。事實上，我們兩個人都沒錯。那天晚上，我們只是回到當初相識時候的自己罷了。我的心情很愉快，由衷地感謝他給了我這趟奇蹟似的小旅行，證明一直以來我並沒有錯，他的心的確是高貴的，他的人的確是眞誠的。

波特酒之後是頓豐盛的晚餐。所有東西聞起來都是神奇無比。飯店老闆也過來加入我們。等到電燈亮起的時候，我才恍然了解到時間已晚，我人已不在波城，而我的少校還在等著我。我的丈夫從我額頭上的皺紋讀出突來的焦慮。

「需要給他一通電話嗎？不用起身，我去打。給我他的號碼。我會跟他解釋我們爲什麼來到這裡。」

接著他突然消失在往電話的方向。我等了將近一小時。飯店老闆替我倒了一杯又一杯的黃香李酒，氣味芬芳……

東尼歐終於出現了，聲音難過地宣布：

「少校要我跟妳說他不等了。他相當生氣。聽我說，康綏蘿。」他笑了一下：「妳願意當我的未婚妻嗎？」

自從我聽到少校鐵了心腸的回答後，唇邊的酒味便轉爲苦澀。爲了小小一段到盧爾德的旅行，少校就要把我送回惡魔的手上。

「不要生氣，男人都是這樣。」東尼歐說，笑容不減：「作個乖女孩，答應嫁給我，那片苜蓿同樣是我們的定情物。」

在我能夠說出話之前，他便從我的脖子上取走頸圈盒。然後不久我便發現自己置身在大使飯店的高級套房中，不只是訂了婚，還重新嫁給了我的丈夫。

□

隔天早上，拿給我冒著熱氣的加奶咖啡的人是東尼歐，他在我耳邊咕噥著：

「我的康綏蘿，求妳原諒我曾經、並還會一次又一次再帶給妳痛苦。昨天我根本沒有打電話給那個少校。」

咖啡杯從我的手上掉落。

我們在飯店又過了一晚。但是我的丈夫是隻不折不扣的候鳥。隔天早晨他便宣布：

「我親愛的妻子，我必須要離開妳了，而且這一次可能會很久。我接到了法國本土以外的一份任務，而妳必須一個人在這裡等待……」

22 當個作家的妻子，是種聖職

我於是藏匿在迪勒非村。這個地方適合隱居的程度，好到令人讚嘆。樹木讓我沐浴在平靜和希望之中。作物開始成熟，豐收的氣味瀰漫在空氣之中。我一邊哭一邊夢想著拋在身後的賈爾西果園，那裡此刻一定已經垂掛著結實累累的梨子和紅蘋果。誰會來吃我的果子呢？一股對於自然的狂愛席捲了我，讓我心裡想著不知何時才能重回蘋果樹的甜美陰影下。

我的孤單與日俱增。我徒勞地告訴自己說，上帝給了我們這片大地，處世聰明與否取決於我們自己。我掙扎著去相信，無條件地虔誠相信，但我感覺到一股反抗的需求，這股反抗幾乎是違反我意志而迂迴地鑽進了我的身子。

傍晚的時候，我散步著，感受到大地的寶藏而覺得富足。千方百計想像東尼歐就在我身邊，但是每次我試著要抓住他的身影的時候，落手的只是空虛。我們之間相隔重洋，我只能在夢中橫渡。

後來，彷彿是個徵兆，貝納爾・才爾福斯❶出現了，這位我在馬賽受到挫敗時認識的建築師朋友是來重建一座古老的石造村莊，招攬藝術家進駐，以此抵抗戰敗和那些摧毀文明的陣陣戕害。這就是我去了歐佩德的原因。

歐佩德，法國南部沃克呂茲省的小村莊，裡面的房子可追溯至中世紀，目前全都棄置或是坍塌了，還有一座城堡，建造者是土魯斯伯爵黑蒙六世。這就是我們定居下來的地方，以建立我們藝術家的社群，身體力行我們的藝術。我決定叫我自己「朵洛黑斯」❷。

歷史悠久的兄弟會、修道會、社會主義式的公社烏托邦理想深深抓住了我。我逃亡中的朋友說服了我：「太神奇了，我不騙妳，他們自己開闢花園、蓋房子、獵野豬，還重新開了好幾口井。簡言之，他們眞正在生活！妳想想，他們可是完全的自由人。」

於是在地中海乾冷的北風呼嘯吹襲下，我來到了這座美麗、瘋狂的村落……

貝納爾・才爾福斯這個曾經獲得建築界羅馬大獎的年輕建築師，出來歡迎我：

「朵洛黑斯，我們必須握著彼此的手。我們必須形成一道鎖鏈。我們會變得更強壯……妳將來就知道，歐佩德什麼都是，也什麼都不是……它就是我們的心、我們的力量。我們的文明雖被打倒在地，但是文明已經把它的教誨留給了我們，它給了我們對於形式和設計的品味。當世界崩毀的時候，當剩下的只是廢墟的時候，只有工匠或藝術家才是重要的，是那些知道如何建造的人，不管妳怎樣稱呼他們……」

落日的餘輝透過高聳尖拱的窗戶打在牆垛和牆壁上。這堆巨大的石頭看起來似乎完全超乎理解，聳立在阿爾卑斯山南面的石灰岩層呂貝洪山脈的純淨泛藍稜線上。

這就是歐佩德。

我鏗鏘鏗鏘地穿著木鞋四處走，那雙我想要帶到東尼歐你待的紐約，給你看的木鞋。在歐佩德，我學到生活。我以爲我已經懂得一切了，我以爲我已經在父親的咖啡農場上學會了一切，但是學徒的過程其實從未中止。我問我自己上千個問題，全都圍繞著你，而當我看著老鷹在城堡上盤旋，朝下飛進城門，然後穿越窗戶脫身的時候，我想著此刻你會在哪裡。不過我知道你人在美國是安全的。每天我等待著你的音訊。我特別喜愛你打來的電報，那些電報總是炙熱、焦躁、深情。

我感謝你，我的天使。你不知道那些電報在我心中的意義。你叫我：「康綏蘿，我的摯愛。」你告訴我說，與我相隔兩地的聖誕節讓你陷入沮喪，光是思念我便讓你老了一百歲，你還宣稱你從沒這樣愛戀著我。「堅信我的愛。」你說。

我又想起上次我們在一起的時候。當我跟你說我要去歐佩德生活的時候，你找了貝納爾・才爾福斯過來交代他說：「我把我的妻子交給你，我把她托付給你。請照顧她，如果她發生了什麼事，我唯你是問。」接著貝納爾說：「聽著，如果你眞的關心你的妻子，那麼就放棄去美國，留下來跟我們在一起。我們會在這裡形成一股反抗勢力，就在這群無語的石頭之間。」

可是我們留不住你。我一個人待在歐佩德。在這裡我感到驕傲：我們的社群將會喚醒這些石頭。

我的時間都花在給你寫信上，一些或許寄得到也或許寄不到你手中的信。我只收到你的電報。所有讓我和你再度活在一起的音訊，使我領悟到是什麼讓我們結合在一起。

還有使我們分離的所有事物。尤其是那美麗的E，儘管她還曾經是我的朋友。那天叫你讀她手稿的人是我，因爲她的手稿感動了我。那時候我覺得她很迷人，就好像所有想要勾引別人丈夫的女人一樣，原配妻子都會覺得她們迷人。我甚至還把我的飛行員頭盔給了她，以便讓你在我們的小飛機上教她飛行。我並不嫉妒她，我從來沒想過你會和她一起背叛我。我以爲這是段偉大的友情。我想要忽略那些不懷好意的嚼舌根。一天你跟我說：「聽著，我的妻，我常常自己外出。我去參加的晚餐會上有些人有點驚世駭俗，因爲《新法蘭西雜誌》這個圈子裡總有些怪人。順道一提，妳在這個圈子很受歡迎。妳記得有一次有位賓客帶妳去書房參觀精美的首版書籍裡面，有那本讓妳大受驚嚇的《依蓮的屄》❸。這就是爲什麼我不再帶妳出去的原因。」

是的，我還記得有些男士開始把他們的手伸進我的低胸領口，因爲我穿的是晚禮服，這樣的碰觸並不困難。我小小尖叫一聲，你聽到了便過來救我，不管那時你的一位女性朋友正坐在你腳邊地板彈吉他，唱著非常美麗的旋律，甚至把頭髮放了下來，讓她的頭倚靠在你的兩腿之間，還優雅地輕輕搖擺著。眞是一幅活色生香、誘惑迷人的景象。我太年輕了，我不習慣巴黎藝術圈的放任行徑，那種「上流社會生活」。於是你建議我說：「回家去吧，我的小女孩。我知道有些行徑讓妳不自在，但這全是很自然的。我只是需要自由。康綏蘿，待在家裡吧。妳喜歡繪畫，即便在晚上。我會裝一盞看起來完全像是日光的燈讓妳畫畫。」

是的，我並不時髦，但我想起當你晚上「晚歸」（天亮的委婉講法）所帶給我的痛苦和焦慮。啊，東尼歐，那是多少的焦慮和不安啊！我不知道哪個對你比較好：迷失在天上的群星之間還是巴黎的漂亮金髮美人之間……

相對於所有圍繞著你逢迎拍馬的人來說，我永遠都是個小康綏蘿，那個專門鬧場的西班牙女人。這不是眞的。但是，你却聲稱：「抱歉，我必須要回家了，否則我的妻子又要大鬧一場。」事實上，你想回家寫作，你在巴黎的空閒時間並不多。只要你在家裡，家裡總是有其他人，不管是個女的，還是個男的。到了凌晨四點你會對我宣布：「我要和里昂-保羅・法爾格出去散個步。」然後你就一路走到凡爾賽。你一連好幾個小時四處漫遊，直到黎明，然後你會打電話回來說：「開車來接我們，我們沒錢坐計程車。」

這樣你淸楚我過的生活了……但我並不是在抱怨，親愛的，因爲你從來不會虛度光陰。如果有道航空問題的方程式待解，不管在哪裡，只要有一小時，你便會埋頭苦幹，即使是在浴室裡。天啊，當個飛行員的妻子，是種職業；當個作家的妻子，是種聖職！

我們走過不同的困難時期。有時候我的心中會升起一場暴風雨，爲了要舒緩我的情緒，你會用你的手，你那像大天使的手，撫摸我的前額，然後從口中吐出神奇的話語，跟我說著愛情、神聖的事情、溫柔、忠貞。然後全部又會重演一遍。

「不要嫉妒。」那些時刻來臨的時候，你會這麼說：「我眞正的事業是當作家。妳的情敵好心送我一些小禮物、一對象牙骰子或是浮刻著我名字的手提箱的時候，我便會對她心軟，會爲了感謝她而給她寫個三、四頁的信、畫些小圖畫，僅止於此。可是不要害怕，我知道這幾年妳是怎麼過的，這幾年來我感謝妳，我的妻。我和妳的結合是經過神聖的見證，因此不要聽信別人說的話。」

□

那時候在歐佩德，我必須讓自己忙碌。我們一共有十人，自己做麵包，織羊毛，從舊毯子回收羊毛來織毛衣。

我們沒什麼東西吃，食物進行嚴格的分配。不過有個奇蹟般的點子浮現在我小小的腦海，就好像天上降下的啓示一般。我想起和東尼歐在波城的一次談話，他說德國人向農民收購尙未收成的作物。意思是，在葡萄仍青澀未熟的時候，他們就大肆購買，然後等到成熟的時候一次運走。既然他們印刷了大量萬元法郎的鈔票，所以付出整袋、整袋的鈔票對他們來說不算什麼。農民們看到鈔票很滿意，這就是德國人有信心餓死法國人的原因……雞蛋當時每個索價三百法郎，於是在我們把珠寶和手錶都賣給農民之後，我們等於不用吃飯了，最後只好轉吃他們留在地上的蘆筍殘枝和幾乎半野生的瓜果。這樣，我們就存活不了多久。我們開了一個會：有福羅宏・馬爾卡西地斯和他的太太艾莉安、貝爾納・皮布隆和他那個同樣也是學建築的迷人太太、還有亞伯特・波喬維奇，他的兄弟是紐約《時尚》雜誌的總編輯，他卻完全不想離開回去美國，只想要留下來抵抗德軍。他們決定：「我們回巴黎去吧，因爲我們在這裡已經撐不下去了。」

「再等二十四小時。」我請求他們。

隔天，我跟他們宣告說：

「我要去亞維農。在那裡，德國人將他們購買的穀物儲藏在火車裡。我們去把食物偷過來。那些車子裡滿滿都是鹽漬豬肉、隨即可食的羊肉和奶油。」

我爬過岩石和矮石牆，然後到達火車邊。儘管車廂的台階很高，我還是登上了一列車廂，找到一頭豬，把牠拖過鐵軌。有個哨兵看到我，却沒有開槍。爲什麼不開槍呢？我便扛了這頭豬和替我把風的朋友一起回了家。回去歐佩德的路程花了四、五個小時。我們的廚師是個摩洛哥人，不吃豬肉，但不管怎樣他還是決定替我們料理了這頭豬：

「我會替你們烹煮，我知道怎麼處理。今天晚上你們就會有一頓好菜了……」

我們的大餐棒極了。甚至還有酒，陳年的紅酒，是從廢棄屋子的酒窖裡偷來的。理所當然地，我後來去了火車那裡好幾次，之後，換男孩子去了，從來沒有人被殺。

有天出現了一輛車，我們很害怕是德軍來抓我們了。我們有副雙眼望眼鏡，從城牆上可以看到是個女人在開車。她名叫德蕾莎・朋內……她是來找我的。

「我知道妳在這裡住了下來。」她跟我說：「可是爲什麼妳不到紐約去和妳那個結實的好老公在一起？他可是在那裡玩牌，和城裡每個有錢的美國金髮妞出遊。妳爲什麼要在這裡餓肚子餓得要死不活？」

我向她指了指我的朋友們：

「妳看，我們是一個團體，人人爲我，我爲人人。我在等我的丈夫寄錢或是船票給我，讓我有辦法和他重聚。」

之後不久，我去馬賽看我的婆婆。她聲音嚴肅地告訴我：

「東尼歐病了，作爲一個妻子的責任就要待在他身邊。」

我確實收到一封電報：我的丈夫情況嚴重卻不能開刀，因爲那次在瓜地馬拉的意外之後，他的器官便全部擠壓在一塊兒了。他之所以還活著，全靠上天的旨意和他自己的意志。

我回答我婆婆說：

「我沒有任何證明的文件出國。」

「妳是薩爾瓦多來的，你們的使館會發證件給妳，不會有問題。」

「不，我要等。我要等東尼歐叫我過去。」

我終於收到這封電報：「去X先生家拿旅費。妳的證件都準備好了。我們的朋友波左・迪・博爾勾已經收到要把證件交給妳的指示了。」

突然之間我看見天空亮了起來。我把這個好消息告訴我的朋友們：東尼歐終於要我了。在歐佩德我待了十一個月。他們全都揚起眼神看著天空叫道：

「妳知道，如果妳離開，我們也要全部離開，我們不會再留在這裡了。」

□

我很高興回到你身邊，但我的心已經分成兩半，因爲在歐佩德我和我的朋友們體驗了一種眞誠的親密生活，一種不一樣的思考方式，想到要和貝納德分開就讓我感到特別的哀傷。他是個偉大高貴的紳士，一個還不到三十歲的年輕人，從早唱歌唱到晚，確保我們全都心情愉快，我們的社群合作無間。那些工作坊個個完美無缺，我們創造出許多美麗的事物。

離開歐佩德的那天，我比以前更感覺受到威脅。一封從紐約傳來、語焉不詳的電報，便足以讓我想像那裡的每件事都會比我那些穩定永恆的美麗石頭還要來的危險、嚇人。我再次上了路，無法對自己解釋爲什麼又有一次新任務，也無法讓自己明白我這種流浪生活的奧祕爲何。

我急切地尋找一個能夠發洩心中焦慮的出口。一坐上飛機，我便開始思考我和東尼歐的重聚。距離我們上次相見，已經超過一年了。雖然帶我去葡萄牙的德國飛機很舒適，我仍然想像著總有可能發生的意外會把這次重聚的機會從我身邊奪走。這次團圓，我等了如此的久！他們說我很幸運，到了葡萄牙之後就能搭船繼續前往紐約。如果我有選擇，我寧願在歐佩德的岩石之間等待我們兩人再度相聚的時刻。因爲缺乏食物和害怕再次看見他，我感覺身心虛弱。我那副一點也不高貴的模樣讓我的唇上浮起了一抹童貞的微笑，我不覺得自己像個大人。我多希望自己打扮得風華絕代，像是去參加一場盛典。但我的心情黯淡。我跟我自己說：「當他看著我的時候，我要是能變成一個玻璃做的女人就好了……」我的心頭被詭異的意象佔據，我渴望地凝視著天空。在飛機不透明的窗戶裡，我瞥了一眼我自己剪得特別短的頭髮，那是生活在歐佩德不得不然的結果。我夢想著紐約最時髦的髮型，生氣自己跟不上流行。我的頭髮不可能在一夜之間長出來！我的人很瘦，非常瘦：穿上衣服還不滿四十五公斤。穿著牧羊人的衣服，讓我全身不自在。飛機上有個女人的眼光一直盯著我看，她是間諜嗎……

起飛之後差不多一小時，擴音器宣布飛行旅程將被打斷：我們必須在巴賽隆納降落。次日，有些旅客或許可以繼續前往葡萄牙。巴賽隆納機場的餐廳不怎麼樣，不過那些肉和湯的味道聞起來很棒，麵包擺在櫃台上自取，下機的乘客全部立刻衝到那裡一解饑渴。我才剛點了一碗湯和一盤飯，櫃台就問我打算用什麼貨幣付帳。沒有西班牙比塞塔的我感到極度沮喪。服務生看懂了我的處境，便把剛送來熱騰騰的湯從我鼻子下面端走。

飛機上的那位「間諜」看到我窘困無助的樣子，塞給我一百比塞塔。這筆錢讓我可以離開機場，到城裡找飯店。飯店門房問的第一個問題就是：

「您使用什麼貨幣旅行？」

我從手提箱裡拿出一個針筒盒；我藏了三張五千法郎的鈔票在盒底的棉花下面。已經一年半了，我沒有好好吃過一頓飯、洗過熱水澡，或是睡在有床單的床上。那間飯店對我來說是天堂。我多想要在那裡待上個幾天。服務人員面帶微笑，我沒看到任何傳說中的巴塞隆納慘況……餐廳裡有人跳舞，穿著晚禮服的女士川流不息，臉上帶著那種在飯店走廊擦身而過的人臉上都會有的自在微笑。我點了一瓶酒、一隻烤雞，還有甜點拼盤。我忍不住想起我們在歐佩德喝的大蒜湯。我感到憂鬱，想到已經與貝納爾那些朋友們分開，不能共同分享我點的雞，而在我一個人孤單喝著那瓶酒的時候，一連串的回憶湧上心頭。我再度看見他們每個人的動作姿態，一邊聽著老華爾滋一邊落淚，並告訴我自己這就好像是離開了自己的家一樣。儘管如此，我還是必須繼續向前，永遠永遠，直到我在地球的某處變成一個老女人爲止……我房間裡的奢華裝潢讓我感到陌生。我多希望我不是一個人。我無法入睡，並且體溫持續升高。就在我正要求援的時候，門輕輕打開了……我在飛機上的同伴，我的「女間諜」，輕輕地叫了我的名字，並低語說：

「我被安排和妳住同一層樓。我們來放洗澡水，輕聲說說話。」

我們坐在浴缸邊，像兩個小偷一樣地坐在地板上，開始在彼此耳邊交換話語。

「啊，妳眞好，還來看我。」

「我的心情也不好。我不能和任何人說話。」

「那麼，我會讓妳丟掉工作囉？」

「不會的。」她跟我說，苦澀地笑了笑：「倒是丟掉腦袋……還比較有可能。間諜我當夠了……這工作不危險，甚至無聊……」

當我發現我面前站的這個人的工作是舉發別人，而對她而言這份工作只是無聊的時候，我嚇了一跳。她從一個小公事包裡拿出一小瓶烈酒，爲我們兩人各倒了一杯。

「沒錯，和間諜喝酒讓妳感到噁心，對吧？我看得出來。不過這工作報酬不錯。如果妳願意聽我的建議，那就留在西班牙。妳會說西班牙文、法文，和英文，薪水會很不錯的，可以替妳自己賺一筆錢，然後在戰後退休。而且，我知道這場戰爭撐不了多久。那樣子，我們就可以一起工作……」

我一口氣喝下她給我的酒，味道很怪。奇怪的是，我聽不清楚她在說什麼了。然後我才想通她讓我喝的烈酒裡有強烈的麻藥，她想要翻我的手提箱……我已經發揮了在行李裡藏錢的技能，她一定以爲我還藏著地圖什麼的。我想起看過的諜報電影的場景，心中感到一陣驚慌。麻藥會在我身上起什麼作用？我掙扎著想盡快作出個決定。她用麻藥用習慣了，在她身上起不了什麼作用。她不惜代價想徹底檢視我行李的內容。既然我什麼影響名譽的東西都沒帶，還不撒手由她。我跟她說我要去飯店藥房買些化妝品，要是我遲了幾分鐘回來的話，請她耐心等我。我還說，我答應了一個晚餐時坐在我旁邊的褐髮男人，要到大廳小聊一會，不過我不會待太久。她開始笑了起來，我想我聽到她說：

「妳可以快點辦完所有事情，因爲我也曉得怎樣快手快腳……」

在我出去之前，她給了我一杯冷水，跟我說：

「一口氣喝下去。」

我回來的時候，房間裡沒有半個人。我發現一張紙條，上面寫著西班牙文：「我喜歡妳，因爲妳不笨。謝謝了。不要擔心去葡萄牙的旅程。妳明天就會動身離開了。署名：莉莉安。」

飛機在一個多風的日子降落里斯本。我全身麻木。我沒法控制四肢，它們全因疲憊和激越的情緒而不聽使喚。下機的時候，我果然扭到了腳踝，後來待在葡萄牙的時候我都是一拐一拐的……

在我離開的前一晚，我終於成功地和東尼歐通了電話，可是我們不能說話，因爲電話上除了英文什麼語言都不能講，而東尼歐就是不會說英文。我只聽到：「康綏蘿。」而我則回答：「東尼歐。」接線生讓線路繼續通了幾分鐘，但是我們一句話也不說，就好像被愛情穿透、癱瘓的戀人一樣……

上船的時候，流傳著一則謠言：船上發生了一起火警，明天早上我們的船才能夠開離港口。好幾個旅客帶著他們的太太小孩和行李回家了，可是我沒看到什麼煙，便待在船尾，等著眞相大白。我的等待有了代價，最後船終於離港。

整趟航行途中都沒有電燈。火柴是禁止使用的，也不得持有相機。每天早晨，冬天灰色的海面上，我們能看見零星的木塊和殘骸，是前幾晚被摧毀的船隻，或是在我們睡在船橋上的那晚被擊沈的船隻所留下的。通常一個晚上我們會被鈴聲吵醒個兩三次，他們用這種演習來讓我們保持警戒，以便熟悉逃命時的身體動作，萬一德國廣播所一直威脅的水雷眞正擊中茫茫大海上的我們的時候，大家能夠依序坐上救生艇。乘客之間流傳著荒誕誇張的謠言：這艘船不會被擊沈，因爲船上載有前往美國的間諜。一些更大膽更有想像力的流言則宣稱整艘船都是一幫間諜……他們還說船上的囚房塞滿了旅客，而且睡在船橋上的人之所以減少，不是因爲暈船的緣故……我知道船長的確對那些打破規矩的人施以鐵腕制裁，打開電燈不行，連點點火柴也不行……即便如此，船上還是瀰漫著一種奇異的安全感，我們並不感到害怕。

快抵達百慕達的時候，坐在我附近的一個懷孕婦人，在船橋的黑暗中生下了孩子。醫生盡了他的職責：這次接生很困難，是一對雙胞胎女嬰，他們的母親還很有勇氣地給她們取名為「百慕達」。我們這對雙胞胎的出生可是那天的大事。抵達港口的時候，他們不准我們上岸。大家被留置在船上好幾天，因為這是自從開戰以來，從里斯本離開的最後一艘美國船。規矩非常嚴格，乘客攜帶的所有書籍信件都必須通過檢查……我們每個人都必須交出所有的文件。法國大學者尚．佩杭❹也在船上，他眼睜睜看著他的演算式和方程式被沒收，絕望地看著一雙雙無知粗心的手把它們弄皺弄折。他的詩作也是引起很大關注的問題文件，他的地圖和閱讀時靈感突來在書頁空白處寫下的塗鴉，也同樣有問題。我們都害怕在百慕達被勒令下船。大家在法國受了那麼多的苦，人人都覺得自己是有罪過的罪人。我們焦躁不安地過了三天，不過對於學者和作家文稿的檢查到頭來證明是白忙了一場。

我們再度啓程。

隨著每個小時的過去，讓我離東尼歐越來越近了……

23 在自由女神像腳下

天氣越來越冷，越來越灰暗。終於看得見紐約的時候，冬天已經來臨。我們眞的來到了北方。海水看起來更加濁重，彷彿是鋼鐵做的。我們的船舒緩地滑向反照在雲層上的城市燈火。我們的腦中一片空白，沒有心緒，沒有想法。我們這些乘客對彼此已經沒有什麼話好說了。我們迫不及待地想要靠岸：旅程的最後幾分鐘總最難挨。

我們仍然身處海灣裡一波一波海浪中的時候，有人傳喚我到官員們檢查護照的櫃台。這總是難熬的時刻，官員訊問你是否確實爲本人，核對簽名等等……

船已經停止移動，沒有人說話。我佩服起整個靠岸過程的井然有序，完全是美式的組織管理。我們這群可憐的綿羊，在大西洋另一邊的狂風暴雨中迷失，三生有幸被送到安全的土地上靠岸。

我和另一位乘客S建立了友好的關係，他是一個四十開外的男人，皮膚曬得像個葡萄牙人一樣的黝黑，一身的健康活力、精神愉悅，且思考冷靜。他也是坐船來和他深愛的妻子團聚。沒有一天他不拿出他妻子和他們家小貓的照片給我瞧的。他靦腆地笑著告訴我：

「是啊，我非常疼愛這隻小動物。不知道爲什麼，我們叫她瑪莉亞。是個廚師取的。老實說我感到有點羞愧，在歐洲有上千個小孩死於飢餓的時候，我居然對隻貓有這麼多的感情。我工作的機構專事救人，尤其是救猶太人。我們受命救援那些聰明的人。可我怎麼知道誰聰明，誰不聰明？當一個人因恐懼而臉色發白，語無倫次地吐出央求：『救我，救我，給我證件，不然我就會被送進集中營』，我們怎可能猜得出這人到底聰不聰明呢？有時候我會問他們的職業，但是連這個他們都忘了。所有他們能做的就是活著，並盼望能夠拯救他們在世上剩餘的歲月。」

他邊說話，邊透過雙眼望遠鏡尋找他的妻子。突然之間，他看到她了。

「啊！我看到她了，看來她懷裡好像抱著瑪莉亞。瑪莉亞，妳可不要抓傷她啊！」

他開心地笑了。

我跟他坦言：

「我怕我的丈夫不會在碼頭等我，那我便下不了船了。」

「我會照顧妳的。」他回答說：「這兩天，如果他們把妳關在辛辛❶的話，我很快就會去救妳，證明妳的身分，找到妳的丈夫。到了紐約，別掃興，要有信心。美國是個好國家。」

到最後我的恐懼勝過了他的樂觀，他用了某種方法從船上給他妻子發了封電報，要她提醒我丈夫，當我們靠岸的時候，他人必須出現在碼頭。我相信那時我們收到了回覆，但是待在船上，和孤單的海鷗一起漂浮在岸邊油膩的海水中等待的滋味，仍然令人痛苦不安。

快到下午四點鐘時，我們終於獲准上岸，但是只能待在一個用路障隔絕起來的區域。我們被關著，像是雞窩裡的雞，只有那些外面有丈夫、父親、朋友認領的人才能夠獲釋。

輪到我了。認我的是一個陌生人。遠遠地，我看見一個矮胖的男人戴著超大的眼鏡，我先聽到他洪亮的笑聲，然後才看見他的長相。我看到他手上的確有授權領我出關的文件。

當他走上前來，我才認出他是東尼歐的朋友，我們至少有十二年沒見面。沒錯，活生生站在我眼前的就是全身上下帶著非洲風沙氣息的福勒西❷。在我的腦海中，我又一次看到他在昔日「航空郵遞」剛開展時的模樣。現在他看起來像是漫畫裡諷刺人物般可笑，因爲我們分離的十二年來，歲月並沒有讓他變得更年輕。這段時間他一直住在巴西，酒又喝得太兇……他的笑聲越來越大：

「康綏蘿，妳不認得我了？」

我回答不出來。這麼說他是替代東尼歐來歡迎我的人了。爲什麼？我的人生要把我推向什麼樣新的神祕境地？他握了握我的手，我們開始走過大船靠岸時總會有的熙熙攘攘、紛紛亂亂。他繼續在我的耳邊說話，夾雜著一陣陣輕微的咳嗽聲和笑聲。

「妳的丈夫不准妳跟記者說話。妳了解嗎？他禁止妳說話，或是接受任何訪問。仔細聽我說，記者們會帶著照相機過來，我會跟他們說妳既不懂英文也不懂法文。妳又聾又啞。不這麼做的話，東尼歐又會把妳送走，送到哪裡我不知道。現在正在打仗。很抱歉，但是妳的沈默讓我緊張，這可是玩眞的。如果妳說話，東尼歐絕對不會原諒妳的。」

一個美國人走過來，身邊伴隨著一些警察，臉上帶著記者慣有的冷漠微笑：

「日安，聖修伯里夫人嗎？」

「先生，我不是聖修伯里夫人，我是她的女傭。」

那些正要蜂擁而上的照相機被這位記者一聲吼住：

「等等，搞錯了，這是聖修伯里夫人的僕人。聖修伯里夫人還在船上！」

我沈穩地通過他們，他們則繼續等待我的「女主人」……

走在扎實的土地上讓我鬆了一口氣，我慢慢地整理起思緒。現在我理解爲什麼福勒西要搞這齣戲。他之所以來舷梯接我，是爲了要確保沒有人拍攝我抵達的過程。這麼一來，就不會有人看到聖修伯里夫婦在彼此的懷抱裡。這麼說東尼歐不想讓人看見和我在一起。爲什麼？毫無疑問地，他想避免讓他的某位女友看見正牌髮妻被她的丈夫摟著！

心裡的苦讓我變醜了。我開始厭惡生命。想想看再過幾分鐘我就要見到我那逃避團圓的丈夫的臉！然而我不能責怪他。團圓的衝擊實在太大了。我經歷了戰爭的苦難，缺席兩年之後，就要活生生地站在我丈夫的面前……我深深吸了一口碼頭苦澀帶鹹的空氣。我不要我的心裡有別的東西，我只要善良、平和及愛。我愛他。是的，我還是愛他。

這些關於訪問和照相一連串的囉囉唆唆也改變不了我的感覺。但是我的心隨著每個步伐而愈加虛弱。我的耳朵開始耳鳴，我的腿再也無法支撐了，好像是棉花做的。

很快地，除了陰影和喊叫之外，我什麼也看不分明，聽不清楚。我閉上眼睛幾秒鐘，雙手緊緊地抓住福勒西的手臂。他讓我靠在牆上，安慰我說：

「別現在昏倒。到目前爲止妳都把這份衝擊處理得很好。再拿出一點勇氣來就可以見到妳丈夫了。他就在那邊，在裡面那根大柱子後面。張開妳的眼睛，我求求妳。」

我深深地呼吸，放鬆手臂。和丈夫相見的念頭讓我的力氣又回來了。就算被命令回船到狂風暴雨的海上渡過兩個月，我還是會張開眼睛向前走，直到我嚥下最後一口氣，直到走回我心愛的男人身邊。

我盯著那根似乎越來越高的柱子看。離東尼歐還有一百公尺。我看見他的輪廓，像棵大樹一樣地站在樑柱中間。我開始看清他的輪廓曲線，他有點下垂的肩膀，好像是他在扛著柱子似的。他看著我走近，一動也不動。

這個男人是我的丈夫。我可以看見他離我三公尺，臉色蒼白，渾身裹著軋別丁灰色外套，整個人封閉著。他既沒戴帽也沒戴手套，一動也不動。最後我觸碰到了他。他看起來像是了無生氣。我們已經有一千年沒見面、沒親吻、沒用眼神質問過對方了。現在我就在他身邊，他的手臂堅硬如鐵，而我的聲音已經逃脫，遠遠越過了生命的神祕。突然張開雙臂的是他。他緊緊地抱住我，緊得足以掐死我，口中喊著：

「我們走，我們現在就走。」

不過和其他人一樣，我們必須等計程車。一等，等了將近一小時。我開始享受起在紐約排隊的人們普遍展露的禮貌。這裡的人簡單、有耐心、有教養。沒人抱怨，也沒人插隊。這讓我感到寬慰，鎮定了我的神經。

東尼歐問我的第一個問題是：

「和妳在一起的人是誰？妳為什麼接受採訪？」

我累了，我回答說：

「聽著，我沒有跟任何人說話。」

「可是我看到了，我看到妳和一個人說了話。」

「沒錯。我跟一個記者說我是聖修伯里夫人的僕人。就這樣而已。不要再質問我了。靠岸的時候，我已經受夠對我證件的質問了。今天早上我五點就起床了，我好緊張，緊張得一整天都沒吃東西。」

計程車上，我們沒有說半句話，因著團圓而不知所措。我一直期待的神奇對話並沒有發生。兩個剛剛在同一個生活裡甦醒的人，繼續不了解彼此，繼續沒有交流，繼續關在彼此的沈默打造的高牆中，一如從前；而同時計程車一路開進吵雜的市中心。

我不知道我的丈夫要帶我去哪裡。我的命運全部掌握在他手裡。我的心笑不出來，也哭不出來。

「我要帶妳去阿諾咖啡。」他終於說：

「爲什麼要去咖啡廳？」

「因爲有人在等我們。一些朋友要幫妳辦個雞尾酒派對歡迎妳。是我的編輯，他的妻子，還有一些別的人。」

「可是至少讓我梳理一下，整理整理頭髮。」我羞怯地說。

「紐約很大，兩地的距離很遠，再說，咖啡廳裡有洗手間，可以讓妳洗洗手。」

我了解到，除了遵從，我別無選擇。幾分鐘後車子停在中央公園南路二百四十號的阿諾咖啡。我像個包裹一樣被人急忙地送下計程車，服務生開了重重好幾道的門後，我人便在一打左右歡笑的人面前，他們好奇地想見見這位偉大作家的妻子。

□

阿諾咖啡是家法國咖啡廳。裡面的服務生接待親切，能給你端上法國餐前酒，苦艾酒、祥伯里草莓苦艾酒、馬丁尼，當然還有全系列的美式雞尾酒，那些黑人調酒師宛如巫師在熬煮有毒的春藥般，替饑渴顧客調配出繁複的調酒。

在一群穿著低胸剪裁禮服的漂亮女人中間，我的簡陋寒酸顯得特別突出。她們詢問我的旅程如何、法國怎麼樣，她們有朋友和丈夫的陪伴，每一個都顯得怡然自若、輕鬆自在。這群用喧鬧的友情圍繞我的人，她們身上的熱情、自信卻暗中一點一點愉快地感染了我。餐點極爲豐盛。我看到桌上那些我好久沒嘗過的成堆奶油、麵包和肉。我的丈夫就在我身邊，一如從前，而我則審視著婦女的髮型、珠寶、禮服，自得其樂。對我來說，歐佩德，我的石頭村子，已經很難想像了。我還活著嗎？我在作夢嗎？還是我已經走到我一連串不幸的末端了？我的丈夫正用他那手萬年撲克牌遊戲娛樂大家。

「晚了。」一位女士終於開了口：「我一大早得起床。得走了。」

我的丈夫像個彈簧一樣地跳了起來。

「妳也是，康綏蘿。妳一定累了。我們走。」

在支票上簡單簽個名，便足以替這個豐富的夜晚劃上句點。我們又搭了一輛計程車，我聽到我的丈夫吩咐司機說：

「到巴比宗廣場飯店。」

我跟隨飯店經理，走進共有三個房間的套房，眞是頂級奢華。我驚訝地發現我的房間有暖氣、有浴室，更驚訝地察覺房裡沒什麼生氣。接著東尼歐說：

「晚安。我住在另一間公寓，那裡太小不夠我們兩人住。明天我會打電話來問候妳。希望妳好好休息。」

他握了握我的手，跟我道晚安。這一切發生得很快。我像頭動物一樣地盯著他看，不理解這一切。他又重複了一次：

「好好睡。明天見。」

於是我獨自站在房間中央，身處陌生的傢具之間，在這個陌生的城市之中。

第六部

1942

紐約

24

「我對妳的愛從來沒停止過。」

對所有朝我身上拋擲而來的問題作出回答，我覺得很艱辛。這眞是一場夢魘。我的朋友都留在歐佩德，現在我孤單一人，坐在床邊，待在飯店的淸冷中。我無法相信這個事實。我坐在地板上，就像小時候打破一具漂亮洋娃娃或是完全不懂新遊戲怎麼玩一樣。我不知道我像這樣待了多久。我希望我能像仙子一樣，飛出這間位在二十層樓的房間窗戶，飛進摩天大樓璀璨的燈光裡，直接飛到上帝身邊，那裡的天使將會是比我的丈夫還好的伴侶！我甚至不知道他的電話號碼。到哪裡才能找到一句像朋友般親切的話來安慰我？我的身體被銷毀了，只有我的心思回顧起自從與東尼歐結婚後所過的生活。

我在這間冰冷的套房裡踱步，端詳房裡的瓷器、鐫刻、那些世界上每家飯店都一樣的物件。我向外張望全都點亮了燈的建築物。哪扇窗戶是我的丈夫的？當房門打開、一位服務生探頭進來的時候，我正在輕輕地哭泣。他給我送來一封電報，並抱歉使用了主鑰匙開門，因爲我沒有回應他的敲門聲。電報是貝納爾・才爾福斯發的：「歐佩德騎士們的心與妳一同抵達紐約。我們好想妳。信隨後到，亞爾貝、貝納爾等人敬上。」

啊！我好需要這封電報！在這世上某處有朋友的心惦記著我。我開始寫一封長信給貝納爾，在信中我終於能夠盡情地說出內心起伏的所有思緒。那個晚上過得彷彿像一場醒著的夢。爲什麼上天如此詭異地對待我？天亮的時候，我還是一身衣服沒換，躺在沙發上。

巴比宗廣場飯店供應客人的法式早餐，從門上的小開口送進來……上頭有好幾杯牛奶咖啡，一些麵包、奶油和果醬。我像個機械人一樣喝著冒熱氣的牛奶，努力試著看清自身的處境。東尼歐在哪裡？他又是誰？

我把掉落地面的麵包屑撿了起來。把散落在藍色地毯上的小小麵包屑收集起來是件讓人愉快的事：這簡單的舉動喚起了我對生命的意識。

我要寫封信回忠心騎士們的電報。他們是我的財富，我不渝的愛。在這間冰冷套房裡我不孤單。我可以想著他們、愛著他們，因爲他們允許我對他們表達關愛。電話響了，鈴聲把我抓回了現實。

「喂，喂，聖修伯里夫人嗎？我是妳在船上的朋友，那個葡萄牙人。我剛從妳丈夫那裡得知妳一個人在巴比宗廣場飯店。有什麼我可以幫妳的嗎？」

「如果有時間的話，來看我吧。」

一刻鐘後，S便坐在我豪華套房裡的起居間。我們東聊西聊。他問我可不可以帶他的妻子過來共進晚餐。關於我丈夫的問題，我保持沈默，儘管我一直禁不住想跟這位如此和善的先生合盤托出。他走的時候親吻了我的手，害我得趕緊把手抽回，因為我的眼中已經滿溢著淚水。他小心翼翼地走開，彷彿知道他什麼也幫不上。關於他，我只知道他的辦公室電話。有時間的話我們還可以聊聊天。對我來說，即使僅僅如此也已是意義重大。

電話又響了。這次是我丈夫打來的。他透露我們兩人住的地方相距不遠，也就是說如果我想出去動一動，可以過來看看他的公寓。這番話感動了我，我接受了他的邀請。他幾乎沒有給我時間看一眼他的公寓，馬上便告訴我說既然他要趕赴午餐的約，建議我去阿諾咖啡吃飯，就在他的公寓樓下，就是我們昨晚去過的地方。從此以後，我就把阿諾當成是個人的食堂。

我的丈夫和我一樣感受到一股焦慮和疲憊。我替他感到難過，而他也知道讓我和他分開住是件殘酷的事。我不想先提起這事。然而我倒是跟他說起我想回歐佩德。在紐約我無事可做，已經覺得無聊透頂，街道都是陌生的，而我沒有半個朋友。他向我保證隔天，星期天，他會開車帶我去鄉下一個叫作蜜雪兒的朋友家裡，她一定很樂意帶我認識這座城市的。

隔天我們的確去了她家，那裡的樹開滿了花，年輕人在喝酒，真有種家的氣氛。我哽咽得說不出話。那天時間過得很快，晚上我則回到我清冷的公寓。

我母親從中美洲寫信來問說，爲什麼我在紐約的地址和我丈夫的不一樣。我把信拿給東尼歐看，他儘快爲我弄了一間公寓，地址和他住的中央公園南路二百四十號幾乎一樣。

於是我開始在紐約住了下來。我的丈夫不時會在不尋常的時間來跟我吃頓飯，因爲通常他想吃飯的時候已是淸晨兩三點了。

我明智地決定出去幹活。只有工作能讓人維持平衡，並在混亂的事件當中找到出路。我決定重拾雕刻，在離我的住處隔了兩棟大樓的地方，找到一間雕刻室：藝術學生聯校。

第一個星期結束的時候，我已經認識了好幾個對藝術很認眞的年輕人。有些還和我一起去看電影，一起吃飯，甚至讀著不知從紐約的哪個角落搜覓出來的法文舊報紙作樂。這些朋友給了我很大的慰藉，但我仍然雕塑不出純粹的形狀。老師對我倒是很照顧，因爲我是難民，這點可以從我瘦巴巴的模樣，以及他對我表示的一點點善意便能讓我心生感激之中看出來。

有一次，我的丈夫來學校看我。我很高興他欠身端詳了我的一件近作。這件塑像有點歪斜，像是個走鋼索的。他告訴我不要絕望。他肯定地預言，如果我每天都用手指觸摸它，如果我學會怎樣正確撫摸黏土，這座像很快就會變得美麗端正。我震驚地看著他的眼睛。他的建議給了我一個靈感：如果我每天都去看他，用我深情的眼神撫摸他，如果我每天都向他展示我的忠誠、我對婚姻這個讓我們永遠結合的神聖儀式的信心，或許到了最後，他會聽我說話，再度成爲我的丈夫，像以前那樣……

同時間，我持續陷入某種沮喪之中。我時常去教堂，每天都有一次次小型的朝聖。有時候我會嘲笑這舉動，我覺得我要瘋了。我去告解，並把我的祕密說給神父聽……

我有一間漂亮的公寓，表面上我什麼都不缺。有時候我會重讀貝納爾從歐佩德寄來的信，想起我們在那座被北風日夜吹襲、風中傳來敵軍聲息的石頭村裡，一起熬過的窮困、恐懼和寒冷。然後我感謝上天讓我安全健康地住在陽光燦爛的白色房間裡。但是我那位「鄰居丈夫」的來來去去、某些聲響、某些女性的聲音、某些笑聲、某些寂靜，透過薄牆鑽進我的耳朵，讓我充滿嫉妒地顫抖著，在失寵妻子的孤單生命裡窒息。我覺得自己有點像是個頭銜還在，但已被放逐的皇后。這時候，所有的白色桌布、所有的奢華、所有摩天大樓的燈光，對我來說都是無法忍受的。我只想要一件東西：能夠讓我安睡的肩膀。

□

那段時期我重讀了《葡萄牙修女的信》❶和一些其他作品，越讀越讓我熾烈地愛戀東尼歐。我了解到和他住得這麼近，從我的窗戶便可看到他房裡的燈光，並不健康。

我非常冷靜地要求他替我再找個住處，離他遠遠的。我解釋說我無法對他房間裡發生的動靜不聞不問，看著漂亮的女人進進出出他的公寓，對我是種折磨。他無語地執起我的手，親吻我的頭髮，告訴我說：

「你是我的妻子，我親愛的妻子，時時刻刻我都珍惜著妳。妳必須像個母親了解兒子一樣地了解我。我需要妳這樣愛我。在航空方面我的成就不凡，不過妳也知道我斷過手臂、肩膀、肋骨，有時候我還會覺得我的頭快裂成兩半。第一次墜機的時候，我還在學飛，那時腦袋裡一定有什麼摔壞了。從此以後便一直有劇烈的偏頭痛，讓我什麼話也不說或是一古腦地發脾氣。當妳不說話不移動也毫無所求地陪伴我的時候，妳讓我安心。況且，也許我再也不能給妳什麼了，但是也許反而是妳能夠給我什麼，讓我成長，在我的身上播種，讓我更豐富，填補我欠缺的，好讓我創造，好讓我繼續寫偉大的詩篇，那本我想全心投入的書。妳是第一個相信我的人，妳是讓我寫出《夜航》的那個女人。妳記得我在南美的偏遠小村莊短暫停留時寫給妳的信嗎？妳看懂了那封信。妳跟我說：『不只是宣言，不只是情書，這是一聲向唯一能夠救助你的人發出的求救呼喚，幫助你渡過在天上的孤寂時光；在星星威脅著你的生命的時候幫助你，因爲在疲倦的狀態下，你會把星星錯認爲地上人類的燈火；在你重回人群、必須再度學習每日生活的時候幫助你；幫助你不要忘記你也是血肉之軀，你也會死去……』妳是我要找的人。妳是我在暴風雨時可以尋求庇護的港灣，同時妳也是個非常漂亮的年輕女人，儘管我的夜航已夠讓妳焦慮，儘管生命盡頭的威脅已夠讓妳不安……所以，如果妳有那麼一點愛我，請保護我身上這個人的存在精髓，因爲妳相信我存在的價值。有天晚上妳跟我說：『你有個信息要傳達給人類。沒有什麼可以阻止你，連我也不行……』那天我決定要永遠與妳結合，一生一世，以及我們在群星之外所擁有的生生世世。妳已創造了一個世界，可以讓我直達這個妳也堅信不移的信息中心。常常在我們分離的痛苦時刻，我彷彿又回到布宜諾斯艾利斯塔戈爾的那間大閣樓裡，獨自一人充滿自信地踱步著，以前在那兒妳把我關在桌前寫作，像被罰的小孩子一樣，寫出一頁《夜航》。即便在我生妳氣的時候，我的嘴唇還是能夠嚐到妳從小酒桶中倒出的波特酒，酒桶的黃金龍頭在那間妳強迫我勞動的房間裡，看起來是如此的美麗！康綏蘿，我沒有忘記妳所有的溫柔，妳的奉獻，妳的犧牲。我知道我讓妳過的這種流浪生活所帶來的焦慮、折磨、困頓，對妳造成了多麼深的傷害。我知道在批評我們之間的關係上頭，妳的女性朋友對妳是多不公平。她們只用她們女性的心理評斷。但是妳，妳了解我，而且後來妳愛戀我，但是我們日常生活中的掙扎讓妳遍體鱗傷、痛苦不堪。妳之所以不耐是因爲妳累了，我也是。擔心取代了愛，而我之所以離開是想要保護我們免受彼此的傷害。我們的朋友都錯了，我的快樂或不快樂並不是妳應負的責任。妳必須知道我對妳的愛從來沒停止過。可是我看到妳的前額皺了起來，我已聽到妳聲調變了，這代表我們將再次分離。」

「不，東尼歐，我並不覺苦澀。很久以前我便學會消化嫉妒的毒液。我們之間不會再有爭執，不會再有哭泣、叫喊。我想要清楚地看事情。我從很遠的地方來找你，日子一天天過去，我們卻連一頓飯都沒一起吃過。我不知道我對你還有什麼用處，我住在另一房公寓，永遠待在門後不得露面。連狗主人也從來不會剝奪狗兒望著他的權利……」

「閉嘴。」他叫道：「妳在傷害我。今天我就會在我的大樓裡給妳找一間公寓。那樣子我們就可以每天相見了，然後我們再來談論我們之間的事情。」

於是我又搬家了，這次是一間像是溫室的公寓房子。我的先生讓人送了花、綠色植物、無聲打字機和一台聽寫機過來。

「那樣子的話，在孤單的時候妳可以對著這台機器講妳美麗的故事。如果我想要聽妳說話，我就可以放妳的錄音帶，聽妳的聲音。康綏蘿，妳是個偉大的詩人。如果妳想的話，妳可以成為比妳的丈夫還要偉大的作家……」

慶祝我搬入新家的派對非常熱鬧。我的丈夫帶了些朋友來，我們渡過一個愉快的夜晚。這次搬家讓他改變了許多。他每天晚上臨睡前會來看我，證明每天晚上他都會回到他的牢籠裡……有時候他會打電話過來，念幾頁他剛寫的東西給我聽，然後會跟我講起未來，就好像我們一起度過了這一天一樣。

25 我們談到離婚

我們家裡的用餐時間有些混亂。東尼歐說他要來吃午餐或晚餐，但是從來都不現身。我的心情當然不怎麼愉快。我常常生氣地逃離我準備好的一桌菜，到底下的阿諾咖啡自己吃。而在那裡我就會發現東尼歐被一群男女包圍著，他，這個全紐約最憂鬱的法國人，正在努力地取悅他的賓客。他不喜歡看見我一個人坐在餐桌，像在沈默地責備他。他會故意裝作沒看見我，如果那裡湊巧有人認識我，僅僅是跟我握了個手，我便能在他眼裡看出幾近是恨意的凝視。

不論白天發生了什麼事，都不會影響我們夜裡的談話：他會來找我或打電話給我，用溫柔的聲音說話，跟我道晚安，充滿愛意地說著明天。

但是幸福總是一拖再拖。

春天來到的第一天我冒險走去他的公寓。儘管我已經搬進同一棟大樓，我從來沒有被邀請去他的房間。爬上將我們分隔的三層樓階梯的人總是他。那天，清新的陽光照在我房裡的綠葉和鮮花，給了我放下羞怯去找他的勇氣。他的門從來不鎖。我走進去，發現那裡有一打人，剛剛吃完午餐。我告訴他們說我是來送咖啡的，這馬上消解了緊張的氣氛。我輕描淡寫便重作我女主人的角色，這讓東尼歐感到有趣。不過我在他臉上注意到的輕鬆神態並沒持續很久。

他的客人之中有一位音樂家朋友，隔天就要在市政廳舉辦音樂會。他向我的丈夫堅持要我去。我自己假裝忘了這次邀請，但是東尼歐第一次堅持要我去，要帶我去公眾場合。我們的座位在前排樂隊區，差不多每個人都看得到我們。整個紐約的法國僑界都到場，因爲我們的音樂家朋友是同鄉。我很高興能夠聽到好音樂，但是我可以感覺我的先生非常緊張，因爲我們周遭的人第一次看見他和他的妻子一起出現，他們的嘴角因此笑了起來並竊竊私語。中場休息的時候，他一句話也沒說就逃掉了。我發現自己更加的孤單、更暴露在眾目睽睽之下，甚至連那位忙著指揮樂團的音樂家都注意到了。我身上沒帶錢包，以爲有東尼歐帶我回家。表演結束之後我悵然若失，迷失在紐約的街道。穿著晚禮服的我在人行道上走了半個小時，雙眼都是淚水，經過的行人一個個盯著我看，直到我碰上了那位音樂家朋友，他正從車子下來，要走進一家大餐廳和幾個人一起吃飯。他牽起我的手臂，我便跟著他去了。從那天起，我在這個感覺如此陌生的城市裡又多了一個朋友。我再度開始認眞思考生命和男人的心。我的朋友讓我一點一點、非常小心地了解，如果夫妻之中有一個做錯了，另一個便要設法補救，不管花上什麼代價。他開車帶我去鄉間，讓我見識美國森林的壯麗。當我回到城市的時候，覺得自己更有信心了。

我的丈夫對我離開了三天有點擔心，我只簡短地留下字條告知他便離開。我們的對話很友善，但也充滿了譏諷。通常，週末離開的都是他，我不知道他去哪裡，而這次離開的却是我。表面上，我們之間一切沒變……我想了很多，有天晚上便要求他給我一小時的時間好好談談。他想拖到第二天再談。我接受了，因爲延了這一天，我便有機會去俱樂部聽一位偉大歌手的演唱。這時他立刻改變了心意！他當天晚上就要見我。

第一次，他準時在他預定的時間出現。我遞給他一大杯牛奶，和往常一樣，不過他却跟我要威士忌。我們喝了幾杯威士忌之後，我跟他說我終於知道我該怎麼做了：和他離婚。

過了幾天，我們和一位律師見面解決我們的難題。律師堅持我應該立刻搬到另一棟大樓住。權充翻譯的是我，我的丈夫要我用英文回答說這不可能。他會同意在金錢的方面讓步，但他不要我住在別處。

爭執漸漸變得激烈，律師用破爛的法文跟他說他把我當成情婦般對待，而不是妻子，身爲我的律師，他已經準備好要替我辯護。

我的丈夫站了起來，在我的唇上親了親。這是我在紐約定居六個月以來，他給我的第一個吻。我很生氣，因爲他並不是認眞的。

「我不管法律怎麼說。」他作出結論：「我愛妳。」

然後他怒氣沖沖地摔門出去。

於是一切又重新開始。我想起了阿爾梅里亞……海岸邊開著花的橘子樹……我們年輕生命裡的愛……

26 小王子之家

夏天到了，熱的像是在熱帶的夏季一樣。我膽怯地向東尼歐建議：

「你看，我們應該離開紐約，到鄉下住去。你受不了這裡的熱浪的。」

「我夢想著身處鄉間，感覺清涼些。我哪裡也不去，我只要工作、寫作、日日夜夜地寫。」

「那麼給我些錢，我找間旅行社問問。」

「不，我帶妳去火車站。搭一班北行的火車，那是一輛漂亮的輪胎火車，是最快的那種。」

到了紐約的中央車站，我爬上一輛不知開往何處的火車。我看了看車牌，上面寫：北港。

我跟我自己說：「那裡就是北邊，代表著清涼，應該會有清爽的微風。」

我買了一張到終點站的車票。我記得你付了不少錢，好讓我走到世界的盡頭，但事實上這趟旅程只花了四十五分鐘……

下車的時候，我四處看有沒有計程車可以帶我到市區。沒有計程車。不過我有一招：「康綏蘿叫車術」。我是紐約唯一能夠在大家都在找計程車的時候叫到一輛的女人。停在紅燈前的車子裡，總是會有爲軍人、病人、殘障人士停下的計程車。我會鎖定一位駕駛，試著擺出最友善、最討人歡心的表情，然後溜到他的車門前，打開我的手提包，給他看裡面的五元鈔票，跟他說：「啊，我去的地方好遠。」他會說：「我正在開車。妳看不出來我在忙嗎？」我堅持道：「沒錯，我們先載這個人到他的目的地，然後才輪到我。」我在北港就是這麼搭到計程車的。「等一下請你帶我去那間白色的大房子。」因爲我在火車上看見一棟三層樓的白色殖民風格建築，看來很具傳奇色彩。

車子停在那棟房子的大門前面，前院有一座美侖美奐的花園。既然大門是開的，我便走了進去，好像這是我家似的。一位手上拿著澆水壺的先生微笑看著我。我問他：

「先生，我知道這樣闖進來的確很冒失，可是我是個外國人。我的先生住紐約，是個作家。他叫作安東．德．聖修伯里，或許你聽過他？」

「啊，是的。」他回答說：「我讀過他的書《風、沙、星辰》❶，是本暢銷書呢。妳想不想進來？」

他領我走進房子的客廳，後來我們管這房子叫貝文樓，爲什麼，我並不清楚。

我解釋道：

「我想在這附近找個房子租，因爲我的丈夫受不了紐約的炎熱。他幾年前在瓜地馬拉發生了一場嚴重的意外，你知道的，之後他便不能跳傘了，因爲他手肘的傷口還沒有完全癒合。他好幾處的關節有風溼，而且四十三歲的年紀讓他受了不少苦……他們說他太老了，不能參加空軍作戰。你知道，他還是個飛行員。」

「我知道，我全都知道。我讀過《夜航》，我的太太甚至使用『嬌蘭』以之命名的香水 Vol de Nuit，我們都很喜歡。」

這些話溫暖了我的心。我已經雙眼盯著天花板、裝潢、房間、走道不停地看……好像這房子是我的似的。

「你住這裡嗎？你太太會來和你共度暑假嗎？」

「哎呀，我太太行動不方便，沒辦法離開醫院，而我又沒有孩子。我不時過來看一看，因爲我們在花園裡種了玫瑰和大麗花，而且妳也看得到，這裡游泳很方便。妳看那沙灘。」

「還有舒服的微風呢。你知道嗎？在紐約每個人都烤焦了。」

「啊，我喜歡妳的口音！妳講起話來像薩爾瓦多‧達利。」

「對，我知道。他是我們的朋友，你願意的話，我隨時都可以介紹你們認識。」

「聽著，女士，妳可以跟妳丈夫說房子已經找到了。不過妳要讓他清楚知道，我不租房子給他。我送給他。他想待多久就待多久。鑰匙在這裡。這支開前門，這支開大門。要不要我帶妳參觀參觀？」

我馬上打電話給東尼歐。

「從那棟房子到這裡要多久?」他問。

「嗯，坐你帶我去坐的火車，大概花了我三刻鐘，但是坐車會更快些。」

那位先生問我說：

「要不要來杯咖啡、茶或熱巧克力?」

「好，我喜歡熱巧克力。我好久沒喝了。我的先生會在一小時內到達。」

我開始跟他講我在歐佩德的生活。一旦我開口講起那個村莊，我便停不下來。那些石頭似乎透過我說話，我可以一直講下去，講上好幾個鐘頭……

東尼歐終於到了，帶著他的秘書、他的狗漢尼拔和一台錄音機。我們從上到下看過一遍，然後我們的房東因爲有火車要趕，便留我們在這棟房子裡，他補充說：

「如果哪個星期天你們能邀請我過來的話，我會很高興的。」

「你想來的話，隨時過來。你甚至可以和我們一起住，挑間房間，反正有那麼多間房……」

那棟房子後來變成「小王子之家」。東尼歐繼續在那裡寫他的手稿。我便權充《小王子》的模特兒，所有來拜訪我們的朋友也都成了模特兒。我們的客人常生氣得跳腳，因爲等到圖畫完的時候，上面都不是他們本人，而是個長鬍子的男人或是一些花朵或是小動物……

這是一棟爲歡樂而建造的房子。東尼歐有天問我說：

「還記不記得我們在布宜諾斯艾利斯那間開始寫《夜航》的房間？在這裡也給我弄一間一樣的。」

「沒問題，東尼歐，我會替你找個有黃金龍頭的小酒桶，我們在裡面裝滿波特酒。我會給你裝滿熱茶的熱水壺，在你身邊擺滿糖果、薄荷糖、各種顏色的蠟筆，還有彩色的圖畫紙和一張大桌子。」

東尼歐常常在週末前往華盛頓。我不知道他去看望誰，一段時間之後，這件事開始讓我不安……他會打電話給我，星期一回家的時候，全身疲憊，一句話也不說。我從來沒問他在那裡幹什麼。後來，我才得知。有天我們在阿諾咖啡共進午餐，一位美國將軍走到我們的桌子前面。

「我的好將軍，容我替你介紹我的妻子，康綏蘿，她是西班牙人，不過會說英語。」

「我呢，我可以說法文。」將軍回答說，口音很重。

「妳的丈夫有沒有跟妳提起每個星期天他幹的好事？他提供我們一些非常有價值的協助，幫我們準備未來登陸法國的進攻計畫。沒有人比他更清楚海了，他非常清楚如何前進地中海海岸，甚至連大西洋海岸他都清楚。」

北港的寧靜日子！我們重得的甜蜜幸福！

27 最後的幸福時光

東尼歐不知道怎樣談論自己，或者他不想談。他看世界的方式、感受世界的方式，毫無疑問地來自於他的童年。他從來不談他自己，也不講自己。他每天都在嘗試長大，利用過去的經歷來增加成功的機會，不只爲他自己，也爲了他人。他開口不是爲了發出文字的聲響或是空洞的言論。他說的東西總是有意義的。他從來不讓身體或是精神上的折磨干擾他生命的其他部份，他把這些苦痛完全拋諸腦後。不管是誰在聽他說話，他總是全心投入。我記得他說過一句話：「你必須愛人，但不掛在嘴巴上。」這說明了他的個性：他愛人，但從不浪費時間解釋他能夠給別人的關注和愛。

對他來說，愛是自然的。和他生活在一起的人很難忍受得了他，因爲當他離開的時候，他把他整個人都帶走，完完全全徹徹底底。不過他也能夠完完全全徹徹底底地回來，不把自己的任何一部份留在別地方。他的身體和情感的力量兩相結合，彼此協調，幾乎消耗不盡。

當我責備他爲了艱澀的數學公式過度勞累的時候，他會大大笑個一聲回答我說：「等我死了，就不會再讓自己累了！」

是他的笨拙、他詩人般的風度、是那藏在巨人外表下的敏感，讓我愛他。他可以不費吹灰之力移動重物，優雅得就好像他用輕薄的紙頭剪出紙飛機，再從我們俯瞰隔壁住屋的陽台，把這些飛機送上天空……

他常忘記他高大得像顆樹，總不可避免地撞上門。每次他坐進計程車，都會撞到前額。他笑一笑，宣稱這只是爲了應付最嚴重的事故而在作的練習。他時常跟我說：「我常常想像自己是個英俊少年，頭上長滿捲曲金髮，但是一旦我的手拂過我的頭，我便必須面對現實：我是個禿頭……」

他的衣服總是皺巴巴的，因爲他會躺在衣服上頭，或是合衣睡覺。我從來沒辦法成功還原他褲子上的摺痕。他上床睡覺的時候不把領帶結打開，他知道怎樣順手扯著領帶一端把領結打開，然後領帶鬆掉了，就可以直接把它繞過頭拿下來！他通常會在臥室大小的空間內弄丟鞋子。他還請他的朋友替他找：而那鞋子有可能在壁爐上頭、辦公桌的抽屜裡、在文件堆中，或是被報紙蓋住了！

他總是要一模一樣的褲子和外套。要是他在哪個店裡看到和他身上穿的褲子一樣的乾淨新褲子，他會很高興親著我跟我說：「哪天我要自己去找裁縫訂做一些非常好的衣服：例如整套海軍藍的西裝，再配上我捲曲的金髮眞是好看極了。」然後他會開懷大笑。他的襯衫都是某種藍灰色的，不過碰上晚上我們要隆重外出的時候，好不容易他才會讓步，聽我的話穿上白色襯衫。不過我從來沒見過他用吊褲帶。他討厭吊褲帶的程度和他討厭吊襪帶不相上下。他喜歡讓他的襪子垂著。當他發現電動刮鬍刀這種新產品的時候，他高興得像個小孩子似的，並在公寓裡到處展示。他一天可以刮好幾次鬍子，後來電動刮鬍刀的噪音變成一種熟悉的聲音，陪著他沈思。

他在貝文樓眞的很快樂。我們爲這處宅院取名爲「小王子之家」。他有很長時間待在我幫他整理出來的閣樓。有一天安德列・莫華的妻子問我：

「誰是那個每天五點來的女人？你的丈夫老是和她關在閣樓裡。我們只在晚餐的時候才看得到她。」

「她是來教他英文的。」我回答說。

事實上是我說服他上課的。

「好吧，條件是妳去貼張公告徵求會說英文的年輕漂亮女人，並且只能佔去我十分之一的時間。」他強調。

「我會盡量寫出一則有吸引力的徵人啓事，然後交給哈瓦斯職業介紹所。」

大約有二十個女生來應徵，我們門口幾乎可說是交通阻塞。我們決定跳過面談。

「聽著，就挑最漂亮的，妳的品味比我好。」

「可是我不知道你喜歡棕髮還是金髮……」

「最漂亮的就好……」

於是我選了其中最亮眼的金髮女郎，她的手上抱著一隻貓。

「貓會妨礙你吧？」我說。

「啊，一點也不會。禮貌地請其他人回去，幫她們付汽油錢，我不知道五塊錢夠不夠。」

「一塊錢就夠了。」

「別吝嗇，妳知道我們很快就要死了，那時候我們什麼也留不下。」

等我把這些都解釋給莫華太太聽之後，她問說：

「這樣子有多久了？」

「自從我們租這棟房子開始。有好幾個月了。」

「妳從來沒上樓去看他們在做什麼？」

「妳知道，我並不是不謹慎的人。我相信如果換作是妳丈夫，妳的反應也會是一樣的。」

「啊，要是我，我現在就上樓去！」

稍後，我聽到一陣像是小石頭滾落樓梯的聲音。那是西洋棋子。

你手上拿著棋盒出現，襯衫前襟大開，有些生氣。

我也有些生氣，有些難過。那個年輕女人學會了下棋，但是你，你甚至不想跟我學習欣賞彩虹的七彩顏色！

我跟那個年輕女人說她沒有遵守合約的條款。

「那是我的錯。」東尼歐插嘴說：「不管怎樣，我都不需要再教她下棋了，她下得很好。至於我，我永遠不會學英文的。」

「小姐，妳需要多少遣散費？」

「請不要趕我走，我會免費來教的！」她回答說，眼中都是淚水。

□

我知道你那年冬天和馬西坦❶透過報紙進行的筆戰，對你是件非常痛苦的事。你覺得備受誤解。那是別人對你的一連串誤會，你似乎怎樣也解釋不清。我再也不知道怎樣分散你的注意力了。我建議我們去中央公園走走。我們去看了老虎、獅子、黑猩猩，儘管你不怎麼喜歡猴子，可是當我伸手餵牠們吃花生米的時候，我還是成功地讓你的臉上擠出笑容。

一九四三年以後的每個星期，你的頭上都籠罩著烏雲，所以你拿起剪刀，做起小飛機來。有一天，一位警官來到家裡，提醒說你在紐約的街上製造髒亂！

你笑了笑，跟他解釋：

「我有個更棒的笑話。有天，在我打了一通電話後，忘了掛上就睡著了，還打起鼾來，聲音大得讓接線生以爲大樓裡發生了什麼事，以爲起火了，結果送來一整隊的消防人員！」

還有一件有趣的事發生在葛麗泰・嘉寶租給我們的房子裡。我們的鄰居是礦業女鉅子古根漢女士和他的女兒佩姬。佩姬對東尼歐充滿仰慕之情，她會幫我應付家裡的一些小事。我的牛頭犬漢尼拔脾氣很不好，但是牠非常喜歡長得既漂亮又有一頭金髮的佩姬：他會含著她的手臂不放！

有天我們找了些朋友來家裡，有法國演員卡邦、瑪蓮・黛德莉、嘉寶❷。我們的冰箱裝不下所有的香檳，佩姬就起了個點子，把香檳埋在花園的雪堆下面。

「非常好，年輕姑娘。」東尼歐說：「由妳去埋！」

等到需要上香檳的時候，當著眾多在餐桌上也戴著雪白手套的美女面前，佩姬宣布：

「我不記得我把香檳埋在哪裡了。有誰想跟我出去找找？」

卡邦同意幫她找香檳，但現在都已經全埋在雪堆裡了。他們倆人在花園裡凍得半死，我們可以聽見他們在笑，尤其是佩姬那年輕的笑聲。接著所有人都出去加入找香檳的行列：那眞是我們生命裡的快樂時光！

□

我們就這樣住進嘉寶的房子。我很滿意，但是我看到你一點也不開心。你不會開心的，我很了解，那得等到你獲准重回你的2／33部隊，回去打仗，重新回到敵人的戰火下，你才會開心。

那時候佩姬收容了她從納粹的魔掌中救了出來的藝術家馬克斯・恩斯特。接著馬克斯・恩斯特便娶了佩姬。他來到我們這兒避難，絕口不提日子過得幸福或不幸福。他像你一樣，很悲傷。

你不喜歡一次接待很多人，我記得有一天你向馬克斯・恩斯特建議說：

「如果你自己一個人，明天晚上來我們家吧。」

他來之前先跟佩姬坦白過：

「我要去聖修那裡，他在等我。他只請了一些男人，那裡只會有他太太一個女人；他準備好要上戰場了，所以有點擔心丟下他太太一個人在紐約。」

對於我能夠預見的孤獨或是即將到來的悲傷，我從不抱怨。我知道你必須離開。「我必須置身戰火之下，才能覺得在這場荒謬的戰爭裡受到洗禮，覺得自己潔淨。」這些是你說的話。

東尼歐開始訓練牛頭犬漢尼拔，讓牠習慣他不在家。他會吹起肥皂泡泡，然後那隻狗就把泡泡踩破在嘉寶房裡的純白牆壁上。

「我回來的時候。」他說：「當我再度看見妳和妳的狗兒的時候，如果牠不認得我，我不會打牠。相反地，我會吹起肥皂泡泡，然後牠就會知道我是牠的主人，主人已經回家了。」

28

「我去打仗了……」

啊！東尼歐，我的最愛，作爲一個戰士的妻子是可怕的。東尼歐，我的愛，我的大樹，我的丈夫，這是命定的：你離開了。你知道，東尼歐，你也是我的兒子……我知道你在離去前跟一個女人見了面，你跟她說：「德蕾莎，我不會親吻妳。因爲我的唇上要一直帶著我妻子的唇印和她的最後一吻，一直到戰爭結束。」你將飛往阿爾及耳，臨別時，你緊緊把我抱在你懷中，你的聲音一直留在我的耳邊。我聽見你的聲音就像我聽見我自己的心跳。我會永遠都聽見你的。

「不要哭。即將發現的未知是美麗的。我要爲我的國家出征。不要看我的眼睛，因爲我在哭，高興的是自己即將盡保衛國家的責任，難過的是我讓妳流下眼淚。我幾乎要感謝上天，我手中放開的是個寶藏：我的房子、我的書、我的狗。妳會替我保管它們的。

「每天寫兩三行字給我。妳會發覺那就像是我們兩人在通電話一般，我們不會分離的，因爲妳永遠都是我的妻子。我們一起哀悼那些阻隔我們、不讓我們一起共患難的時光。

「小女孩，不要哭，不然我也會哭。我看起來強壯，那是因爲我長得高，但是我很快便會昏倒了，要是那時候，我的指揮官或是我的將軍來到了門口，他們應該不會爲這樣的士兵感到驕傲的！

「倒是替我整整領帶吧。把妳的小手帕給我，這樣我就可以在上面寫《小王子》的續集。在故事結尾，小王子會把這塊手帕交給公主。妳不再是長刺的玫瑰花，妳會是那總在等待小王子的夢幻公主。我會把這本書獻給妳。如果不獻給妳，我會良心不安的。我確信我不在的時候，我的朋友會好好待妳。當我還在的時候，他們喜歡和我在一起，不過那對我來說，並不算什麼恭維。那些只喜歡有名的我的人，讓我感到難過。那些不把善意擴展到妳身上的人，我會忘了他們。等到我回來，我的妻，我們將和我們眞心的朋友在一起。只跟他們在一起。」

啊！我眞想再在你身邊多躺一些時候，一句話也不說。這時，孩提時候的一些影像成串地衝上了我的心頭……不過我們得走了……幾點了？

「東尼歐，你讓我的心碎了。你要我好好對待你那些留在後方的朋友，但是自從你收到核准令之後，他們沒有一個想勸你留下來，向你解釋快速的飛機需要的是年輕的飛行員，即使用開玩笑的方式提起也不肯。我原諒他們的懦弱，因爲他們眞心誠意地愛著你，而且他們知道那是你要的。那是你需要去做的。」

「我的地榆樹，我的愛，不要和整個世界作對。妳說的都對。」

「是的，我知道，還不如告訴你行李是怎麼放的吧。」

「喔，拜託，不要吩咐了……妳已經給我太多的手帕、別針、藥丸，而那些內褲對我來說太小了。」

「你會掉體重的。」

「不，不，我寧願變胖。」他笑著反駁說：「不過要是我瘋了，要是我把所有的藥丸、所有的維他命在沒有麵包吃的時候都混在一起，當成豐盛的爆炸大餐，那麼我就會像《小王子》裡的蟒蛇一樣，開始膨脹！不要嫉妒這群流放中的鴿子，他們和我用法文咕噥著，還把我，連帶我們所有的朋友，通通趕到了妳的門前。我就是沒辦法趕他們走。別對他們太壞。所有失根的愛都是緊抓不放、繞著不走的。再說，我要走了，一切都結束了。我到了遠方的時候，會有其他新的臉孔，其他新的朋友，甚至會有其他新的鴿子呢，這妳是知道的。不過這不一樣。我的房子在妳的心中，而且我永遠都會在那裡。」

「我還是沒辦法笑著歡迎他們。你的離去並不是一場派對。而且我在發燒。」

「啊！小地榆，時間晚了，我還要趕著上船呢。明天那艘船會經過我們家前面，也許就在今晚。趕快恢復健康。寫信給我，就算妳的信都很笨也沒關係。我說妳笨，是因爲妳常常錯判某些男人或女人。不要忘了我跟妳說的：妳對男人的判斷好過對女人的見解。妳從來沒有看錯男人，幾乎是個天眼通，但是關於女人，妳總是看錯！」

他終於走了。我絕望地躺在床上好幾個小時，好似癱瘓了一般。我絕望得睡不著。

我試著傾聽你搭乘的潛艇聲音。我什麼噪音也沒聽到，但時時刻刻我都可以感受你穿越水面而過，因爲你並不在那河流或海洋中，你在我身體裡，在我腹內最深處。你明白，東尼歐，你沒有錯，我也是你的母親。

啊，我們過去的小爭執現在看起來多麼微不足道啊！儘管我知道有其他船隻領航，知道你關在那艘脆弱的潛艇裡，要怎麼告訴你我的心情？怎麼告訴你我時時護佑著你？因爲我知道你會到達目的地的，我的愛，而且我記得你在我熱淚盈眶的時候在我耳邊輕聲細語的祕密：「用妳的愛做一件大衣給我吧，康綏蘿，我的小地榆，如此子彈便傷不了我。」我現在就做給你，我親愛的。希望這件大衣永遠圍繞在你身上。

沒有，我沒有試圖注視你的船順著赫德遜河，流向大海。你告訴過我，因爲燈光在鋼鐵般的水面反射的關係，我再怎樣看也是看不見的。但是你答應我你到時會在心中緊緊地抱住我，緊到一生一世我都能感覺到你的愛撫。你還答應我，如果你沒回來，這條河會輕聲告訴我你的吻的力量，會跟我談起你。

談起我們。

Lake George. fin Juin
le jour de ton
anniversaire

Tonnio, mon amour.

je me suis reveillé a 6 heures du matin. j'ai courru en pijama au lac, pour tramper mes pattes, L'eau est douce. Un soleil amaranta arrive par derriere ma voisine montagna. Et je songe a toi mon aimé. Et je suis heureuse de te penser, de te revir. Malgre la peur que j'ai de te savoir le plus vieux pilote du monde, mon cheri, si tout les hommes te resemblait !

je dois courrir, jusque au village a une petite eglise catholique ou on dit la messe a 7.30 tous les jours, et c'est la seule messe ici Tres peu de catholiques et tres peu de pretes catholiq- je veu aller m'asseair dans les banquettes abandonnees de leglise ajourdhui jour de ton anniversaire

喬治湖，六月底，今天是你的生日

東尼歐，我的愛：

早上我六點醒來。穿著睡衣跑到湖邊泡脚。湖水溫度剛好。莧紅色的太陽從鄰近的山巔後升上來。我想到了你，我的愛。而我很高興想到你，夢到你。儘管我害怕，心裡惦記著你是全世界最老的飛行員，啊！親愛的，想像一下，全世界的男人要是都像你的話會是怎樣！

我得趕著進村莊，有間小小的天主堂每天早上七點半舉行彌撒。那是這裡唯一的一場彌撒，這裡的天主教徒和教士人數非常少。今天是你的生日，我想在教堂空盪盪的座位上坐著默禱。我能給你的就是這樣了。所以我正趕著路呢，我的丈夫，我必須穿衣服了，走到教堂要花半小時呢。

先說再見了。要是在這星球上我們不再相見，記得來天上找我，我和主在一起，在等你，你一定會找到我的！

就像植物覆蓋著土地一樣，你在我的心上生長。我愛你，你是我的寶藏，你是我的世界。

妻　康綏蘿

一九四四年六月二十九日

c'est tout c'est que je peu te
donner — Alors, je cours, mon
mari, je dois m habiller. j'ai
une demi heure de marche a
pied. jusque a la eglise.

A bientot. si je ne
vous vois plus dans cet planette
sâché que vous me trouverés
pres du Bon Dieu vous
attendent, pour de bon!

Vous est dans moi
comme la vegetation est
sur la terre. je vous aime
vous mon trésor, vous mon
monde.

votre femme.

Consuelo.

29 juin 1944.

※ 這是康綏蘿於1944年6月29日寫給聖修伯里的一封信；同一天，安東·德·聖修伯里也寫了一封嚴肅的情書給康綏蘿，並在信紙的邊緣記下自己剛剛過了44歲。

中文版註釋

前言

❶原註：語出一九七三年七月的一份拉丁美洲期刊 *In*。亞瑞尼加斯（German Ariniegas）先生還曾擔任哥倫比亞駐巴黎大使。

❷原註：高梅茲・卡利修（Enrique Gómez Carrillo, 1873-1927），出生於瓜地馬拉，一八九八年擔任瓜地馬拉駐巴黎領事，一九一六年擔任馬德里報紙 *Liberal* 的總監，一九一八年擔任阿根廷駐巴黎領事。他受封騎士獎章，繼一九〇六年娶歐蘿拉・卡歇雷斯（Aurora Cacceres）、一九一九年娶拉蔻兒・梅勒（Raquel Meller）之後，於一九二六年與康綏蘿・孫桑（Consuelo Suncin）結婚。其人著作豐厚，包括有《愛情福音》（*L'Evangile de l'amour*）和《馬塔—阿希的生與死》（*La Vie et la Mort de Mata-Hari*）。他長眠於巴黎的拉謝斯神父墓園（Pere-Lachaise），身邊是康綏蘿・德・聖修伯里。

❸加布艾列・達努西歐（Gabriele D'Annunzio, 1863-1938），義大利作家、唯美主義者，後成為法西斯

主義者。梅特朗克（Maurice Materlinck, 1862–1949），比利時法語劇作家、詩人、散文家，十九世紀歐洲象徵主義大將。摩黑亞斯（Jean Moréas, 1856–1910）是原籍希臘的法語作家，本爲頹廢派、後加入象徵主義運動，最後回歸古典主義。

❹安德列・紀德（André Gide, 1869–1951），法國文學家、評論家，對當代法國的文學發展具有莫大影響力。安德列・莫華（André Maurois, 1885–1967），著名法國作家，著有多種小說及歷史論文，法蘭西學院院士。丹尼斯・德・胡惹蒙（Denis de Rougemont, 1906–1985），瑞士籍散文家及文化聯邦主義者，一九五〇年創立歐洲文化中心（CEC, Centre européen de la culture）。安德列・布列東（André Breton, 1896–1966），超現實主義發起人及理論家。畢卡索（Pablo Picasso, 1881–1973），西班牙畫家、雕塑家，其繪畫生涯經歷幾個不同時期，但是以立體派的開端著稱。薩爾瓦多・達利（Salvador Dalí, 1904–1989），超現實主義畫家。米羅（Joan Miró, 1893–1983），具強烈趣味的超現實主義畫家。

❺「海島小鳥」（petit oiseau des îles）是聖修伯里對康綏蘿的暱稱。

❻喬治桑（George Sand, 1804–1876），法國女小說家，亞福德・繆塞（Alfred Musset, 1810–1857）法國詩人、劇作家。兩人皆是浪漫主義時期文藝圈惡名昭彰、不按牌理出牌的「搗蛋鬼」，曾是當時有名的情侶。事實上，喬治桑是在一八三八年陪她得了肺結核的另一位情人，也就是波蘭鋼琴家蕭邦（而不是繆塞），到馬約卡島休養，三年之後她才下筆，將他們在這個並不友善的島上的際遇，寫成《馬約卡島的一個冬天》。然就喬治桑和繆塞的戀情與康綏蘿和聖修伯里的關係比較，皆是緊繃、熱情且具摧毀性的悲劇戀情。

❼拉佛葉黑（La Feuilleraie）：位於巴黎南郊埃松省的賈爾西鎮（Jarcy）。

❽波赫士（Jorge Luis Borges, 1899–1986），阿根廷詩人、散文家、哲學家，以短篇故事出名。寇爾塔查(Julio Cortázar, 1914–1984)，阿根廷作家，在小說技法上作多重的實驗，著有《跳房子》(*Rayuela*)。馬奎斯（Gabriel García Márquez, 1928–），哥倫比亞小說家，其風格融合了奇詭和超出尋常的場景，現實與夢境之間的界線模糊，一九八二年獲頒諾貝爾文學獎，是南美洲魔幻寫實小說的代表性作家，著有《百年孤寂》、《迷宮中的將軍》等。

❾達利於一九四〇年移居美國，並待了八年，最後的居所是紐約的聖瑞吉思飯店（St. Regis Hotel）。

❿格拉斯（Grasse）：位於法國東南部的阿爾卑斯濱海省，不靠海，但是離尼斯（Nice）及蔚藍海岸不遠。以香料製造業著名。

⓫法文中的 perruches 意爲「小鸚鵡」，引伸爲「長舌婦」。

⓬貝納爾・才爾福斯（Bernard Zerhfuss），法國知名建築師，參與了四、五〇年代巴黎郊區未來城市拉德芳斯（La Défense）的建造。

⓭NRF 爲 *La Nouvelle Revue Française*《新法蘭西雜誌》的縮寫，是一本法國當代重要的文學雜誌。於一九〇九年二月一日由紀德創立。除了第一次世界大戰期間和一九四三至一九五三年停刊，迄今繼續發行。於一九九九年由月刊改版爲季刊。

⓮布列東筆下的娜嘉（Nadja），出自布列東同名作品。以自傳體兼詩意的獨特風格，探討與美麗瘋狂的奇異女子的相遇。娜嘉所代表的是超現實主義者視爲靈感來源、兼具孩童和女人特質的

femme-enfant。布列東透過娜嘉所代表的「流浪靈魂」探索符號、夢、語言等神祕聯想。

⓯聖女小德蘭（Therese de Lisieux, 1873-1897），法國人，是家中九兄妹排行最小的。不滿十六歲便加入聖衣會，後因結核病於二十四歲病故。病榻中寫下回憶錄。

⓰盧爾德（Lourdes）：位於法國西南部的天主教聖地。相傳聖女聖瑪麗伯納德（Bernadette Soubirous）從西元一八五八年開始陸續在盧爾德的一處石窟（la Grotte de Massabielle）看到聖母的神蹟，並發現了洞中的泉水，具信是有療效的聖水。

⓱貝文樓（Bevin House）：位於紐約州的北港（Northport），長島北岸。

⓲里昂・維爾特（Léon Werth, 1878-1955），猶太藝評家、小說家、無政府主義者。於一九三一年與小他二十二歲的聖修伯里相遇，一九四三年出版的《小王子》文前著名的題辭說明了兩者深厚的友情。聖修伯里在二次大戰出亡紐約時，寫信給當時深陷納粹佔領的祖國的維爾特。後結集出版成《給一個戰俘的信》（*Lettre à un otage*）。

第一章

❶里卡多・維涅斯（Ricardo Viñes），二十世紀初，出身西班牙東北部卡塔盧尼亞（Catalogne）的鋼琴家。

❷格列柯（El Greco, 1541-1614），原籍希臘克里特島的西班牙畫家，畫風同時具有神祕、矯飾主義及表現主義的特點，人物的比例則常特意拉長。

❸班哲瑪・克雷米俄（Benjamin Crémieux）：法國作家、翻譯家。曾譯介多部外國文學作品，尤以翻譯義大利劇作家皮藍德婁聞名。

❹原註：希波利托・伊利戈文（Hipólito Irigoven, 1850–1933），一九一六到一九二二年以及一九二八年到一九三〇年的阿根廷總統，別名「長髮先生」。

第二章

❶拉巴拉他河（Rio de Plata），「銀色的河流」之意，是南美洲東南部，巴拉那河和烏拉圭河的河口部份。又譯作「拉布拉他河」。

❷聖修（Saint-Ex）是聖修伯里朋友對他的暱稱。

❸「航空郵遞」（Aéropostale）：前身是一九一七年拉提寇爾（Pierre-Georges Latécoère）創立的「拉提寇爾航空工業」（La Société Industrielle d'Aviation Latécoère），一九二七年改名爲「通用航空郵遞公司」（Compagnie générale aéropostale），負責法國土魯斯、非洲達卡和南美洲間的航空郵務。他們的飛行員開發了穿越撒哈拉沙漠、大西洋、安地斯山等固定航線，以當時的航空技術是相當困難、且具開拓性的任務；而聖修伯里、梅赫莫茲和紀由美（Henri Guillaumet, 1902–1940）等著名飛行員，也因爲冒著生命危險把郵件送達，成爲飛行史上的英雄人物。聖修伯里於一九二六年加入服務。

❹《南方信扎》（*Courrier Sud*）是聖修伯里的第一部小說，在他負責朱比角航線時利用輪飛的空檔所

寫成的。內容有關失敗的戀情和法國與非洲間往來的郵件。

❺拉斐爾（Raphaël, 1483-1520），義大利文藝復興畫家。畫風和諧，以多幅聖母畫像聞名。

第二章

❶拉蔻兒·梅勒（Raquel Meller, 1888-1962），西班牙著名女歌手兼電影演員，主演過早期的有聲電影《卡門》。是卡利修的第二任妻子。

❷朵哈（Didier Daurat, 1891-1969）在「航空郵務」（Aéropostale）時負責管理土魯斯—卡薩布蘭卡航線。第一次世界大戰期間是法國戰鬥機飛行員。作風強勢，但受下屬敬佩。

第四章

❶潘帕斯草原（pampas）：位於阿根廷北部的一片平坦草原，以農業和畜牧業爲主。東、西潘帕斯分別爲乾、溼不同的氣候。又譯「彭巴草原」。

❷巴黎昂利·馬賀堂大道（Avenue Henri Martin）所在的巴黎第八區，離盧森堡公園（Jardin du Luxembourg）的拉丁區分屬巴黎的中產階級和文藝圈兩個不同的角落。

第五章

❶「黃金河流」（Río del Oro）也就是習稱西屬撒哈拉的區域，從一九五八到一九七五年是西班牙的保

護國領土。雖直譯是「黃金河流」，但它不是一條河，也沒有金礦，當地只富產磷礦。

❷艾蒂安港（Port-Etienne）是西非國家毛利塔尼亞西北部的港市努瓦迪布（Nouadhibou）的舊稱。

❸阿爾方索・雷葉斯（Alfonso Reyes, 1889-1959），墨西哥外交官、作家。是小說家、評論家、詩人。著作豐富，力使拉丁美洲文化在世界上佔一席之地。

❹阿爾梅里亞（Almeria）：位於伊比利半島東南部、臨地中海。

❺瓦倫西亞（Valencia）：西班牙第三大城。位於地中海沿岸，大約在東北的巴賽隆納和東南的阿爾梅利亞之間。盛產香橙。

第六章

❶東方航空公司（Compagnie Air Orient），創立於一九三〇年，負責法國往中南半島的航線。

❷亞給（Agay）法國南部蔚藍海岸上、靠近尼斯的小鎮。

❸女公爵伊鳳・雷特洪文（Yvonne de Lestrange）是聖修伯里母親的表姊，在巴黎主持有名的文藝沙龍，當初就是她把年輕的聖修伯里引介給紀德及文藝圈。

❹原註：雖然如此，聖修伯里的姊姊西蒙娜於一九六二年回憶起她的弟弟，寫道：「我弟弟的生命中有幾個重要的女人，第一個便是一九三一年在亞給與他結婚的妻子康綏蘿・孫桑。這個古怪又吸引人的女人，是個精力用不完的小東西，她生來總操心物質方面的問題，卻是源源不絕的詩意來源。在《小王子》書裡，她化身爲那朵小王子的玫瑰。」（出自 *Saint-Exupéry*, Hachette, 1963）

第七章

❶安多拉（Andorre）：西班牙、法國交界的小王國。語言爲加泰隆納語。

❷達給（d'Agay）：法國貴族名。法國貴族的名字跟許多歐洲貴族名一樣，全名常爲某地家族「的」某人，而法文貴族通常以 de 連接名字與姓氏。達給家族的領地應是亞給（Agay），而因爲這個字以母音開頭，連著 de 發音，作「達給」。一九二三年，聖修伯里的小妹嘉布莉葉勒（Gabrielle）下嫁皮耶・達給。

第八章

❶維爾連（Paul Verlaine, 1844-1896），法國詩人，詩作音樂性豐富。王爾德（Oscar Wilde, 1854-1900），英國劇作家、紈褲子弟、美學主義者，是康綏蘿第二任丈夫卡利修的好友。

❷保羅・瓦列西（Paul Valéry, 1871-1945），法國詩人。詩作含意深沈、晦澀。

第九章

❶《夜航》裡的西維耶爾（Rivière）：以聖修伯里的上司朵哈以及他自己負責「航空郵務」阿根廷分公司時的感受爲角色藍圖。是個責任感與使命感很重的人物。

❷朱比角（Cap-Juby）是位於非洲西岸、右接撒哈拉沙漠的岬角，面對的是大西洋的加那利群島。曾

屬於西班牙殖民地西屬撒哈拉，在一九二〇、三〇年代是拉提寇爾的公司「航空郵務」往非洲和南美洲航線的中繼站。一九七五年西班牙和北邊的摩洛哥及南邊的毛利塔泥亞私下協議退出這個區域，摩洛哥於一九七六年兼併了北方幾乎三分之二的領土後，朱比角便屬於摩洛哥，並改名爲塔爾法亞（Tarfaya）。

❸聖莫利斯-德-黑蒙（Saint-Maurice-de-Rémens）：位於法國東部朗省的一個小城。

❹亞利坎特（Alicante）：西班牙瓦倫西亞自治區最南的海岸城市。以海岸及觀光業著名。

❺羅宏‧蓋赫霍（Laurent Guerrero），法籍飛行員，本爲戰機飛行員，一九二八年加入「航空郵遞」，一九三七年於摩洛哥沿海失事喪生。

❻西斯內洛斯城（Villa Cisneros）：非洲西撒哈拉的港市。

❼梅赫莫茲（Jean Mermoz, 1901-1936）：當時最著名的法國飛行家，是飛越法國到南美航線的第一人。聖修伯里的好友，在一次南大西洋的飛行途中失蹤。

第十章

❶塞爾維亞的聖週（la Semaine sainte à Séville），安達魯西亞傳統的基督教苦修儀式。聖週是復活節的前一週。

❷皮諾（Albert Pinot），「航空郵遞」的飛行員，一九三二年於艾蒂安港的一次試驗飛行中喪生。

❸菲茲（Fez）：摩洛哥的首都，西元七八九年建立的山城。

第十一章

❶費米納獎（Prix Fémina）是一九〇四年創立的文學獎，評審委員全由女性組成，在每年十一月底頒獎。龔固爾獎（Prix Goncourt）是一八九六年法國作家艾德蒙・龔固爾去世後，根據他的遺囑設立的文學獎；《格涵卦》（*Gringoire*）是一九二八年創立的法文週刊，內容以政治、文學爲主，後來走向極右，於一九四四年停刊。

❷多維爾（Deauville），翁福勒（Honfleur）或是巴加太爾（Bagatelle）都是法國諾曼第半島北岸的沿岸小城市。是觀光勝地。

❸列昂-保羅・法爾格（Léon-Paul Fargue, 1876-1947）法國作家、詩人。是聖修伯里的好友。以一九三九年所寫的《巴黎行人》（*Le Piéton de Paris*）爲名，是巴黎這個城市永遠的漫遊者，以他特有的作家角度介紹不爲人知的巴黎街道、角落、故事等。

❹聖羅蘭-德-拉撒朗克（Saint-Laurent-de-la-Salanque）：法國南部，位於地中海東岸的小城。簡稱「聖羅蘭」。

❺杜伯迪約（André Dubordieu），一九二四年加入「航空郵遞」，公司收歸國有後，成爲專業試飛員。

第十三章

❶瑪莉安（*Marianne*），以政治、社會爲主題的法國左派週刊。

❷宏松學院（Académie Ranson, 1861–1909）是新藝術大將宏松（Paul-Elie Ranson）於一九〇八年在巴黎創立的藝術學院，次年他去世後，由後印象派的納比畫派（Nabis）朋友們繼續執教。

❸馬友勒（Aristide Maillol, 1861–1944）：法國畫家、雕刻家，畫風融合印象派和納比派，而雕刻則沈靜、重立體、回歸古典主義。

第十四章

❶盧卡斯（Jean Lucas），於一九二九年加入「航空郵遞」。

❷《堅毅報》（*L'Intransigeant*），法國二〇年代最暢銷的晚報，一九三一年後漸走下坡。《巴黎晚報》（*Paris-Soir*），一九二三年由尤金・枚賀羅（Eugène Merlot）創刊。

第十五章

❶安德列・德杭（André Derain, 1880–1945），法國野獸派和點畫法畫家，也受到立體派始祖塞尚的影響。注重空間、形式、色彩的鮮明純正，後來傾向秩序的構圖。

❷一九三五年十二月三十日，在挑戰巴黎—西貢的飛行世界記錄途中，聖修伯里的「西蒙」飛機在開羅以西的利比亞沙漠裡墜毀，聖修伯里和他的無線電導航員普列佛（André Prévot）在沙漠中步行了三天後，終於在第四天被貝都因人的商隊救起。

第十六章

❶電影劇本《安瑪莉》（*Anne-Marie*）由貝赫納（Raymond Bernard）執導，於一九三六年發行。

❷利歐鐵（Louis Hubert Conzalve Lyautey, 1854-1934），法國將軍。於一九一二年出任法國駐摩洛哥殖民地代表。對當地社經發展有相當貢獻。

❸蘇珊・維爾特（Suzanne Werth, ?-1949）是里昂・維爾特的妻子。

❹《伊格爾》（*Igor*），一九三四年或三五年寫成的劇本。是橫越大西洋郵輪上的政治革命驚險故事。從未拍成電影。

❺莫洪（Paul Morand, 1888-1976），外交官出身的法國詩人及小說家，著作主題多是歐洲各國都市或藉回顧歷史抒情。普爾塔列斯（Guy de Pourtalès, 1881-1941），原籍瑞士的小說家、散文家。後歸化法國。著有多篇關於音樂家的論文。

第十七章

❶一九三七年一月二十九日，聖修伯里獲准試飛不經北非海岸的卡薩布蘭卡而直飛非洲內陸的法國—達卡航線。目的地是在撒哈拉沙漠南緣馬利的廷巴克圖。這條航線因不經西班牙領土而得到法國航空部的支持。這趟飛行他們沒有攜帶無線電，結果聖修伯里對他這次飛行的結果非常滿意。

第十九章

❶保羅・布赫杰（Paul Bourget, 1852-1935），法國小說家，以心理、道德小說著稱。反對自然主義的寫實風格。

第二十章

❶安聶絲・卡布里（Agnès Capri）是巴黎三、四〇年代 cabaret 小酒館的女歌手，也是咖啡劇場（café-théâtre）的創始者之一。她擅長演繹法國歌曲及創作融合歌曲、詩作朗頌的劇場、廣播劇。

第二十二章

❶才爾福斯：見「前言」註⓬。

❷朵洛黑斯（Dolorès）：字根爲痛苦、悲痛之意。

❸《依蓮的屄》（*Le Con d'Irène*）：一九二八年路易・阿哈貢（Louis Aragon, 1897-1982）匿名發表的超現實主義色情文學代表作。以詩意及超現實手法，呈現一個男人對一個虛構女人的性器官的迷戀、幻想和偷窺慾。

❹法國大學者尙・佩杭（Jean Perrin, 1870-1942）：一九二六年諾貝爾物理獎得主，證明了物質的非連續性。

第二十三章

❶辛辛（Sing-Sing）：一八二八年在赫德遜河畔山丘一個叫辛辛的地點所興建的紐約監獄；也是電椅實驗、使用的第一座監獄。「辛辛」是根據當地原住民族群命名，意為「石頭上的石頭」，後來鎮名改為歐辛，以示區別。

❷福勒西（Jean-Gérard Fleury），律師、記者，與「航空郵遞」的成員相熟。曾有一本關於「航空郵遞」的著作《航線》（*La Ligne*）。

第二十四章

❶《葡萄牙修女的信》（*Lettres de la religieuse portugaise*）自一六六九年出版以來，大家相信這五封匿名信是一位神祕的葡萄牙修女，在被一位法國海軍軍官情人引誘、拋棄之後所寫。信中，她內心交戰，最後擺脫這段感情的糾纏。近代證實，此作之作者為法國外交官、小有文名的男性作家基耶哈各子爵（Gabriel-Joseph de Guilleragues, 1682-1685）。

第二十六章

❶《風、沙、星辰》（*Wind, Sand and Stars*）的法文原書名是 *Terre des Hommes*。

第二十七章

❶根據史黛西・希芙（Stacy Schiff）所作的聖修伯里傳記，一九四二年十一月二十九日，聖修伯里在《紐約時報雜誌》發表了〈給各地法國人的公開信〉（"An Open Letter to Frenchmen Everywhere"），內容指出當時法國人對抗納粹應該團結起來，由於其言論並不親戴高樂而引起廣泛的質疑。其中，聖修伯里相當尊敬的天主教哲學家馬西坦（Jacques Maritain, 1882-1973），也在《紐約時報雜誌》上發表不苟同的文章，批評聖修伯里的想法模糊、不切實際，但比起其他的投稿者是較公允的批評。聖修伯里隨後寫信給馬西坦說明他爲國家的出發點不容置疑。

❷卡邦（Jean Gabin, 1904-1976），著名法國電影演員，作品從二〇橫跨到七〇年代。瑪蓮・黛德莉（Marlene Dietrich, 1901-1992），德國女演員，後歸化美國籍。葛麗泰・嘉寶（Greta Garbo, 1905-1990），原籍瑞典的美國演員。

專有名詞對照表

第三劃

上品咖啡　Le Sélect
凡東廣場　Place Vendôme
凡森恩森林　Bois de Vincennes
土魯斯　Toulouse
大使飯店　L'Hôtel Ambassador
大奧古斯丁河堤　Le quai des Grands-Augustins
才爾福斯　Bernard Zerhfuss

第四劃

丹尼斯・德・胡惹蒙　Denis de Rougemont
切爾卡西亞　Circassia
尤提　Youti
巴比宗廣場飯店　Barbizon Plaza
巴加太爾　Bagatelle
巴黎晚報　Paris-Soir
戈荷梅茲　Geremez
文藝新聞　Les Nouvelles Littéraires
比阿里茨　Biarritz
王爾德　Oscar Wilde

第五劃

加布艾利・達努西歐　Gabriele D'Annunzio
加納利群島　Canaries
北港　North Port
卡司特藍路　Rue de Castellane
卡邦　Jean Gabin
卡斯蒂利亞　Castille
卡繆醫生　Docteur Camus
古根漢　Guggenheim
布斯貝　Bousber
瓜塔名恩侯爵　Marquis de Guatalmine
瓦倫西亞　Valencia
瓦爾　Var
皮諾　Albert Pinot

第六劃

伊卡魯斯　Icare
伊薩科　Isalco
休米耶　Emmanuel Chaumié
列亞勒中央大市場　Les Halles
列昂-保羅・法爾格　Léon-Paul Fargue
多維爾　Deauville

第七劃

第八劃

尙・佩杭 Jean Perrin
居勒 Jules
帕切可 Pacheco
拉佛葉黑 La Feuilleraie
拉法葉飯店 Hôtel Lafayette
拉馬汀 Lamartine
昂利・馬賀堂大道 Avenue Henri Martin
東方航空公司 Compagnie Air Orient
松多瓦勒 Sandoval
波司 Pose
波左・迪・博爾勾 Pozzo di Borgo
波多巴瑞歐斯 Puerto Barrios
波克活爾島 Porquerolles
波利斯 Boris
波城 Pau
波赫士 Jorge Luis Borges
阿拉爾夫人 Madame Allard
阿塔米亞拉達 atamialada
阿爾方索・雷葉斯 Alfonso Reyes
阿爾梅里亞 Almeria
阿諾咖啡 Café Arnold
阿薩斯路 Rue d'Assas

第九劃

保羅・布赫杰 Paul Bourget
哈瓦斯職業介紹所 L'Agence Havas
威勒米娜女王 Wilhelmine
洲際飯店 Hôtel Continental
皇家橋飯店 Hôtel Pont-Royal
迪迪 Didi
迪翁溫泉 Divonnes-les-Bains
迪勒非 Dieulefit
香布朗 Chambrun

第十劃

修米耶 Emmanuel Chaumié
夏那蕾路 Rue de Chanaleilles
孫桑 Suncin
拿波里堡 Castel Napoli
格列柯 El Greco
格列柯 El Greco
格拉威宮大廈 Palais du Glaoui
格涵卦 Gringoire
格黑寇 Greco
格爾曼・亞里尼耶加斯 German Ariniegas
班哲瑪・克雷米俄 Benjamin Crémieux
索利俄 Saulieu
翁福勒 Honfleur
茱莉・杜通布雷 Julie Dutremblay
馬友勒 Aristide Maillol
馬西坦 Jacques Maritain
馬克西母-高爾基號 Maxime Gorki

第十一劃

第十二劃

第十三劃

達給　d'Agay
雷翁　Léon

第十四劃

漢尼拔　Hannibal
瑪莉安　Marianne
瑪莉・德・聖修伯里　Marie de Saint-Exupéry
瑪蓮・黛德莉　Marlene Dietrich
福勒西　Jean-Gérard Fleury
福華德佛路　Rue Froidevaux
福羅宏・馬爾卡西地斯　Florent Margaritis
維希　Vichy
維爾連　Paul Verlaine
蓋赫霍　Laurent Guerrero
蜜雪兒　Michèle
赫德遜河　Hudson River

第十五劃

德蕾莎・朋內　Thérèse Bonnet
慕尼黑餐廳　Brasserie Munich
摩爾人　Maures
歐佩德　Oppède
歐拉蒙德宮　Palais Orlamonde
歐斯曼大道　Boulevard Haussmann
潘帕斯草原　Pampas

第十六劃

盧卡斯　Lucas
盧爾德　Lourdes

第十七劃

戲劇報　Comoedia
薇哈　Vera

第十八劃

薩爾瓦多・達利　Salvador Dalí
藍鳥　L'Oiseau bleu
雙猴咖啡店　Les Deux Magots

第十九劃

廬森堡公園　Jardin du Luxembourg
藝術學生聯校　Art League Students

第二十劃

蘇珊・維爾特　Suzanne Werth

第二十一劃

蘭德神父　Père Landhe

第二十二劃

龔固爾獎　Prix Goncourt

國家圖書館出版品預行編目資料

小王子的玫瑰 ： 她的愛情，讓聖修伯里寫出了《小王子》／康綏蘿・德・聖修伯里 (Consuelo de Saint-Exupéry) 著；余光照譯.
-- 初版. -- 臺北市 ： 大塊文化，2002［民91］
面； 公分. -- (Mark ; 29)
譯自：Mémoires de la rose
ISBN 986-7975-05-7 (平裝)

1. 聖修伯里（De Saint-Exupéry, Consuelo）- 通信，回憶錄 2. 聖修伯里（De Saint-Exupéry, Antoine）- 通信，回憶錄

784.28 90021843

105 台北市南京東路四段25號11樓

廣 告 回 信
台灣北區郵政管理局登記證
北台字第10227號

大塊文化出版股份有限公司　收

請沿虛線撕下後對折裝訂寄回，謝謝！

地址：□□□ ＿＿＿＿＿市／縣＿＿＿＿＿鄉／鎮／市／區

＿＿＿＿＿路／街＿＿＿段＿＿＿巷＿＿＿弄＿＿＿號＿＿＿樓

姓名：

大塊 LOCUS 文化

編號：MA 029　書名：小王子的玫瑰

讀者回函卡

謝謝您購買這本書，爲了加強對您的服務，請您詳細填寫本卡各欄，寄回大塊出版 (免附回郵) 即可不定期收到本公司最新的出版資訊。

姓名：________________ **身分證字號**：________________

住址：________________________________

聯絡電話：(O)________________ (H)________________

出生日期：______年______月______日 E-mail: ________________

學歷：1.□高中及高中以下 2.□專科與大學 3.□研究所以上

職業：1.□學生 2.□資訊業 3.□工 4.□商 5.□服務業 6.□軍警公教 7.□自由業及專業 8.□其他________

從何處得知本書：1.□逛書店 2.□報紙廣告 3.□雜誌廣告 4.□新聞報導 5.□親友介紹 6.□公車廣告 7.□廣播節目8.□書訊 9.□廣告信函 10.□其他____________

您購買過我們那些系列的書：

1.□Touch系列 2.□Mark系列 3.□Smile系列 4.□Catch系列 5.□PC Pink系列 6□tomorrow系列 7□sense系列

閱讀嗜好：

1.□財經 2.□企管 3.□心理 4.□勵志 5.□社會人文 6.□自然科學 7.□傳記 8.□音樂藝術 9.□文學 10.□保健 11.□漫畫 12.□其他_____

對我們的建議：________________________________

____

____

LOCUS

LOCUS

LOCUS

LOCUS

2108 5